# 良寛——人と書芸術の完成

小島正芳 著

# 目次

# 第一章
# 乙子神社草庵に移る

乙子神社をのぞむ

良寛は、文化十三年（一八一六）の冬から文化十四年の春にかけて、二十年間にわたって住庵した五合庵より、少し麓に下った乙子《おとこ》神社草庵に移り住むようになった。もっとも、五合庵時代後期になると、何度か乙子神社草庵に仮住まいすることがあったらしく、良寛は次のような和歌を詠んでいる。

乙子神社

**乙宮《おとみや》の森の下屋のしづけさに**
**しばしとてわが杖移しけり**

**長き日に寝ざめて聞けばこの宮の**
**林に響く山鳩の声**

**乙宮の森の木下《こした》に我が世は経《へ》なむ**
**国上のや乙子の空の森の下庵**

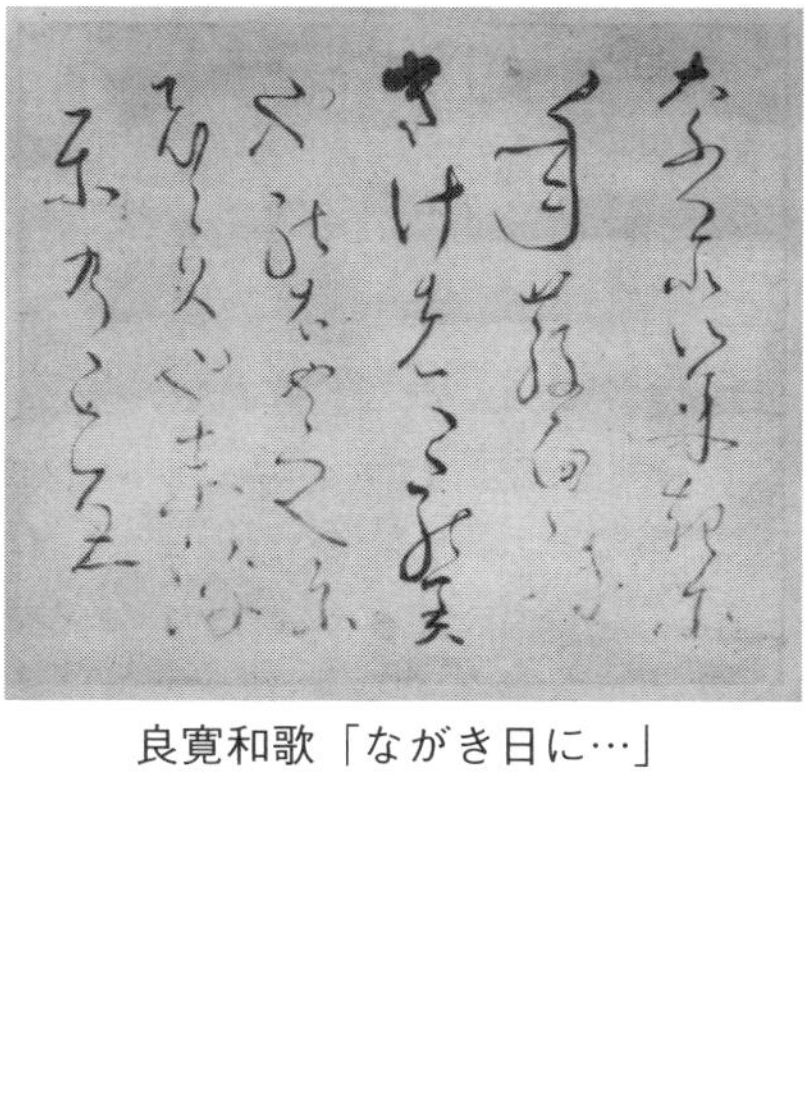

良寛和歌「ながき日に…」

良寛は、乙子神社の静かな森のたたずまいが気に入ったようである。「乙子《おとこ》」というのは、末子という意味で、乙子神社は弥彦祭神・天香具山命《あめのかごやまのみこと》の第六子建諸隅命《たけもろずみのみこと》をまつっている。良寛が尊崇した弥彦神社にゆかりの神社であることも、移り住んだ要因だったと思われる。

乙子神社の本社は、もともと弥彦神社の本殿の近くに鎮座していた。江戸時代に刊行された『越後土産　初編』には「乙子神社　建諸隅命建背命ノ御子伊夜彦社端垣ノ内椎木ノ本ニ鎮座七世ノ神也　崇神帝御宇為大臣供奉政事裁賜フ　勅命ニ依テ神殿ヲ此干建ニ自神祭ノ事ヲ行」とある。この記載によれば、乙子神社は弥彦神社の御神木の椎の木のあたりにあったようである。

良寛には、

**乙宮の八重《やえ》の柴垣しめ結《ゆ》ふて**
**いつきまつらむ伊夜日子《いやひこ》の神**

という和歌も伝わっている。「八重の柴垣」は、幾重にもめぐらした垣根のことである。良寛は、垣根などに縄を張りめぐらして、むやみに人が立ち入ることを禁じていたようである。乙子神社にお仕えすることが、そのまま弥彦神社にお仕えすることと考えていたようである。

良寛が住庵した草庵は、乙子神社に向かって左隣にあった。この草庵は、萱《かや》ぶきの建物で、三室あったという。昭和六十三年七月、当時の間取りを参考にして現在の乙子神社草庵が再建された。乙子神社草庵は、少し離れたところに民家があり、五合庵とは少し趣が異なる。山道の上り下りも距離が短くなり、生活をする上でも、随分と楽になったように思われる。

乙子神社は、国上村の庄屋涌井唯左衛門が氏子代表となって管理していた。文化十二年に、涌井唯左衛門が良寛を通じて、出雲崎の内藤方廬に乙子神社の宮額の揮毫を依頼したという話も伝わっている。良寛が五合庵に住庵している時から知り合いであっ

復元された乙子神社草庵

た。良寛は、氏子総代の涌井唯左衛門に断わって、乙子神社の宮守となったようである。涌井家には、良寛の七言対句幅が伝来している。この幅には、

**昨夜窓前風雨急　和根倒推海棠花**

が揮毫されている。この双幅は、筆蹟からすると良寛が文化十三年、乙子神社草庵に移ってまもなく書いたものであろう。この対句は、『日域洞上諸祖伝』に所蔵されている石瀬の種月寺開山の南英謙宗禅師の偈、

**法身空解画成蛇　一拶当機更若何**
**昨夜春簷風雨急　和根吹倒海棠華**

の後の二句をとって、自らの機語として書いたものである。すっかり、とらわれがなくなり自由自在の境涯になったことを詠んだものであろう。この掛軸は、江戸時代の表具をそのまま伝来したものと思

われ、軸は漆軸が使われている。なお、良寛は文政九年、乙子神社草庵から島崎の木村家に移る時、涌井家に挨拶してから去っている。

○

良寛は、乙子神社草庵に十年住庵する。良寛の境涯は、ますます円熟味を増し、書や漢詩、和歌、俳諧など芸術においても多彩な作品が生み出されていく。良寛には、

**世の中にまじらぬとにはあらねども**
**一人あそびぞ我はまされる**

という和歌があるが、孤独の生活の中で、胸中に湧いた思いが、芸術となって花開いたのが乙子神社時代であったのである。

ところで、乙子神社草庵に移ってまもない頃詠んだ詩と思われるものに、

**少小文を学びて儒《じゅ》と為るに懶《ものう》く**
**少年禅に参じて燈《とう》を伝へず。**
**今草庵を結んで宮守《みやもり》と為《な》る**
**半ばは社人に似て半ばは僧に似たり。**

というものがある。良寛自ら自分の半生を振り返った自嘲ぎみの詩である。少年の時、漢学を学んだが、儒者となるのは懶く、私は禅寺に入って参禅し法を受け継いだが、弟子も持たず法燈を伝えないでここまで来てしまった。今、乙子神社傍の草庵に住んで、宮守のようなことをしている。半ば神社の社人のようなことをやり、半ば僧のようなことをして過ごしていると詠んでいる。良寛はこうあらねばならないという縛《しば》りも解きはなち、この頃より一層自由自在に生きていた。まさに、「悟了同未悟《ごりょうどうみご》」の境涯である。

乙子神社時代の良寛は、「こうあらねばならない」というストイックな姿から、自由無礙《じゆうむげ》に縁に従って歩むという姿に変わっていった。「游戯三昧《ゆげざんまい》」の境

涯である。そして、良寛は、民衆と同じ目線で接し、民衆を知らず知らずのうちに教化していった。その姿は、中国唐時代の布袋《ほてい》和尚の姿と重なるものがある。

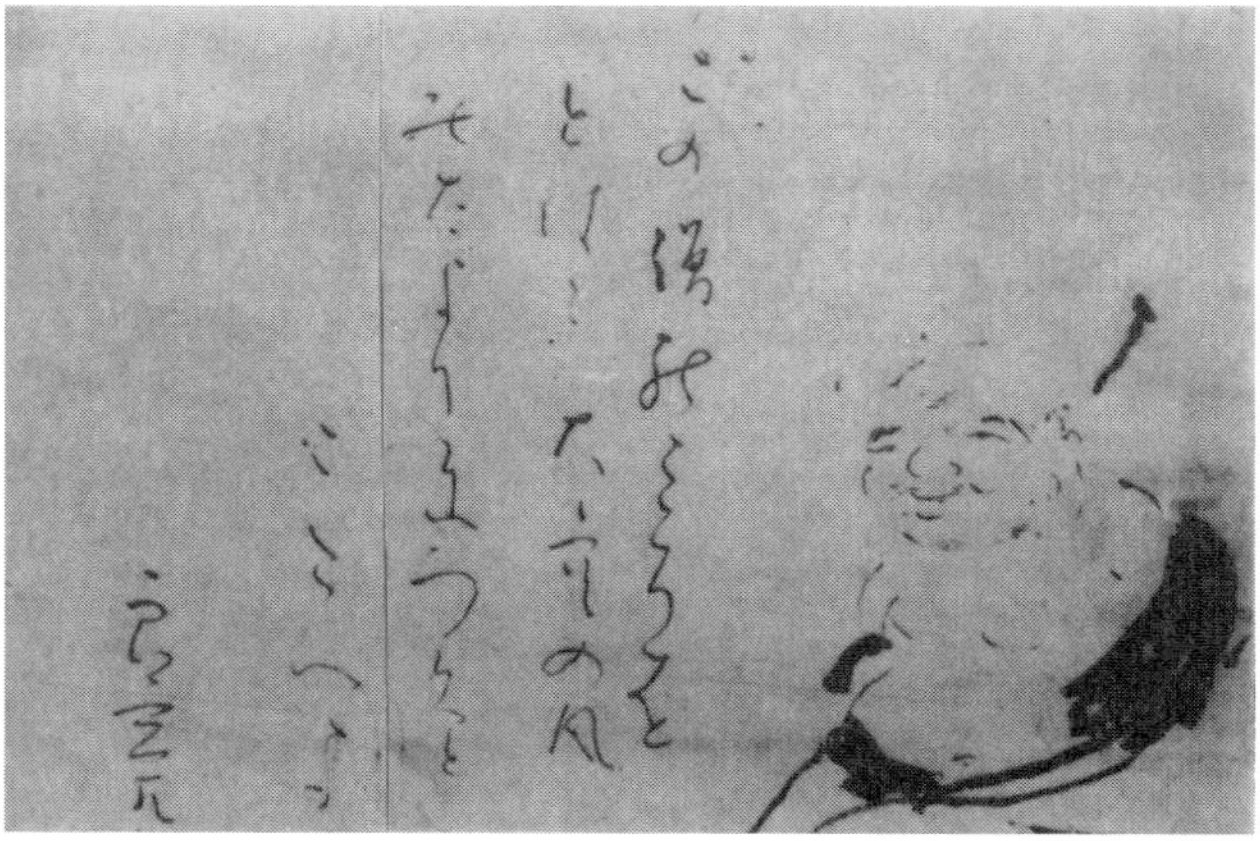

良寛　布袋図画賛

**布袋画賛**

**この僧の心を**
**問はば大空の**
**風の**
**たよりにつくと**
**こたへよ　良寛**

「十牛図《じゅうぎゅうず》」で言えば、十番目の「入廛垂手《にってんすいしゅ》」の境涯である。

○

乙子神社の傍には、安政五年（一八五八）に建立された詩歌碑がある。

**生涯立身《りっしん》に懶《もの》く　騰《とう》々として天真に任す。**
**嚢中《のうちゅう》三升の米　炉辺一束の薪。**
**誰か問はん迷悟の跡　何ぞ知らん名利《みょうり》の塵。**
**夜雨草庵の裏《うち》　双脚等間に伸ぶ。**

良寛の禅境が端的に窺うことができる有名な詩で

ある。当時でも良寛を代表する詩として知られていた。良寛の禅境は、「騰々として　天真に任す」の詩句によくあらわれている。良寛は自分中心のはからいを捨て、大いなる世界に任せて、ゆったりと生きていたのである。悟りにも迷いにも拘泥《こうでい》せず、「両忘《りょうぼう》の境涯」をしっかりと持し、名利とも無縁の世界で生きていた。

　夏目漱石は最晩年、この「生涯立身に懶く」の詩が書かれた草書幅を所蔵していた。漱石の座右銘「則天去私」の精神も、良寛の詩句「騰々として　天真に任す」の影響があったことが想像できるのである。

○

　乙子神社草庵は、すぐ近くに集落があり、味噌や塩などを借りるに便利である。また、すぐ近くに谷川があり、薪水《しんすい》の労も五合庵に較べれば、ずっと楽になった。良寛は、少しずつ民衆の中に溶け込んでいった。時には、里の宮の祭りの笛や太鼓の音も聞こえてきたようである。

**里べには笛や鼓《つづみ》の音すなり**
**深山はさはに松の音しつ**

　この歌は、里の祭りのにぎわいと草庵の静寂の対比が美しい。良寛は、松籟《しょうらい》の音を聞きながら農民が豊作で、喜びに満ちた表情で祭りで舞っている姿を想像していたことであろう。

　また、乙子神社近くの国上の集落に住む子どもらが良寛を訪ねてきて、この神社の境内で、手まりをついて遊ぶこともあったようである。

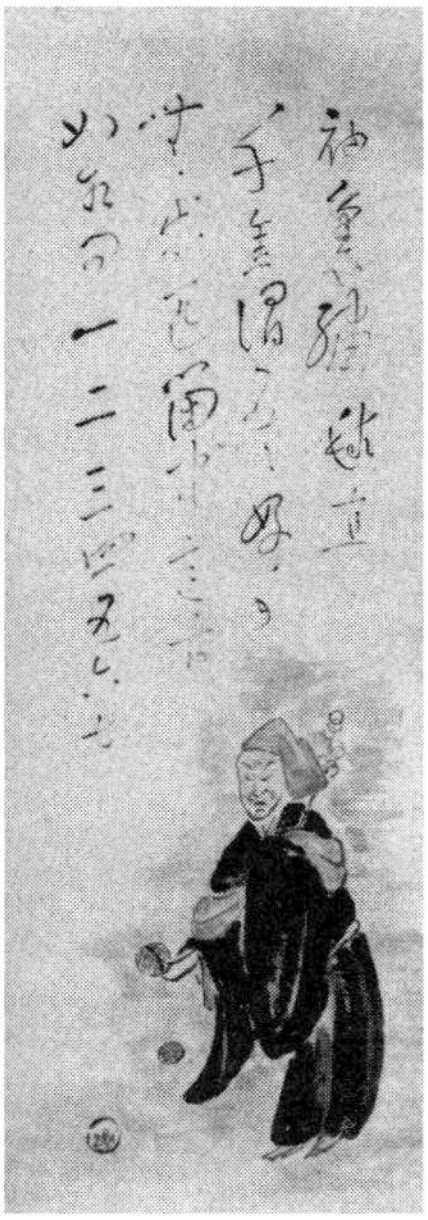
良寛自画像

**国上の宮にて**

**子どもらと手まりつきつつこの里に**
**あそぶ春日は暮れずともよし**

乙子神社に移り住んだ良寛は、五合庵時代とは少し趣の違う生活を送りはじめた。まさに「游戯《ゆげ》三昧」の生活である。

○

次の詩も、乙子神社草庵に移ってしばらくして詠まれたものであろう。

**六十有余多病の僧**
**家は社頭を占めて人烟を隔つ。**
**巌根穿《うが》たんと欲す深夜の雨**
**燈火《とうか》明滅す孤窓の前。**

六十余歳になった僧である私は、このごろ病気ばかりして臥せっていることが多い。草庵は、乙子神社傍にあり、人家からも離れている。今夜坐禅していると、深夜の雨が強く打ちつけ、岩をも穿《うが》つほどの音が聞こえてくる。庵の中は、小窓の前にある燈火が明滅している。

この詩を読むと、乙子神社草庵時代も基本的には五合庵と変わらない生活ぶりであったことがわかる。托鉢を終え、帰庵すると坐禅をする日々であった。

しかし、良寛は六十歳を過ぎると老いは隠せず、病に臥すことが多くなったようである。良寛の書簡をみても、始終病気に罹《かか》っていたことがわかる。病気の種類も多種多様で、枚挙にいとまがない。中でも多いのが、風邪をひいたことを伝える書簡である。「私も旧冬より風（邪）ひき、いまにとぢこもり候」とか「又風（邪）をひきかへし候」とか、しょっちゅう風邪をひいたことを伝えている。特に、冬になるとよく風邪をひいたらしい。冬の国上山での山中独居の生活はやはり厳しいものがあったようである。

また、寒さから腹痛を催すこともよくあったらしい。良寛には「此比《このごろ》は寒気にてせんき起候処かせゆいも夜々焼てたべ快気仕候」という書簡もある。「せんき」というのは、疝気《せんき》のことで、下腹部が痛む病である。病気で、一人寂しく庵で床《とこ》に臥している良寛の姿を想像するとせつなくなる。このような時、良寛は温かい「かしゅ芋」を食べて治していたようである。

旧乙子神社草庵の内部

寒くてつらい山中独居の生活の中での孤独感は、想像を絶するものがあったであろう。めったに弱音を吐かなかった良寛であるが、乙子神社草庵時代の長歌には、一人身のつらさを赤裸々に詠んでいる。

**わが庵《いほ》は　国上山もと　神無月　時雨《しぐれ》の雨は　ひ**
**めもすに　降りみ降らずみ　乙宮《をとみや》の　もりの紅葉**
**散り敷きぬ　夕さりくれば　さすかけて　つま**
**ぎ焚《た》きつつ　山たづの　向ひの岡に　小牡鹿《さをしか》の**
**妻呼ぶ声を　聞くなべに　ありし昔を　思ひ出て**
**憂き世の中を　知りながら　憂きに耐へねば**
**さむしろに　衣かたしき　うちわびて　わが独り**
**寝《ぬ》る　あしひきの　山下風の　板間より　寒くし**
**吹けば　あり衣《ぎぬ》を　ありのことごと　ひきかづき**
**こいまろびつつ　うばたまの　長きこの夜を**
**いも寝かねつも**

**起きてみて寝てみてみれど術《すべ》のなき**
**一人寝《ぬ》る夜のさよの長さよ**

痩せ細った良寛坐像

この長歌では、初冬の乙子神社草庵で、寒さにこごえている良寛の姿が目に浮かぶように具体的に表現されている。良寛は、衣を重ねて寝ようと思ってもなかなか寝つけない。山では妻を呼ぶ男鹿の鳴き声が、悲しそうに響きわたる。良寛もその鳴き声を聞いていているうちに、名主見習時代の恋人のことを思い出していたのであろうか。この世の中が「憂《う》き世」であることは、もちろん良寛は知っている。それゆえに、この寒さに耐えようと一人我慢して寝るのであるが、隙間風が吹くので、ありったけの衣を頭からかぶる。そして、寝返りをうつのであるが、やはり寝ることができないつらさを詠んでいる。良寛も生身《なまみ》の人間である。孤独の思いを、寒さにふるえるみじめな姿を、和歌で表現せずにいられないこともあったのであろう。我々は本音で苦悩をそのまま表現しているところに共感、魅せられていくのかもしれない。

# 第二章

# 阿部定珍と交流を深める

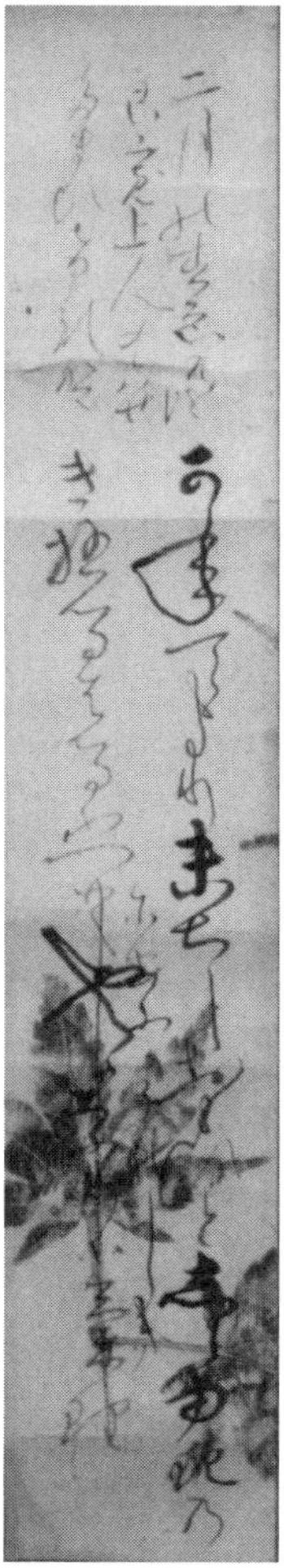

阿部定珍和歌短冊
二月のすゑの頃良寛上人のとはせたまひければ
かねてより待ちし思ひと白雪の消ゆる春日に逢ふが嬉しき

乙子神社草庵で独居する良寛の生活を支えたのが、渡部《わたべ》の庄屋阿部定珍《さだよし》であった。時には定珍は、寂しく一人で新年を迎えている良寛に酒と酒肴を贈ったこともあった。良寛の礼を伝える歌消息《うたしょうそく》に、

**神馬藻《じんばそ》に酒に山葵《わさび》に賜《たま》はるは**
**春はさびしくあらせじとなり**

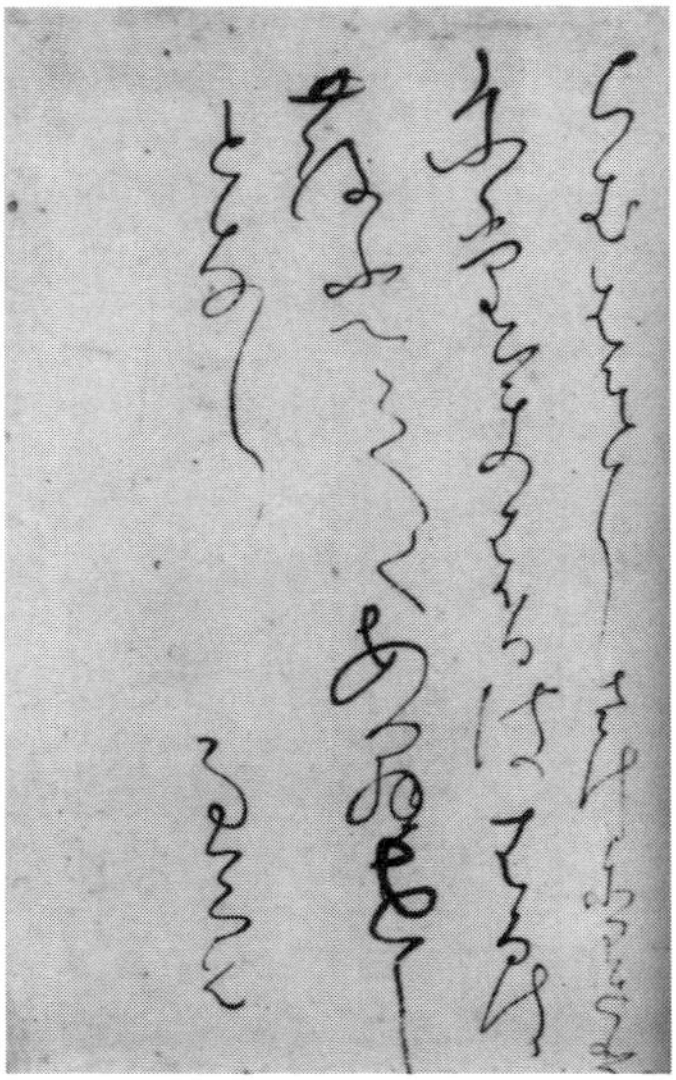
和歌消息「神馬藻に…」

というものがある。この歌消息は、阿部定珍から神馬藻と正月の酒と山葵を贈られた時の礼状である。草庵で一人正月を迎える良寛を寂しくさせまいと、各種の品物を贈ってくれた定珍のやさしい心遣いに感謝して詠んだものであろう。

神馬藻は、寺泊周辺ではギバサ・ギバソと呼び、今でも酒の肴《さかな》として食されている。茶褐色の海藻は、ネバリがあり、シャキシャキした食感がある。酒と神馬藻は、山中独居の良寛の寂しい心を芯《しん》からあたためてくれたことであろう。

冬の間、雪に閉じ込められて、良寛は里に出ることはほとんどなかった。したがって何ヵ月も、良寛と逢うことがなかった定珍は春が来て良寛が訪問することを一日千秋の思いで待っていた。次の定珍の短冊は、最近発見されたものであるが、いかに良寛の来訪を待ち望んでいたかが窺える。

**二月のすゑの頃良寛上人のとはせたまひければ**
**かねてより待ちし思ひと白雪の**
**消ゆる春日に逢ふが嬉しき**　（中庸、写真）

定珍が良寛に久し振りに逢えた喜びが素直に表現

されている。良寛の来訪を何ヵ月も待っていたので、嬉しさも一入《ひとしお》であったことがわかる。

阿部家の和歌巻には、定珍が良寛のもとを訪ねた時、唱和した和歌が多く収められている。それらの和歌を一点一点注意深く見ていくと、秋に詠まれた唱和の和歌が多いことに気づく。冬を迎える前に、全山紅葉する秋の一日を阿部定珍と和歌を詠み交わすことは何よりの楽しみであったのであろう。

**夜もすがら草のいほりに柴たいて**
**語りしことをいつか忘れむ**　（良寛）

**谷の声峰の嵐をいとはずは**
**かさねてたどれ杉の陰道《かげみち》**　（良寛）

**あしひきの岩の陰道踏みわけて**
**我来にけらし君が庵に**　（定珍）

**山陰の木《こ》の下庵《したいほ》に宿借りて**
**語りはてねば夜ぞ更けにける**　（定珍）

**うま酒とさかなしあれば明日もまた**
**君がいほりにたづねてぞこむ**　（定珍）

**うま酒にさかなもてこよいつも〳〵**
**草の庵に宿はかさまし**　（良寛）

**今日別れ明日は逢ふ身と思へども**
**はかりがたきは命なりけり**　（良寛）

**一日訪庵室　忽然踏雪回**
**玄々談未尽　三日復応来**　（定珍）

良寛と定珍は、よほど気が合ったのであろう。これらの和歌は晩秋のものと思われるが、一日中、和歌や漢詩をお互いに詠み合ったり、酒を飲みながら清談を交わすなど楽しい一時を過ごしている。

これも、乙子神社時代のことと思われるが、秋の一日良寛のもとを訪ねた定珍が、夜になって帰ろうとした時、良寛がいましばしと引き留めたことがあった。定珍は、風流を解する人で、良寛の思いに応えようとした。

そこで、定珍は、

**しまらくはここに留《と》まらむ久方の**
**後には月のいでむと思へば**

と詠んで、良寛の思いに応えている。すると、良寛は、

**月よみの光を待ちて帰りませ**
**君が家路は遠からなくに**

と詠んで、君の家はそんなに遠くないのだから、月が出るのを待ってお帰りくださいと応じている。心あたたまる交流ぶりが窺える唱和の和歌である。国上の山道を二キロメートルほど下っていくと阿部家はある。夜道といっても、三十分くらいで到着する距離にある。もっと長く、定珍と話をしたかったのであろう。また、良寛はつづけて、

**月よみの光を待ちて帰りませ**
**山路は栗のいがの落つれば**

と歌を詠み、栗のいがで足をケガしないように月の光が差すのを待って帰られたらよかろうと少し引き留めている。「月よみの」は、光にかかる枕詞である。良寛と定珍が、いかに心通う交流をしていたか窺える歌である。

良寛が筆記した以南の俳諧に、

**君来ませいが栗落つる道よけて**

というものがあるので、この句の影響を受けて先の和歌の下の句を詠んだのかもしれない。

良寛には、

**我が宿は人の来るこそうるさけれ**
**とは申せどお前ではなし**

という戯歌もある。

良寛は、人見知りする人だったようで、未知の人が訪ねてきた時など「客あしらい」がニガ手だと言っている。しかし、心を許し、打ちとけた交流をしている人には、どこまでも真ごころを込めてもてなしていたのである。

○

文政元年（一八一八）九月、良寛が阿部家を訪ねた頃、渡部村から真木山《まぎやま》村にかけての田は豊作で、頭をたれた稲穂は黄金色に輝いていた。実は、この周辺の田は、円上寺潟《えんじょうじがた》という沼地が広がっており、稲の収穫は難しかった。そこで、寛政十一年（一七九九）真木山の原田家、小豆曽根《あずきそね》の竹内家、渡部の阿部家、牧ケ花の解良家など庄屋が間府《まぶ》（トンネル）を作って悪水を寺泊の須走《すばしり》に流す計画を三条

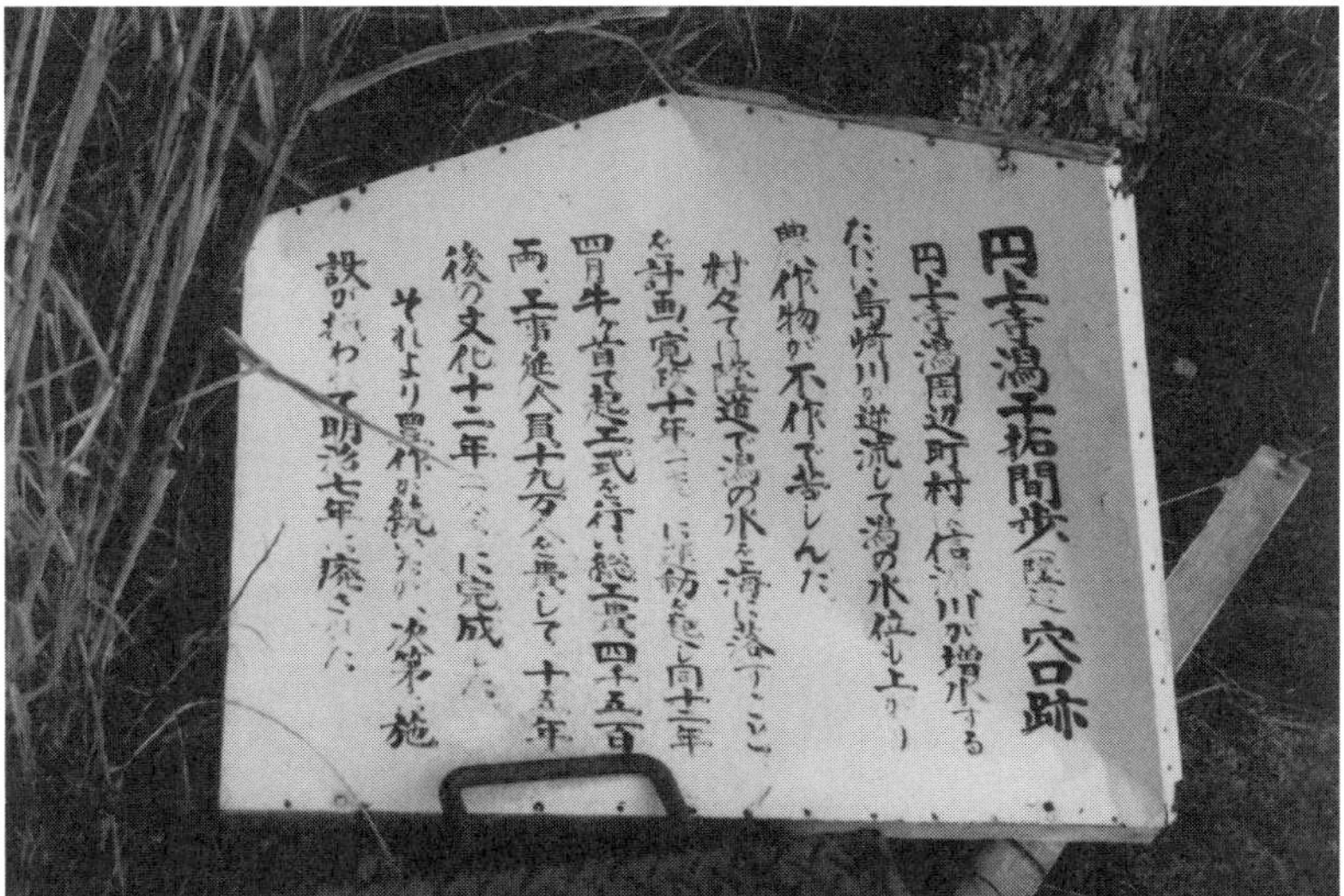

円上寺潟干拓間歩の看板

役所に提出し、難事業の末、円上寺潟は文化十二年に干拓され、美田に生まれ変わった。この地域は、村上藩領や白河藩領などが複雑にからまり合い、藩主導の事業遂行は難しく、農民の資金提供と協力によってやり遂げられたものであった。

　良寛が阿部家を訪れた時、良寛は秋草刷りの料紙に、円上潟が干拓された秋の田に稲穂が実る様子を見て、定珍の長い詞書《ことばがき》のある和歌を添削して贈っている。

**円上湖とて大いなる潟なんありける　思へば二十歳《はたとせ》余りにもなりぬらむ　片方《かたへ》の山を穿《うが》ちてその水を須走《すばしり》てふ浦に落としたりけり　さてこの所に幾千町《いくちまち》の稲《しね》を植ゑたりければ　この秋は八束穂《やつかほ》垂りて心よし　青人草《あおひとくさ》　手を打《う》ちて歌ひ舞ふ　僕《やつがれ》かくなむ**

**秋の田の穂にでて今ぞ知られける**
**かたへに余る君がみふえを**

**文政元年秋九月　田面**
**文する序に　定珍**

　良寛はこの和歌で、円上寺潟干拓に尽力し、多くの稲が実り、人々が喜んで手を打って歌ったり舞ったりしているのは、藩主の大きな恩恵だと誉めたたえている。干拓が終了して三年後の作品である。

　この秋草の料紙には、定珍の筆で同じような詞書と和歌が書かれたものがあり、良寛の筆で添削がなされている。定珍の詞書や和歌を土台として、良寛は自らの視点に置き替えて和歌を完成させたようである。因《ちな》みに定珍の和歌は、

**秋の田の穂にあひつれば今ぞ知る**
**君が恵《めぐみ》の幾許《いくばく》なるを**

である。定珍は、このように秋の田に稲穂が実っているのを見るにつけ、藩主の多大の恩恵を受けた

と感謝の思いを詠んでいる。

良寛が直接に円上寺潟干拓に関わることはなかったと思われるが、常日頃から農民たちの生活を気に掛けていた良寛は、心から喜んだと思われる。井上慶隆著の『良寛』によれば、円上寺潟干拓前の元禄十五年の村々の石高と較べると、干拓後の天保五年の村々の石高は平坪三〇%~五〇%ほど増加しており、地蔵堂のように倍増している村もある。越後の農民が力を合わせ、藩の垣根を越えて、幾多の困難を乗り越え偉大な事業を成し遂げたことは特筆すべきことであろう。良寛と定珍の合作ともいえるこの和歌は、その偉業と民衆の喜びを伝える貴重な作品といえる。

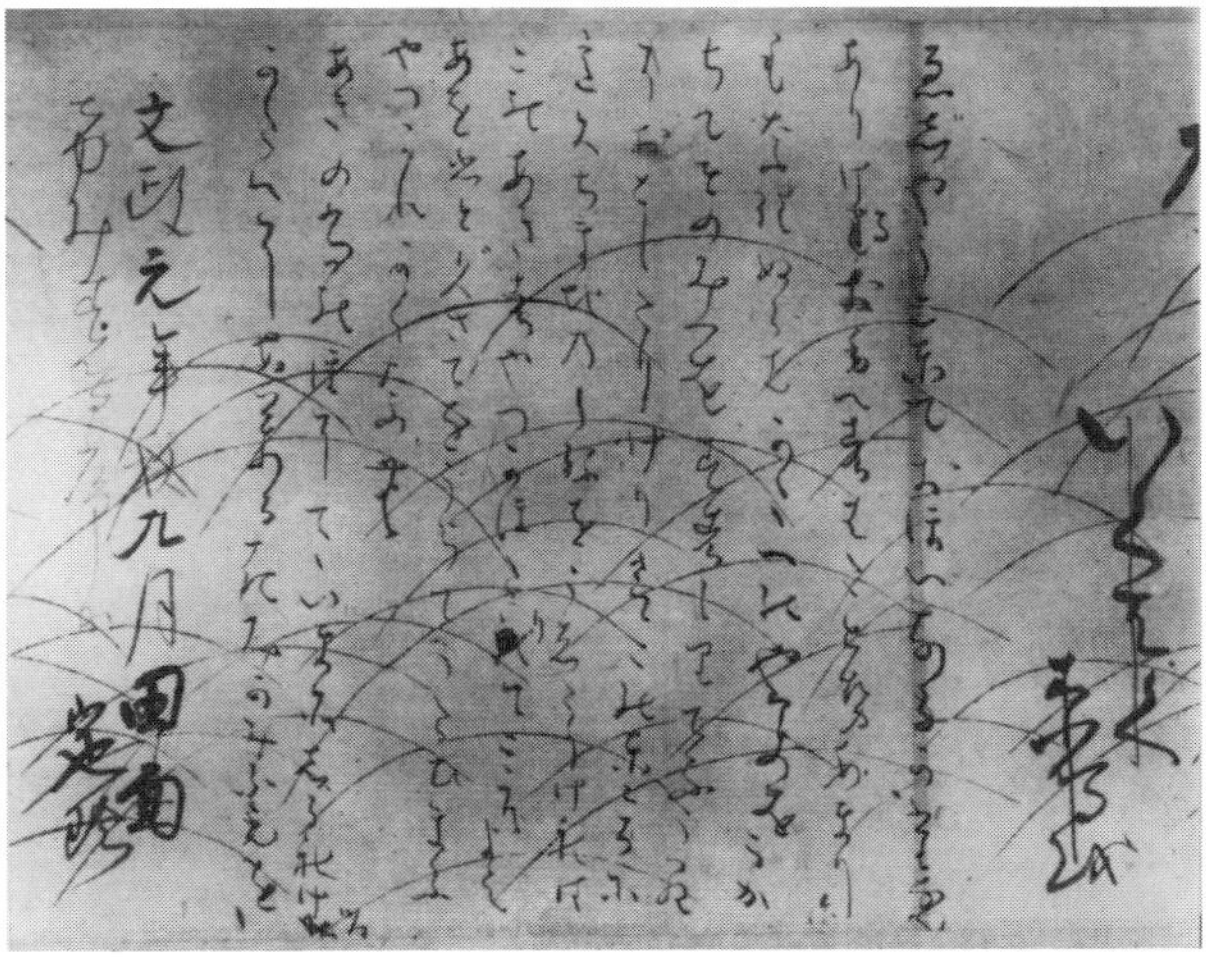

良寛が円上寺潟干拓を賛えた定珍の長歌を添削したもの

| 年代<br>庄屋・町村名 | 元禄15年（1702） | 天保5年（1834） |
|---|---|---|
| 涌井・国上 | 740 | 1075 |
| 　同新田 | － | 417 |
| 阿部・渡部 | 463 | 615 |
| 　同新田 | － | 8 |
| 原田・真木山 | 82 | 129 |
| 　同村枝郷蛇塚新村 | 258 | 590 |
| 解良・牧ケ花 | 379 | 521 |
| 　同新田 | － | 170 |
| 斎藤・中島 | 610 | 1065 |
| 　同新田 | － | 318 |
| 富取・地蔵堂 | 111 | 219 |
| 竹内・小豆曽根 | 90 | 102 |
| 同村枝郷中曽根新村 | 150 | 253 |

『新潟県史』資料編 7、8の付表より作成

村々の石高増加（井上慶隆著『良寛』より）

○

これも乙子神社時代のものと思われるが、良寛が九月に阿部家を訪ねて和歌の唱和をしている作品がある。

**子どもらとはぢきをしつつ長月の**
**十日余りの夜を明かしけり**

良寛は、その晩定珍の子どもらと夜おそくまでハジキをして遊んでいたようである。良寛が友人宅を訪ねると、家族全員で歓待していることがわかる。したがって、定珍の子どもが亡くなった時、良寛はそれを我がことのように悲しんでいるが、このような背景があったのである。

この良寛の和歌の後に、

**神無月しぐれな降りそ我が宿の**
**菊の盛りはまだ過ぎなくに**　（定珍）

良寛・定珍 唱和の和歌

**神無月しぐれ降るともよしゑやし**
**菊の盛りをあひ見てのちは　（良寛）**

という和歌二首を書いている（この作品は、時代が少し若い）。良寛は、菊の花が好きであった。定珍は、良寛のために菊の花を育てていた。良寛は、菊の花が美しい時節に鑑賞することができたようである。定珍の和歌は、良寛の影響を強く受けており、良寛のものと見まがうばかりである。これらの和歌は、阿部家特製の竹葉刷り料紙に書かれている。

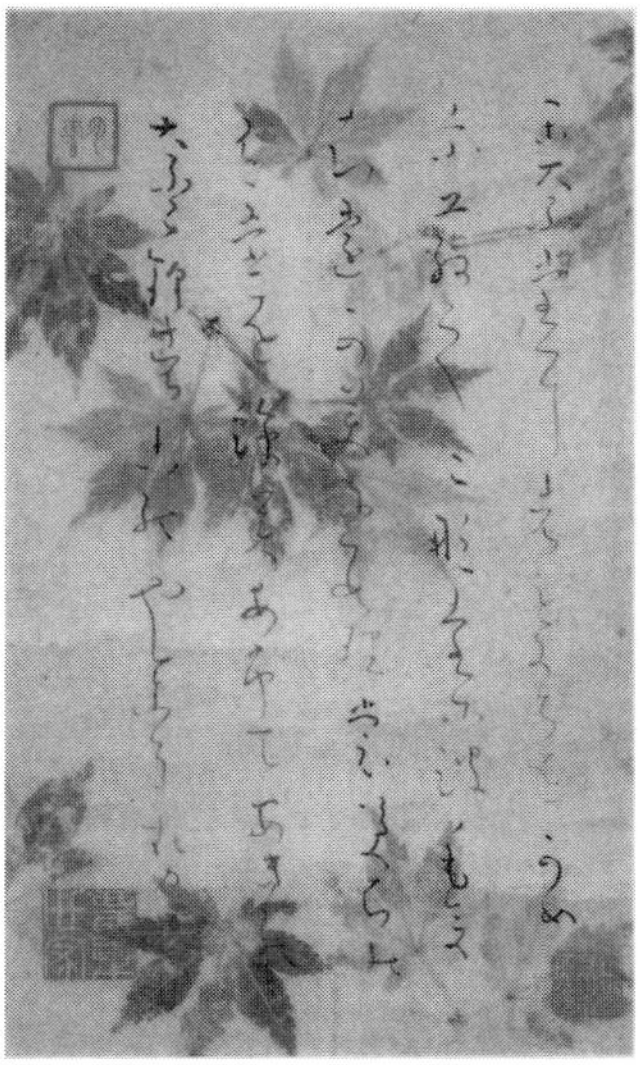
「紅葉刷り和歌」

○

この紅葉を詠んだ長歌も阿部家に伝わるもので、国の重要文化財に指定されているものである。先の短冊と同じく、紅葉刷の料紙に書かれている。刷られた紅葉の葉と良寛の優美な仮名が調和して実に美しい。

**かなたには　紅葉をかめにさし　こなたには**
**紅葉を紙に刷《す》り　紅葉の歌を　詠みあふて**
**秋のなごりは　この宿にせむ**

良寛は、国上山の草庵で手折った紅葉を瓶に差して鑑賞していたが、阿部家を訪ねたところ紅葉刷りの料紙に歌を書いて、秋の余韻をこの宿で味わったことだと詠んでいる。風流を楽しむ二人の交流ぶりがよくわかる作品である。

# 第三章

# 慈悲の人　解良叔問《けらしゅくもん》

鍋蓋刻字「心月輪」良寛書

解良栄重《けらよししげ》の『良寛禅師奇話』には、「井上桐麻呂初《はじめ》　柳川ニ住　今《いま》則清ニ徙《うつる》　禅師を尊信して、常に国上の草庵をとふ。当時の善人を師に問《とう》。師余が父を教へらる。爾後《じご》余が家に往来す」という話が載っている。三条の柳川の庄屋であった井上桐麻呂が、良寛に「善人」は誰かと尋ねたところ、解良叔問の名を挙げたので、桐麻呂は解良家をよく訪ねてくるようになったというのである。叔問は、慈悲の心を持ち、人々に手を差し伸べる人徳の人であった。

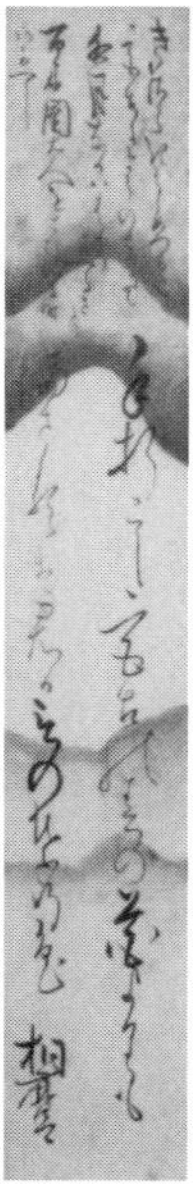
井上桐麻呂の短冊「手折こし…」

叔問の「善人」の心の根底には、仏教の教えがあった。文化十四年（一八一七）三月に、叔問は、牧ケ花の古屋敷の一角に母の供養のため地蔵菩薩像を建立している。地蔵の身の丈一〇〇cm、台座を含めると約二〇〇cmもある大きな像である。台座の前面には、「三界萬霊」と刻まれている。世界のすべての霊を供養するという意味である。この時、良寛は叔問の依頼を受け「法華経」を筆写し、地蔵菩薩の台座に収められたという。叔問は、「法華経」の教えを信奉しており、家に八軸の「法華経」を所蔵していた。

良寛は、解良家から「法華経」を借用し、「法華讃」や「法華転」といった漢詩集を作製していた。次に掲げる詩は、解良家に托鉢で訪れた時、八軸の「法

牧ケ花の地蔵菩薩像

華経」を借用して倚子《いす》のそばで読んでいる様子を詠んだものである。このようにして、学ぶこともあったのであろう。暑さが収まった八月（太陽暦の九月）、良寛は托鉢をしに牧ケ花村にやってきた。栗のイガも見られるようになり、天は高く、もはや蝉の鳴き声も聞こえない。そのような気候のよい時、ホームグラウンドともいえる解良家に滞在し、悠々と「法華経」を学んでいる様子がこの詩からうかがうことができる。

良寛と「法華経」については、後で記述するので、ここでは詳しくは触れないが、大乗仏教の精神に基づいて、民衆の救済を心の底から思っていた点では、二人は〝同志〟であったともいえる。

○

良寛は、解良家で仏教に関わる漢詩や言葉を多く揮毫している。その中でも有名なものが、鍋蓋《なべぶた》刻字「心月輪」である。この作品は、丸い鍋蓋を月にみたてた意匠と、造形的にも優れた書とが調和し、美しい世界を創り出している。玉木礼吉の『良寛全集』によれば、良寛が解良家に寄寓中、桶屋が鍋蓋を作るのを見て、腕がむずむずして書いたものという。

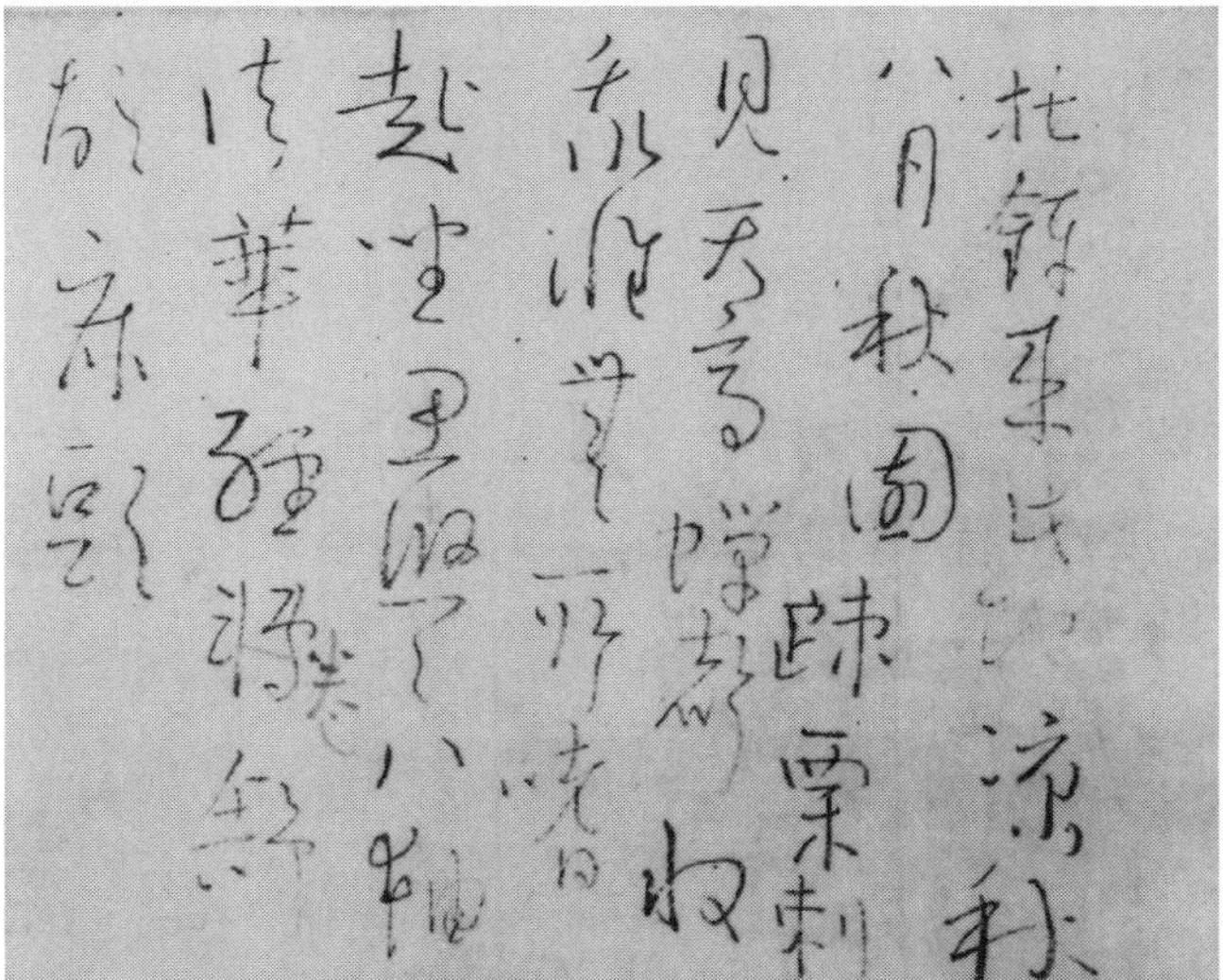
漢詩「托鉢来此地…」

「心月輪」は、真言宗の修行法「月輪観《がちりんかん》」に関わる言葉であるという。その他「月輪《がつりん》」の用例は『大悲空智経』『倶舎論《ぐしゃろん》』などにも見られる。「心」は、「一心」「妙心」をあらわす。各人に本来備わっている仏性のことである。心の源は、月の輪のように、円満具足しており、何ら欠けることのないことを象徴的にあらわしたものであろう。

その他、解良家には有名な「頭髪蓬々耳卓朔《とうはつぼうぼうみみたくさく》」の詩や「心水何澄々」の詩など禅僧としての奥深い境涯を詠んだ詩も残されている。良寛は、禅僧として〝本当の思い〟を叔問に語り伝えたのだと思われる。乞食僧である自分は風采《ふうさい》はあがらないかもしれないが、心は鏡のように澄みきっており、民衆救済のため悠々と歩んでいるという自らの姿を叔問に伝えようとしたのである。そして、叔問は良寛の思いをよく理解し、手助けすることも多かったようである。

○

良寛が文政元年六十一歳頃に叔問に出した書簡に、

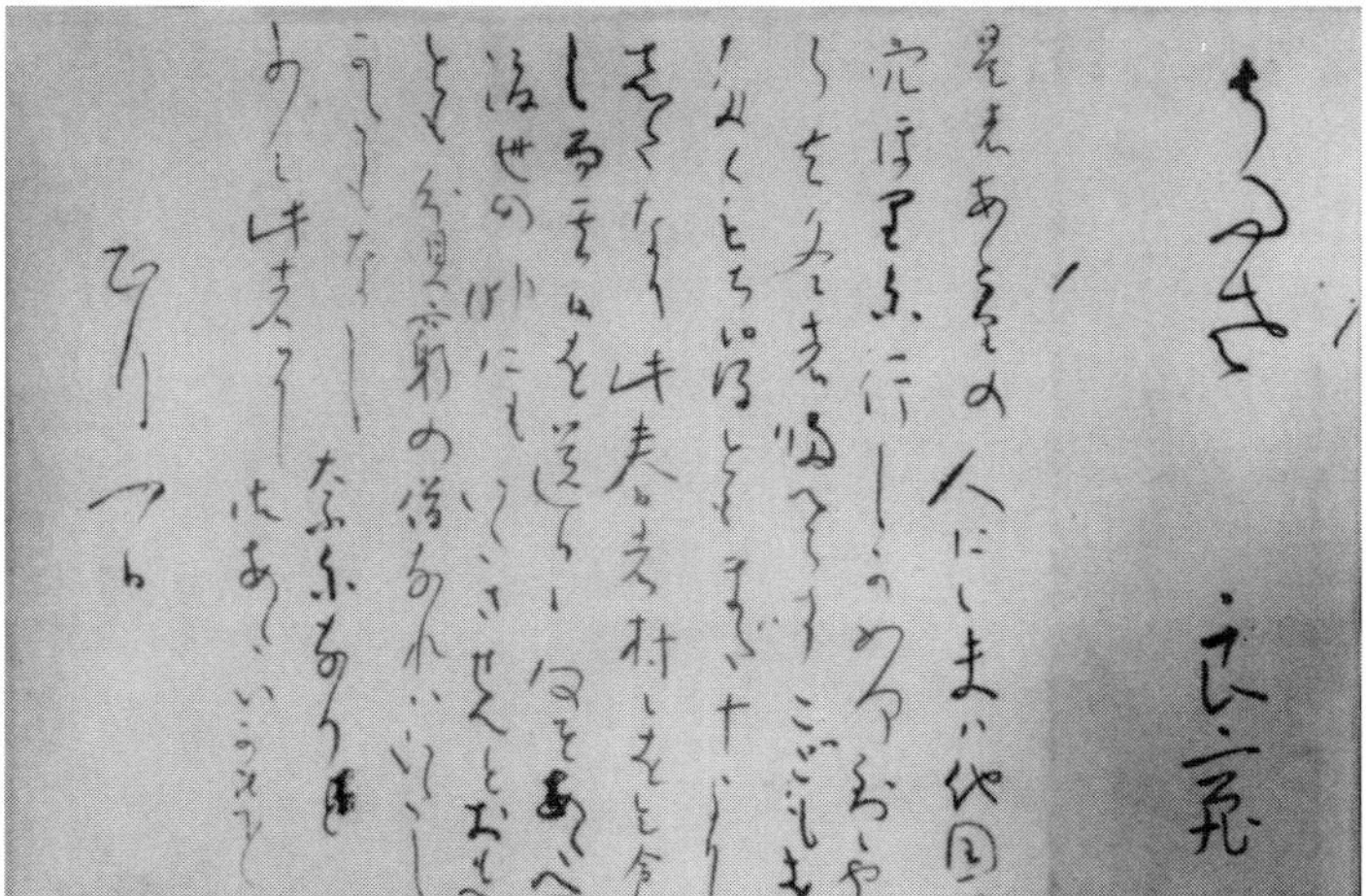

解良叔問宛書簡「是はあたりの人…」

叔問老　　　　　　　　　　　　　良寛

是はあたりの人に候。夫は他国へ穴ほりに行《ゆき》しが如何《いかが》致候やら去冬は帰へらず。こどもを多くもち候得ども　まだ十よりしたなり。此春は村々を乞食して其日を送り候。何ぞあたへて渡世《とせい》の助にもいたさせんとおもへども　貧窮の僧なればいたしかたもなし。なになりと少々此者に御あたい可被下候。

正月四日

というものがある。良寛が、夫が行方不明になり、正月だというのに路頭に迷い乞食をしていた女の人を見るに見かねて、叔問に手を差しのべるよう依頼した書簡である。良寛は、叔問に頼めば、何とかしてくれるだろうと信じていた。同じ年の正月廿日付の良寛が叔問にしたためた書簡に、「貧人に餅多くたまはり　大慶に奉存候」というものがある。先の書簡と書風は同じなので、この書簡にある「貧人」は先の書簡の物乞いをしていた女の人だと思われる。叔問は、良寛の依頼を受けて餅をたくさんあげたようである。その知らせを聞いた良寛は、大いに喜んだのである。このように、良寛と叔問は力を合わせて民衆救済にあたることもあったようである。

○

解良家は、また良寛にとって憩《いこい》の場であったことを最近知った。というのも、平成二十九年の秋、燕市分水良寛史料館で開催された良寛展で解良家に伝わる碁石と碁盤が陳列されていたが、この碁盤で良寛は解良家で碁を打っていたことがわかったからである。良寛が、碁が好きだったことはよく知られており、解良栄重の『良寛禅師奇話』にも、関川満輔と掛け碁をやっていた様子が書かれている。また、木村家にも良寛が使用した碁石と碁盤が伝わっているが、解良家のものを見るのは初めてであった。

良寛は、時には解良叔問と碁を打って、楽しい一時を過ごしたようである。良寛の碁は早打ちで、勝負にはあまりこだわらなかった。解良家で、三峰館時代の旧友富取益斎と碁を打つこともあった。益斎は、地蔵堂の大庄屋富取武左衛門正房の三男で、名は鴻といった。良寛の親友之則《ゆきのり》の兄である。益斎は、初め医者となったが、後に京都に行き篆刻家《てんこくか》としても有名な文人である。

解良家の遺墨書巻中にある「藤江老人に寄す」という解良叔問の詩にある「藤江老人」が、富取益斎だと言われている。良寛が代わって詠んだ詩には、

答

総為疎世用　総べて世用に疎《うと》きが為に
能得終身閑　能《よ》く終身の閑を得たり。
捫艾供酒銭　艾《もぐさ》を捫《ひね》りて酒銭に供し
圍碁送残年　碁を圍《かこ》んで残年を送る。

の詩が書かれている。筆蹟からすると、この作品は文政元年頃のものと思われる。良寛は、乙子神社草庵に入った頃から藤江や叔問と碁を打つようになっていたようである。ここにして、この頃の悠々とした気分が窺える。この詩で良寛は、自分（藤江）は世用にはすべて疎いがゆえに、のんびりと生きていられるのだと述べている。そして、お灸《きゅう》を人にしてやって、その薬礼で酒を飲んだり、友人と碁を打ったりして、余生を送っているとも述べている。良寛もお灸をしたり按摩《あんま》をやって人の療治をして

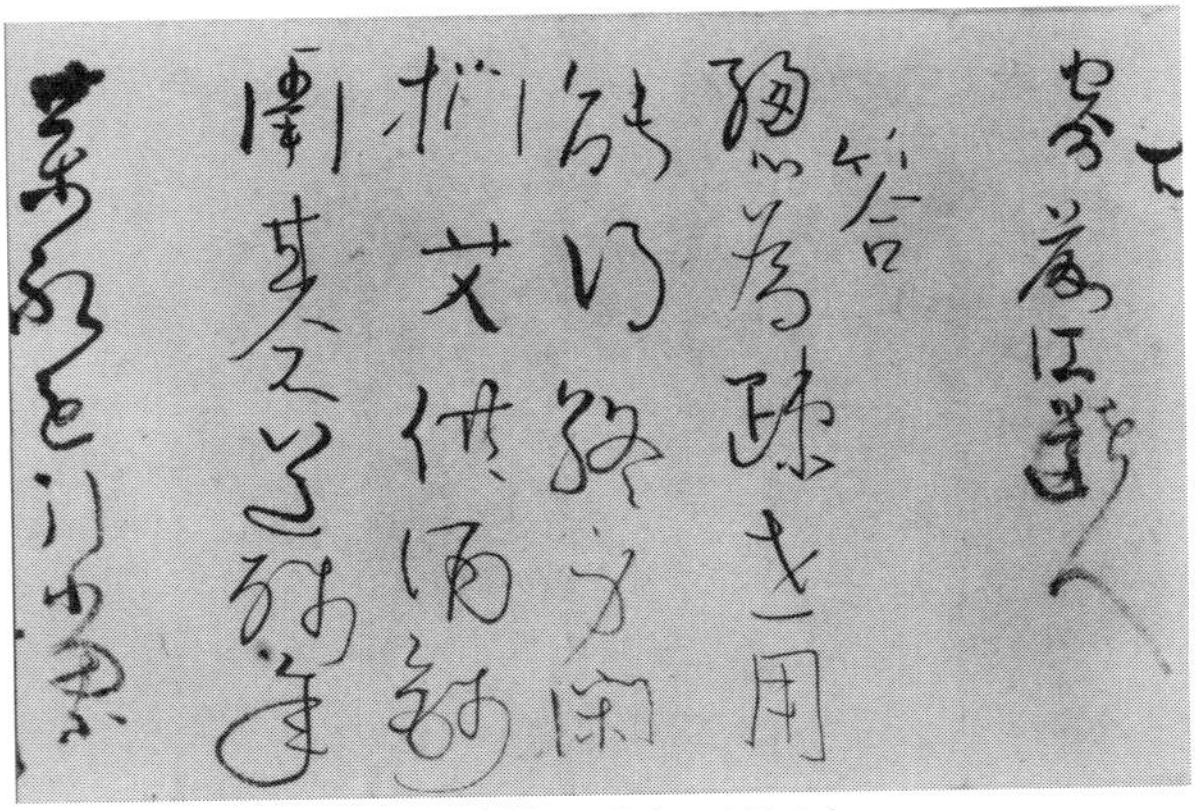

漢詩「藤江老人に寄す」

やったことが『良寛禅師奇話』に出ているが、これは藤江老人に習ったものかもしれない。益斎に代って詠んだこの詩は、良寛の生き方と共通する所が多々あり、益斎の生き方に重ねて自分の有り様を詠んだのかもしれない。いずれにしても、良寛にとって解良家は、〝道〟を語る場であるとともに憩いの場でもあったと思われ、掛け替えのない場所であったようである。

解良叔問は、文政二年（一八一九）八月二十四日、五十五歳で亡くなっている。叔問は、貧しい人に手を差し伸べるなど、慈悲の心溢れる人であった。良寛は、翌年二月十一日に、叔問の死を弔うため「法華経」を書いて遺族に贈っている。書簡には、

「法華経書写仕候。呈上致候。病中故何の筆力も
無《なく》　御免可被下候」

とある。この頃、良寛は風邪をひいて臥していたようだが、なんとか筆写したようである。良寛筆写の「法華経」は、叔問の骨とともに墓中に埋められたという。この書簡は、円熟味のでてきた乙子神社

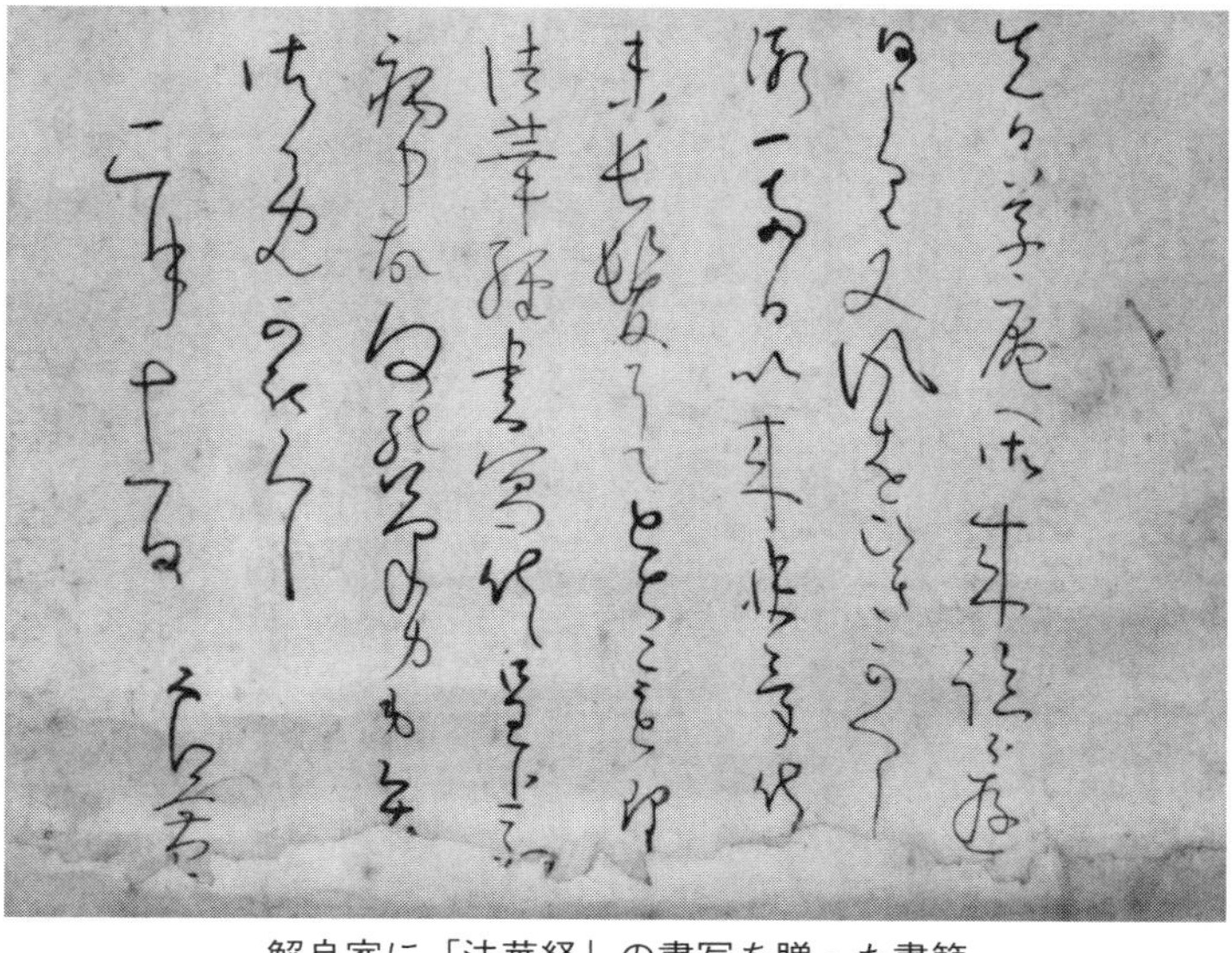

解良家に「法華経」の書写を贈った書簡

時代初期を代表する作品である。

解良家は孫右衛門が跡を継いだが病弱で二年ほどで退任し、熊之助が跡を継いだ。しかし、熊之助もほどなく退任し、叔問の末子栄重《よししげ》が解良家の家督を継いだ。栄重は、よく努力し、解良家を大庄屋の地位に引き上げた。この栄重が良寛の逸話を書きとめたものが有名な『良寛禅師奇話』である。『良寛禅師奇話』には、良寛の風貌や逸話などが、実に詳細に記され、貴重な資料となっている。

その中でも、有名なものが、

**師（良寛）余《よ》が家に信宿《しんしゅく》日を重ぬ。上下自《おのづか》ら和睦し、和気家に充《み》ち帰去ると云《いえ》ども、数日の内、人自ら和す。師と語ること、一夕《いっせき》すれば、胸襟《きょうきん》清きことを覚ゆ。**


の一文である。栄重が実際に体験したことを記してあるだけに、良寛の「人となり」を実に具体的に描写している。詳しいことは、次章で解説するが、とにかく貴重な資料である。良寛は、その存在そのもので人を教化する人であった。

叔問が亡くなっても、解良栄重はもちろんのこと、上桐の柄沢《からさわ》家に婿に入った栄清《よしきよ》も、良寛を尊敬し、歌集をまとめている。また、小千谷市片貝の佐藤家に婿入りした四男佐平次は、天保の飢饉の時、善政を行い、良寛に「粟守酒《あわもり》」を贈ったりしている。これも、父叔問の薫陶《くんとう》があったからだと思われる。

# 第四章

# 解良栄重《けらよししげ》の『良寛禅師奇話』

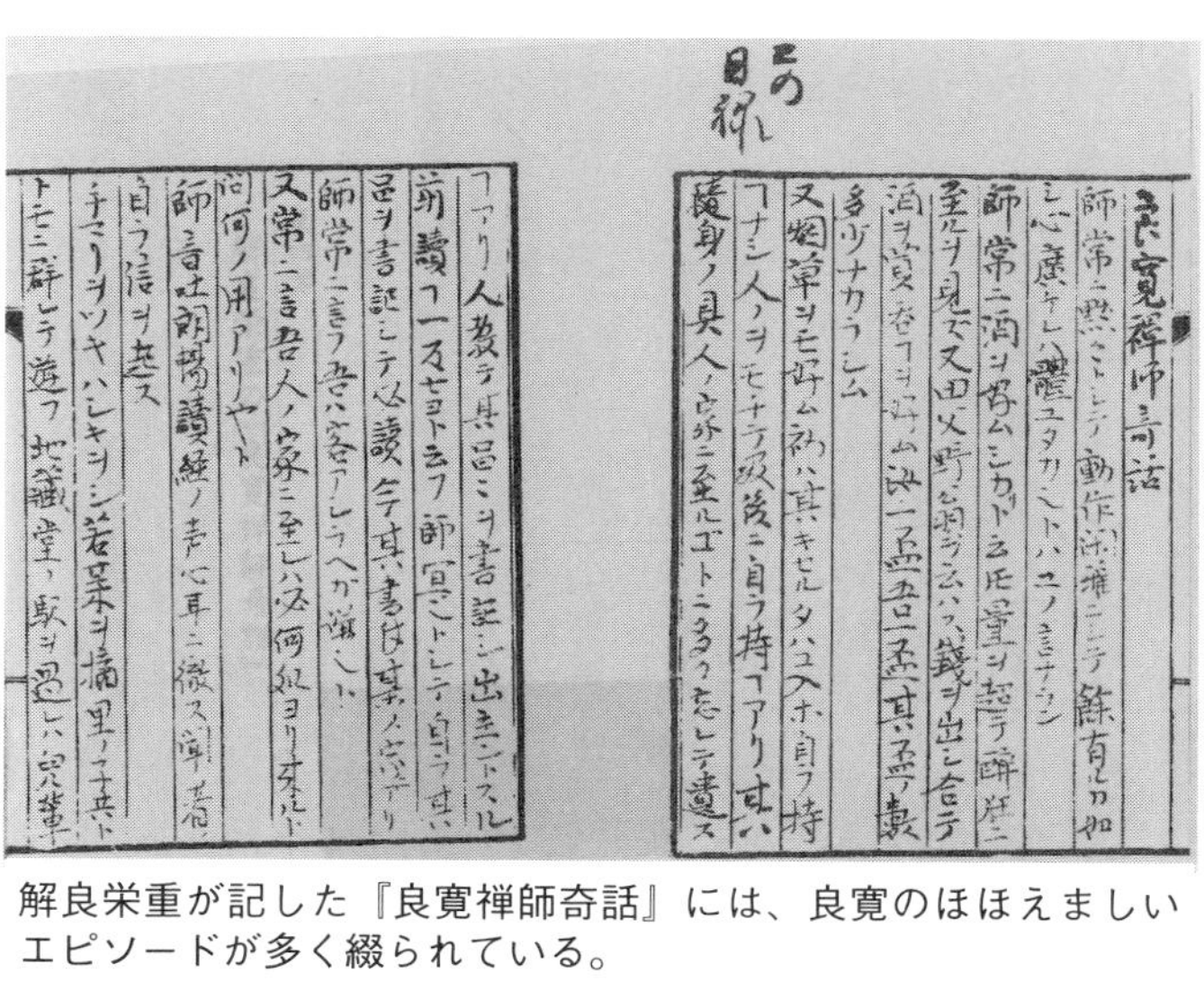

解良栄重が記した『良寛禅師奇話』には、良寛のほほえましいエピソードが多く綴られている。

解良家十三代当主栄重《よししげ》は、庄屋として徳のある支配を行ったことにより、村上藩から地蔵堂組の大庄屋に任命されている。栄重は、幼名正八といい、少年時代から良寛と交流があった。良寛より非常に若く、五十二歳年少であった。解良栄重は、書や和歌もよくする文人で、良寛のそばで見聞きしたことを、『良寛禅師奇話』に筆録している。これらは、父叔問が文政二年に亡くなっていることからすると、五合庵時代から乙子神社時代の逸話が多いと思われる。

『良寛禅師奇話』は、和綴じの書物に、六十一のエピソードが書かれている。どの話も良寛の日常に起きたユーモアあふれるものが多く、良寛その人を知る上で貴重な資料と言えよう。『奇話』とあるように、良寛の普通の人とは異なる行状が記されているが、そこには良寛の深い悟りから生じる行動もあったと思われる。『奇話』の奥底に潜む、良寛禅の真髄をこの筆録から読み取ることができるようである。

まず、良寛の人と為《な》りを描写してある箇所を紹介してみよう。（以下、原文は片仮名表記）そこから日常の良寛のありのままの姿が浮かびあがってくる。

**師常に黙々として、動作閑雅《かんが》にして余《あまり》有るが如し。心広ければ体《たい》ゆたか也《なり》とはこの言《げん》ならん。**

『良寛禅師奇話』冒頭に書かれているものである。栄重は、良寛の特徴として黙然としてゆったりとした動作をまず取り上げている。良寛が一番大切にしたことは、心の中を「閑《かん》」にしていることであった。是非得失《ぜひとくしつ》に惑わされず、ゆったりとしていたことから余裕さえ感じられたのだろう。

○

**師神気内《ししんきうち》に充《みち》て秀発《しゅうはつ》す。其《その》形容神仙《しんせん》の如し。長大にして清癯《せいく》、隆準《りゅうせつ》にして鳳眼《ほうがん》、温良にして厳正、一点香火《こうか》の気なし。余牆《しょう》高くして宮室の美をみることなし。今其形状を追想するに、当今《とうこん》似たる人を見ず。鵬斎曰《ぼうさいいはく》、喜撰《きせん》以後此人《ひと》なしと。**

この条は、良寛の顔貌《かおかたち》やその姿から発する雰囲気を描写している。

ここで言う「神気」は、精神気力であろう。長年坐禅修行をしてきた結果、生き生きとした気力が内に充ちあふれていたことがわかる。「神仙」は、神通力を得た仙人を言う。仙人のような脱俗の趣があったのであろう。「清癯《せいく》」は、痩《や》せて清逸の趣があること。ほっそりとして背が高く、眼は鳳凰《ほうおう》のよう眦《まなじり》深く、高貴な人相をしていたという。性格は、おだやかで素直であったが、また一方厳格・公正で、抹香臭《まっこう》さがなかったと記している。

岩田正巳画「良寛托鉢像」（部分）

良寛の少年時代から身近で接していた栄重だけに、実に的確に良寛の特徴を捉え、描写している。良寛は、やはり超俗的な雰囲気をその身から醸し出していた。良寛は、しかし抹香臭さはなかったようである。良寛は悟境が深まると、光をやわらげて民衆の中に入っていった。「一点香火の気なし」の表現からもそれが窺える。「味噌の味噌臭きは良い味噌でない」という言葉と同じく、禅僧臭さを消していったのである。

○

『良寛禅師奇話』には、良寛が子どもたちと戯れる中で起きた抱腹絶倒の話がいくつか載っている。これも、良寛の人間性を知る上で、貴重な逸話と言えよう。

**…地蔵堂の駅を過《すぐ》れば、児輩《じはい》必《かならず》相追随《ついづい》して、良寛さま一貫《いっかん》と云ふ。師驚きて後ろへそる。又二貫と云へば又そる。二貫三貫と其数を増して云へば、師ややそり反《かえ》りて後ろへ倒れんとす。児輩これを見て喜び笑《わらふ》。…**

良寛が子どもたちと手まりやおはじきをして遊んでいたことは、先にも触れてきた。良寛は、子どもたちと遊ぶのが大好きであった。この話は、「良寛さま一貫」という話で、大変有名なものである。「一貫」というのは、江戸時代の貨幣価値で、銭《ぜに》千文《もん》にあたる（一文は三十円ほどにあたるというので、現在の貨幣価値で三万円位であろうか）。この話は、競売《せりうり》をしている人が、声高く「一貫」と高い値段をつけたので、良寛が驚いて反《そ》りかえった。それを見て、子どもたちが「良寛さま一貫」と声を掛けると、おもしろがって良寛はそっくり返り、「二貫」「三貫」と増えていくごとに更に後ろにそっくり返り、ついには倒れそうになったというのである。

良寛は、子どもたちにはサービス精神旺盛の人であった。普段は、寡黙《かもく》で悠々と生きている良寛であったが、子どもたちと遊ぶ時は人が変わったように、無邪気に子どもたちと戯れている。ある人が良寛に「どうしてそんなに子どもが好きなのか」と尋ねたところ「子どもは純真だからだ」と答えたという。良寛が子どもらと戯れる様子は、禅でいう「遊《ゆ》戯《げ》三昧《ざんまい》」の世界であったのであろう。

この話には後日談がある。良寛に「一貫」「二貫」「三貫」とはやし立てる子どものいる地蔵堂町の富取倉太に、良寛は「以後このことをなさしめざれ。吾老《おい》て甚《はなはだ》難儀也」（以後このことをさせないように。私は年老いて疲れる）と頼むのである。傍にいた叔問が、「良寛さん自分で子どもたちに言えばいいじゃないですか」と口をはさんだところ、良寛は「仕来《してき》たことはやめられぬ」と答えたというのである。良寛は子どもたちには、弱かったのである。

○

良寛は、子どもたちだけでなく、農民たちとも隔てなく交流した。時には、田んぼの畔《あぜ》で酒を酌み交わすこともあったという。良寛は、酒が好きであったが、静かに飲むのが好きだったようである。

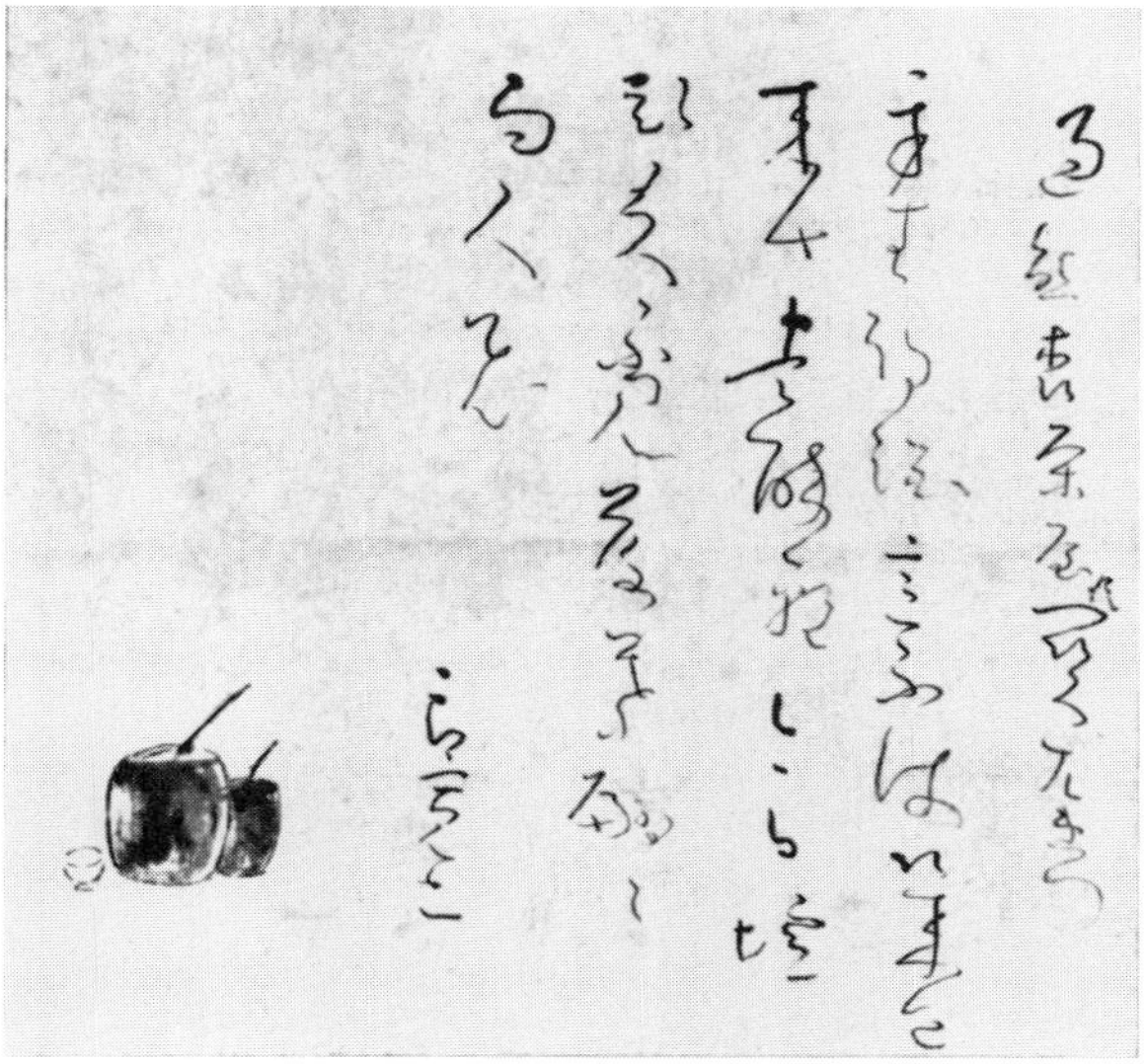

酒甕と盃が描かれた画賛

**師常に酒を好む。しかりと云《いえ》ども量を超《こえ》て酔狂《すいきょう》に至るを見ず。又田夫野翁《でんぶやおう》を云はず、銭《ぜに》を出し合《あい》て酒を買呑《の》むことを好む。汝一盃《なんぢいっぱい》、吾一盃、其の盃《さかずき》の数多少なからしむ。**

とある。良寛は、酒を飲んで和気《わき》藹々《あいあい》とした雰囲気の中で、人々と語り合うのが好きだった。人々と酒を飲む時は、割り勘で飲むのが鉄則で、その盃の数も同じになるようにした。ここに、良寛の人々への「平等思想」が感じられるような気がする。

人は、なかなか本音を語らないものだが、一盃、二盃と盃を傾けるうちに、腹を割って話すようになるという。良寛は、裏表なく真実の思いを語り合うことが好きだった。それには、酒はなくてはならないものであった。

○

良寛が住庵する庵には、時々盗人が入ることがあった。良寛が托鉢に出て留守にしている時、盗みに入るものが多かったようであるが、夜中良寛が寝ている時に盗人が入った話が『良寛禅師奇話』に載っている。その時良寛は、どのように対応したか――。ここに、良寛という人の本質を見るような気がする。

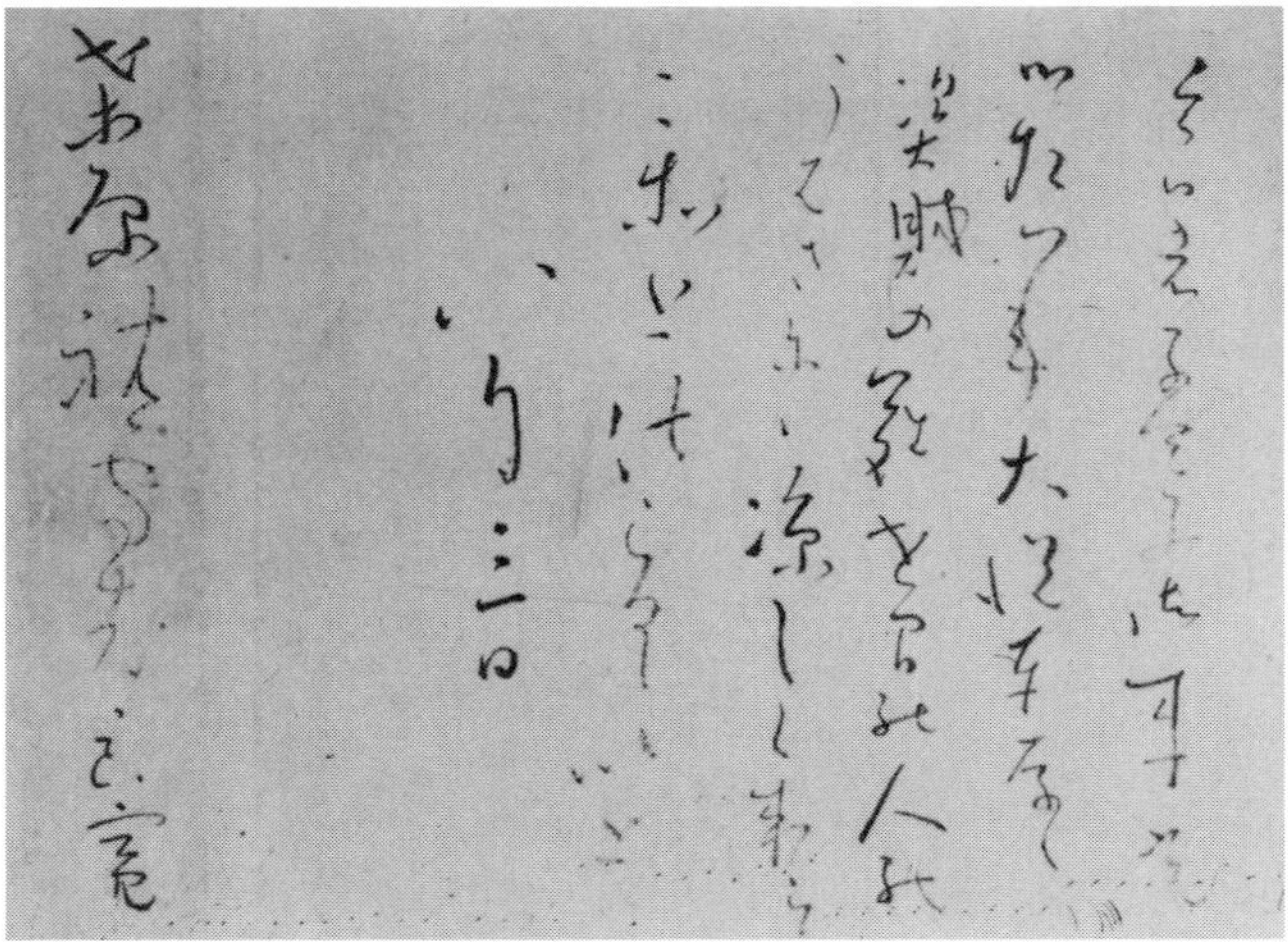

「盗賊」の文字が見える書簡

**盗《とう》あり、国上の草庵に入る。物の盗み去るべきなし。師の臥蓐《がじょく》をひきて密かに奪はんとす。師寐《ね》て不知《しらざる》ものの如くし、自ら身を転じ、其ひくにまかせ盗み去らしむ。**

良寛は、清貧の人であった。お釈迦様も道元禅師も、僧が草庵に物を貯えることを戒めたことを守り、無一物に近い状況で暮らしていた。盗人が入っても、庵には盗むべきものがなかったのである。そこで、盗人は良寛が寝ている布団に目を付け、盗もうとしたのである。良寛は、盗人が困っているような行為に及んでいることをかわいそうに思い、わざと転《ころ》がって取りやすくしたのである。良寛には、

**盗人《ぬすびと》に取りのこされし窓の月**

という俳諧が伝わっている。良寛は、慈悲の人であった。

良寛の人気が村々で高まると、それに嫉妬《しっと》する人が出てきた。『良寛禅師奇話』には、「智海《ちかい》」という僧の話が出ている。この出来事は、栄重が少年時代直接体験した話だけに実に詳細に描かれている。少し長いが、全文を紹介してみよう。

**師嘗《かつ》て早苗《さなえ》をとる頃余が家に宿す。狂僧《きょうそう》に智海と云もの有。驕慢《きょうまん》こりて狂を発す。常に云、吾衆《われしゅ》生《じょう》の為めに一宗《いっしゅう》を開かんと。自ら古《いにしえ》の高僧に比《ひ》し、即今《そっこん》の僧徒をして児輩の看をなす。常に師を人の尊重するを妬忌《とき》す。この日大酔して田をうとて全身泥にまみれて余が家に来《きた》り、師を見る。宿怒《しゅくど》忽《たちま》ち発し、敢《あえ》て一言を交《まじ》へず、沾《ぬ》る所の帯を以て師をうたんとす。事不意に出《いづ》。師又何の故をしらず。然りと云へども身又さけんともせず。傍人驚きて抑留《おさへとど》め、師をして一室に引き、狂僧をして去らしむ。暮に及んで雨頻《しき》りに降り出《いづ》。師室を出《い》でて従容《しょうよう》として問て云く、前の僧は雨具を持《もち》しやと。又余事をいはず。**

良寛が田植えの頃、牧ケ花の解良家に滞在していた時、智海という僧が偶然訪ねてきた。智海は、驕慢（おごりたかぶること）の人で、良寛ばかり人々が尊重することを嫉妬《しっと》の目で見ていた。折から智海は、大酔してやってきたため、積年の怨念《おんねん》が暴れ発し、泥まみれになった帯で、良寛をたたこうとした。しかし、良寛は泰然自若《たいぜんじじゃく》として避けようともしない。驚いた家人は、良寛を別室に避難させたが、夕方になり雨が降ってきた時「前の僧は雨具を持っていたか」と心配していたというのである。

良寛の詩句に「騰々《とうとう》として天真に任す」というものがあるが、現実に起こる事象を、良寛はありのまま受け入れていた。「法華経」に言う「如是《にょぜ》」という二字を大切にしていたのである。良寛が泥棒とまちがわれて生き埋めにされそうになった時も、言いわけもせず、されるに任せていた。ここに、良寛の「安心立命《あんじんりゅうめい》」があったのであろう。いやがらせをする人にも、慈愛の心を注いだのが、良寛であった。

# 第五章
# 阿部家蔵の『万葉和歌集』への書入れ

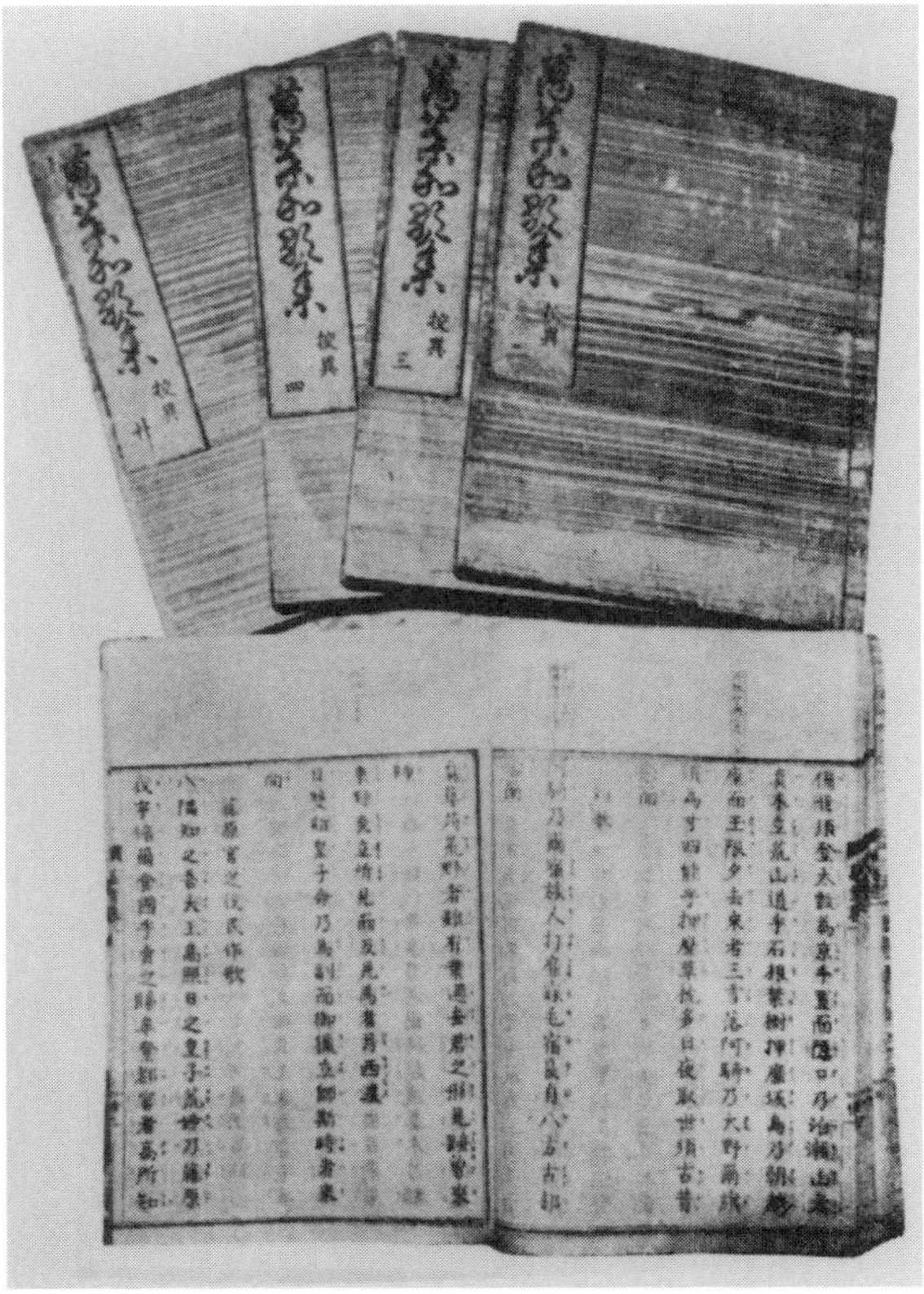

阿部家蔵『万葉和歌集』

良寛は享和二年大村光枝と出会ってから、十八年程経て、再び『万葉集』を詳細に勉強する機会を得ている。というのは、渡部の阿部定珍より、所蔵の『万葉集』へ註釈を入れてくれるよう依頼を受けたからである。阿部家所蔵の『万葉集』というのは、文化二年乙丑冬に出雲寺文治郎が刊行した『万葉和歌集』で、元暦校本をもとにした、いわゆる仙覚本の系列に属するものである。しかし、この『万葉集』は、註釈もなく難解であったため、定珍は与板大坂屋にある橘千陰の『万葉集略解《りゃくげ》』を借用し、良寛に註釈を入れてもらおうとしたのである。

依頼を受けた良寛は、快く引き受け、維馨尼《いきょうに》を通じて当主三輪権平に借用を依頼している。そして、三輪家から借用を許された良寛は、紙筆の用意を整え、『万葉和歌集』に朱註を入れる作業に入った。良寛が参考にしたという『万葉集略解』は、全三十冊で、寛政十二年から約十年の歳月をかけて、文化九年にようやく完成した大冊の書物である。当時としては、画期的な万葉研究書であった。かなり高価なものだけに、良寛の周辺では北陸随一といわれた、廻船問屋大坂屋しか所蔵していなかったようである。

良寛は、この『万葉集略解』を傍に置きながら、昼夜を分かたず、『万葉集』と取り組んだようであ

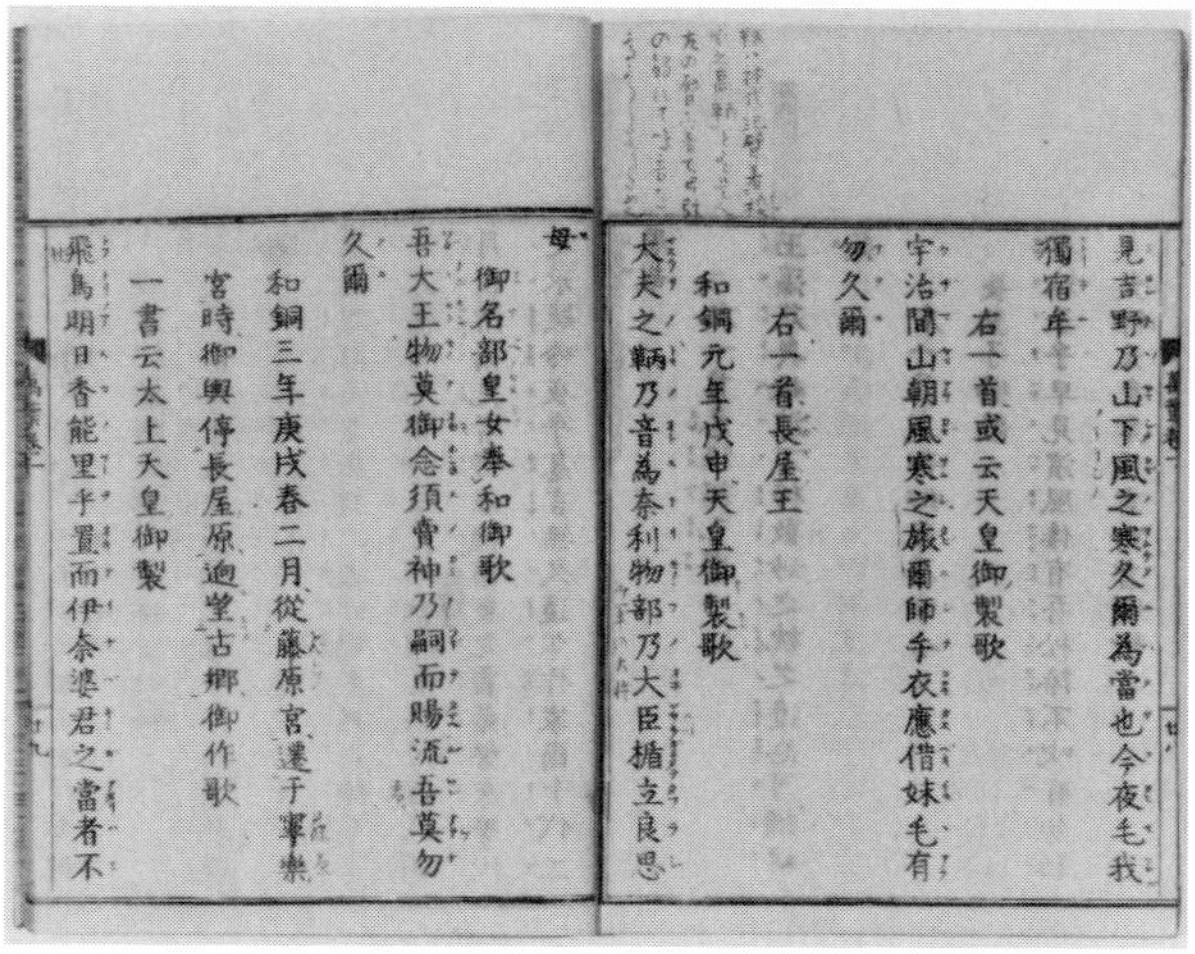
見吉野乃山下風之寒久爾為當也今夜毛我
獨宿牟
右一首或云天皇御製歌
宇治間山朝風寒之旅爾師手衣應借妹毛有
勿久爾
右一首長屋王
和銅元年戊申天皇御製歌
大夫之鞆乃音為奈利物部乃大臣楯立良思
母
御名部皇女奉和御歌
吾大王物莫御念須賣神乃嗣而賜流吾莫勿
久爾
和銅三年庚戌春二月從藤原宮遷于寧樂
宮時御輿停長屋原迥望古郷御作歌
一書云太上天皇御製
飛鳥明日香能里乎置而伊奈婆君之當者不

良寛の書入れのある『万葉和歌集』
（文化二年版）

る。実際、阿部家に伝わる『万葉和歌集』を見ると、全巻ではないが、あちこちに良寛の朱註があり、熱の入れようが窺える。良寛は朱註を入れる作業をしているうちに、定珍の依頼でやっているということを忘れ、万葉の世界に没入していったようである。

良寛がこの朱註入れ作業を行ったのは、文政二年（良寛六十二歳）のことと思われる。良寛が定珍に宛てた書簡に、花見の庄屋久保田家に嫁した定珍の娘増子の死を悼むものがあるが、この書簡の歌には傍に朱で漢字が添えられている。良寛の朱墨使用は、ほぼこの年に限定されるので、万葉集書入れ時にこの書簡は、書かれたのであろう。かつて、阿部家の過去帳を調査させていただいたところ、定珍の娘増子は文政二年に亡くなっていたことがわかった。良寛の和歌が、古今、新古今調からしだいに万葉調の歌風に変わっていくのも、乙子神社時代になってからである。『万葉集』を熱心に学ぶとともに、自らの歌にもその調べを生かしていったのであろう。

良寛の書簡をたよりに、朱註入れ作業の模様を再現していき、良寛の万葉への憧憬ぶりを見ていってみたい。

**与板への書状ハ十日の日づけに致し候間十日より天気しだひに人つかはされ可被下候。大ぶろしき一枚小ぶろしき一枚持たせて荷物小々のこしおき候間、万葉を国上へ被遣候節つかはし可被下候。並ニ朱唐紙朱墨筆御忘くださるまじく候。もし万葉略解を御覧じ被遊度候ハヾ二三冊あとへ残し可被遊候。御見しまい被成候ハヾ早速持たせ可被遣候。**

**良寛敬白**

**万葉の二三四五取持仕候。**

この定珍に宛てた書簡は、良寛が阿部家所蔵の『万葉和歌集』に、朱註を入れた時の最初のものである。「十日づけの与板への書状」とは、次に掲げる十月十日付の維馨尼に宛てた書簡のことである。維馨尼を通じて『万葉集略解』を三輪家から借用する予定だったことが窺える。そして、それをふろしきに包んで、朱墨や筆とともに国上の良寛のもとに、運ぶ予定だったようである。

維馨尼宛ての書簡を、次に紹介してみよう。

**先日は久々にて御目にかけ大慶奉存候。僧も此比無事に帰庵仕候。今日御話申候万葉借に人つかはし候。権平老によろしきよふに御申可被下候。猶又寒中御保養第一に被遊可候。**

**十月十日　良寛**

**維馨尼**

この書簡から、定珍の使いが手はず通りこの紹介状を携えて、大坂屋に『万葉集略解』を取りに行ったことがわかる。文面からすると、十月初旬頃、良寛は与板で維馨尼と会い、借用の内諾を得ていたようである。なお、使いの者が与板へ実際に書物を取りに行ったのは、天気が悪かったせいか、良寛の予定した十月十日を少し過ぎていたようである。

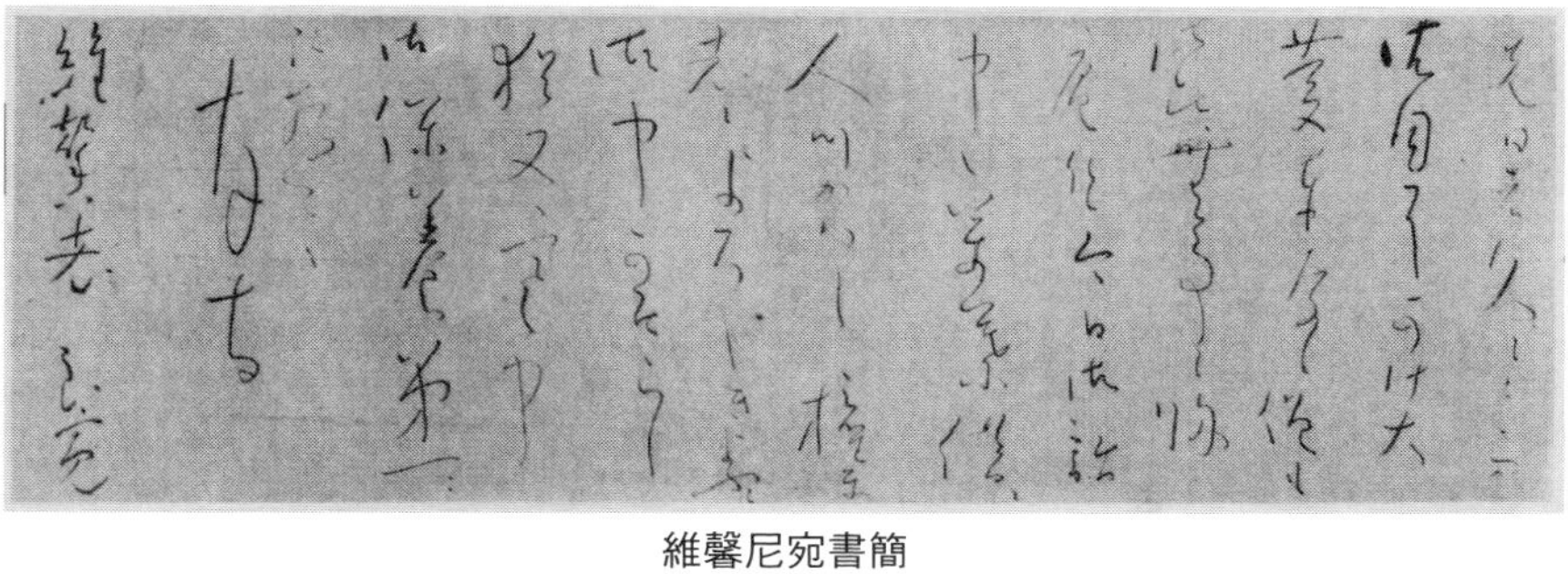

維馨尼宛書簡

此間は御疎遠に打過候。然バ与板より万葉略解参り候や。此者にあつらひつかはさる可候。もしいまだ参らず候ハヾ御所持の万葉拝借可被下候。下読いたしをきたく候。与板へも早速人遣し可被下候。以上。

　神奈月十六日　　良寛

定珍老

　定珍に先の書簡を出して一週間以上たっても、『万葉集略解』はおろか、定珍所蔵の『万葉和歌集』も来ない。いよいよ良寛はしびれを切らして、もし定珍の所で滞っているのなら、この者にあつらえてくれと督促している。そして、まだ与板へ使いの者を遣っていないのならすぐ遣わしてくれと促している。しだいに、良寛の胸に万葉への期待が膨らんでいっているようである。

　それでは、定珍はなぜ良寛の所へ『万葉集略解』を届けられないでいたのであろうか。それは、冬の悪天候のため、使いの者に風呂敷で持たせることに不安を感じた三輪権平が、船便で書物を寺泊の外山家へ運ばせたためと思われる。寺泊の外山家は、良寛の妹むら子が嫁いでおり、三輪家と同じく廻船問屋をやっていた。外山家から阿部家に運ぶ予定でいたのであろう。使いの者からその事情を聞いた良寛は、翌日今度は寺泊の外山家に宛てた催促の書簡を定珍に預けている。

『万葉集略解』

書状したため候間　寺泊外山へもたせつかはさる可候。朱墨少々不足に見へ候。今一丁御とゝのへ可被下候。朱唐紙もあらバ少々可贈候。

以上

十月十七日

良寛

定珍老

三輪家、阿部家、外山家と毎日のように、督促の書簡をしたためている良寛の様子を見ると、大きな期待を持って『万葉集略解』の来るのを待っていたことがわかる。「朱唐紙」は、註釈を入れるのに必要とした紙なのであろう。

先日は御返翰恭拝見仕候。如仰寺泊外山へ人遣し候処書物ハ　いまだ不参候と申越候。依之其由御しらせ申上候。何卒御正し被遊御拝借奉希候。頓首

かしゅいも受納仕候。

十月廿二日

良寛

この書簡は、阿部定珍宛のものである。「如仰寺泊外山へ人遣し候」とあることから、良寛自身も直接に外山家へ使いを出しているようである。しかし、十月二十二日になっても、外山家にはまだ『万葉集略解』は、届いていなかった。最初の書簡を出してから、はや半月が経過していた。

定珍老

万葉書了候間大坂屋へ御返し被下候。此次の巻を借度候。それハ此中の状に委細申越候。何卒明日にも人遣度被下候。朱墨も残少ニなり候間一丁たまはる可候。げたの緒も並に筆一本　早々かしこ

十月廿九日

良寛

この書簡からわかるように、遅れに遅れていた『万葉集略解』も、十月下旬にその一部が、ようやく良寛の手元に届いたようである。十月二十九日には、はや作業を終えた巻を返還するところまでいっ

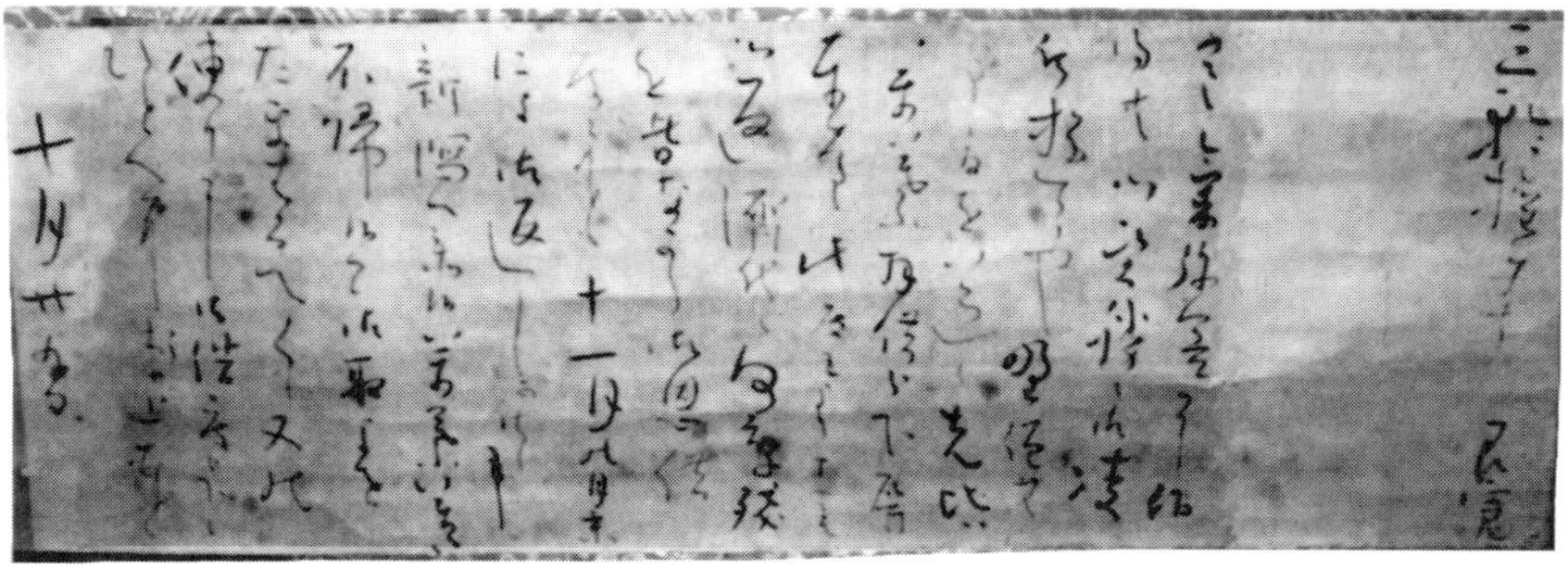

三輪権平宛書簡

ている。良寛は、書物が届くとすぐ註を入れはじめ、その作業に没頭したようである。

書簡中に「此次の巻を借度候。それハ此中の状に委細に申越」とあるが、「此中の状」とは、もちろん大坂屋に宛てた書簡を指す。良寛は、大坂屋へ出す書簡も、必ず定珍に托して出していたのである。この時、良寛がしたためた大坂屋宛の書簡が、現在二通伝わっている。その一通をここに紹介してみよう。

三輪権平老　　良寛

寒気弥益に候得共御堅勝ニ御凌被遊候や。野僧無事ニ日を送候。先比ハ万葉拝借被下辱奉存候。此度五より十一まで御返済仕候。何卒残を皆ながら御恩借度被下候。十一月の月末には御返し可仕候。もし新潟へ参候万葉いまだ不帰候ハヾ御取よせたまはるべく候。又の便りに御借度被下候。ひとへに頼上奉候。

十月廿九日

この書簡の方が、丁寧で詳しくなっているのでここに引用したが、おそらく一案では言葉足らずのところがあって、書き直して出したものと思われる。前後の書簡からすると、一週間足らずのうちに五～十一巻まで目を通したことになる。すると、一日一巻ずつ作業を行っていた計算になる。これでは、朱墨もなくなるわけである。寒い乙子社の庵の中、燈火をたよりに、筆写に励んでいる良寛の様子が目に浮かぶようである。『万葉集略解』の一部は、新潟へ貸してあるとあるが、貸し出していたのは新潟の歌人玉木勝良と思われる。現在貸し出していて三輪家にない書物までを懇願して、手に入るよう依頼しているのである。書入れ作業もいよいよ熱が入ってきたようである。

十一月の月末までに、作業を終了したいと言っていることからすると、全二十巻を一ヵ月余りで読み通すつもりでいたらしい。

**右件の書物大坂屋へ返済度被下候。残りたるは五・六冊に候。余り寒気にならぬ中書しまひ度候間何卒御セ話ながら万葉を早く御取寄可被下候。以上**

**とくりもたセ上候。是ニ油たまはり度候。**

**十一月十二日**

**定珍老　　良寛**

『万葉集略解』は阿部定珍を通して、その後も順調に届けられたらしい。文面からすると『万葉集略解』で未見のものも、五・六冊になったようである。良寛は二十日あまりで、大半を読み終わったと思われる。

燈油を依頼していることからすると、明け方近くまで燈火のもとで書入れに励んだことも、何回かあったのであろう。また『万葉集抄』を書いたのも、この時だったのかもしれない。

良寛はこの書簡に添えて、三輪権平宛の書簡を定珍に托している。

寒天の節如何御暮らし被遊候や。野僧無事に罷過候。今日人あげ候間万葉のこり一二三、十四の下、御借被下奉希候。敬具

十一月十三日

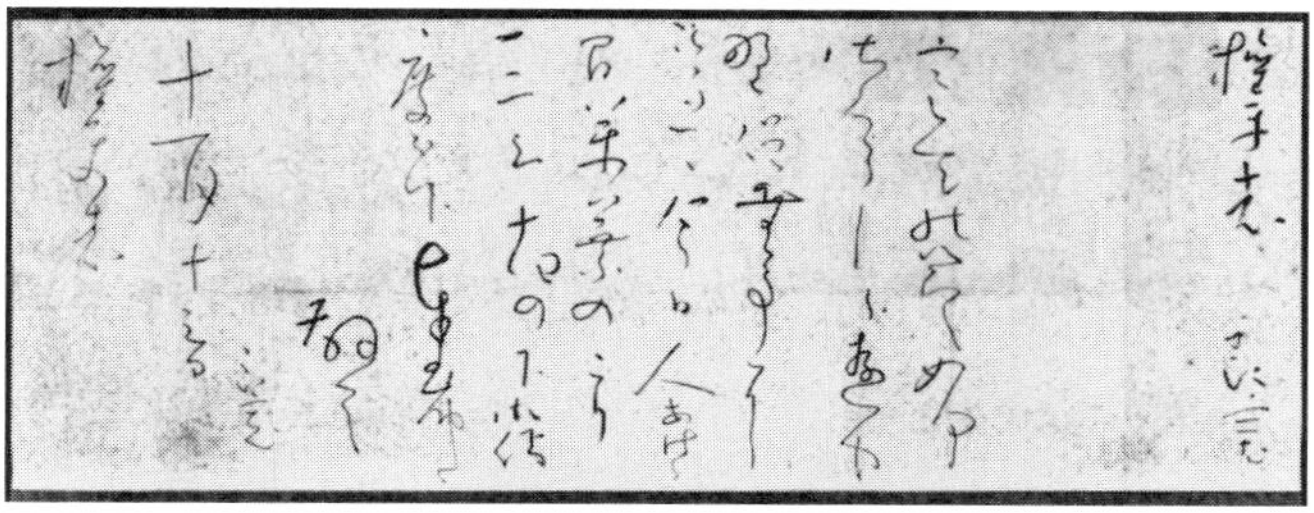
三輪権平老宛書簡

権平老　　良寛

この書簡から「残りたるは五・六冊」というのが、一・二・三巻と十四の下巻であったことが窺える。その書は、まことに美しく、細心の注意を払って書いていることがわかる。

厳寒節如何御暮被遊候や。野僧無事罷過候。然ば万葉略解三の上下・十四の下の巻、御返済仕候。御落手可被下候。一、二の巻、新潟より御取よせ被遊て、御拝借奉希候。御状をそへ寺泊外山地蔵堂中村両家の中出置被成候ハバ無滞御とゞき可申候。以上

十一月

三輪権平老　　良寛

この書簡も同様のもので「十月に十四日」付の権平老宛のものが、いま一通あるが、これは十一月二十四日であるところを十月と書いてしまったため

書き直したためらしい。性恬淡《てんたん》の良寛も、若い権平にはかなり気を遣っていることが窺える。

待望の三の上・下巻と十四巻の下は、文面からするとまもなく届けられた模様である。しかし、一・二巻はまだ新潟から返還されていないらしく、借用できなかったようである。

**いはがねをした丶るみづをいのちにてことしのふゆもしのぎつるかも**

**今日は万葉御拝借辱奉存候。其後又見しまひ候ハゞ此次を御借可被下候。早々　以上**

**臘月二日　良寛**

**定珍老　良寛**

この書簡が、良寛の万葉集朱註入れ作業に関する最後のものである。この短い文面だけでは、詳しいことはわからないが、その後巻一・巻二は届いていたようである。そして、年内には作業も終了したらしい。良寛は約二ヵ月の間、『万葉集』にじっくり

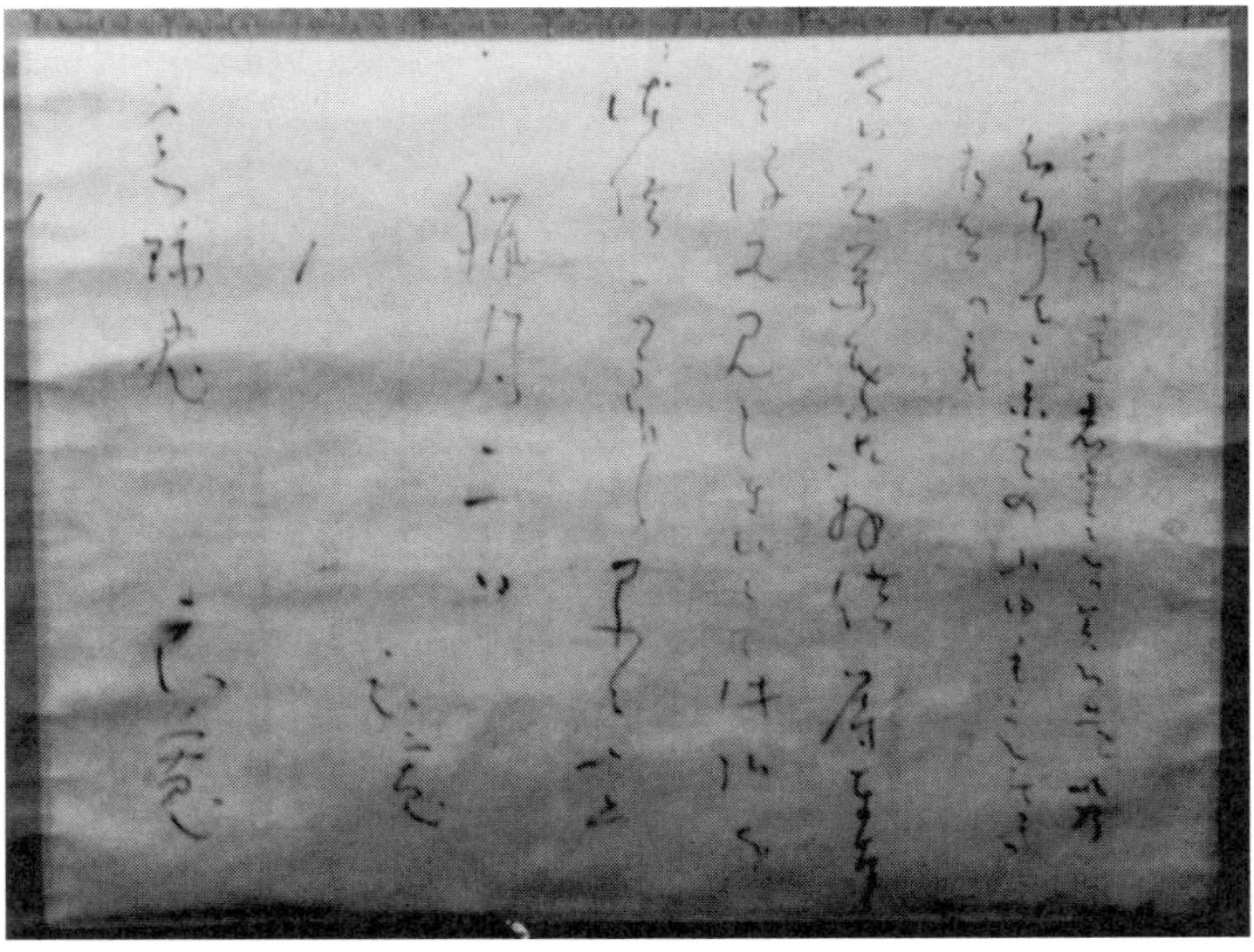

阿部定珍宛書簡

と取り組んだことになる。

以上『万葉集』の註入れ作業の模様を書簡を通して見てきたが、それを整理してみると次のようになると思われる。十一月の上旬に『万葉集略解』は最も多く届き作業もピークに達したことがわかる。

この他に『万葉集』に関する書簡には、橘左門に宛てた「万葉の十の巻より二十の巻まで御拝借たまはり候。一ノ巻より十の巻までは何卒御借をき可被下候。是ハ人の為《ため》」というものが伝わっているが、この書簡は筆蹟からして島崎時代のものである。良寛は橘屋にある寛政版の『万葉集』も、晩年借りているようである。また、斎藤伊右衛門に宛てた書簡には、「万葉集書了候間つるがやへ御返し可被下候」というように、伊右衛門を介して、敦賀屋から『万葉集』を借りていたことがわかるものもある。良寛は伊右衛門に『万葉集抄』を書いてやったこともあったようである。このように、良寛が『万葉集』を学んだのは、五合庵時代、乙子神社時代にとどま

| | 返却した『万葉集略解』の巻 |
|---|---|
| 10月29日返却 | 5、6、7、8、9、10上・下、11上・下 |
| 11月13日返却 | 4上・下、12上・下、13上・下、14上、15、16、17上・下、18、19上・下、20上・下 |
| 11月24日返却 | 9上・下、14下 |
| 残り（12月中に届いたか） | 1、2 |

与板大坂屋別荘

らず、長期間にわたっていたようである。

良寛の註釈が見られるのは、巻一、巻三、巻十二、巻二十など数巻で、全巻には施されていない。その朱註の入れ方を分類してみると、

(1) 詞書など本文に読みがなが、ふっていないところに、「長屋王《ナガヤノ》」のように読みがなをふる。

(2) 阿部家蔵の『万葉和歌集』の本文の読みを消し、新たな読みをふっていく。その多くは、千陰の『万葉集略解』の読みにそのまま従っているが、巻一41の歌のように、良寛独自の読みをしているものもある。

(3) 『万葉集略解』の註釈を書入れる。『万葉和歌集』の上部空白に、難解の語句の註釈を書入れているが、そのほとんどが千陰の註釈をそのまま書込んだものである。また、註釈を本文横に書入れたものもある。

(4) 『万葉和歌集』に、レ点や一・二点送りがなを入れ、読みやすくしている。

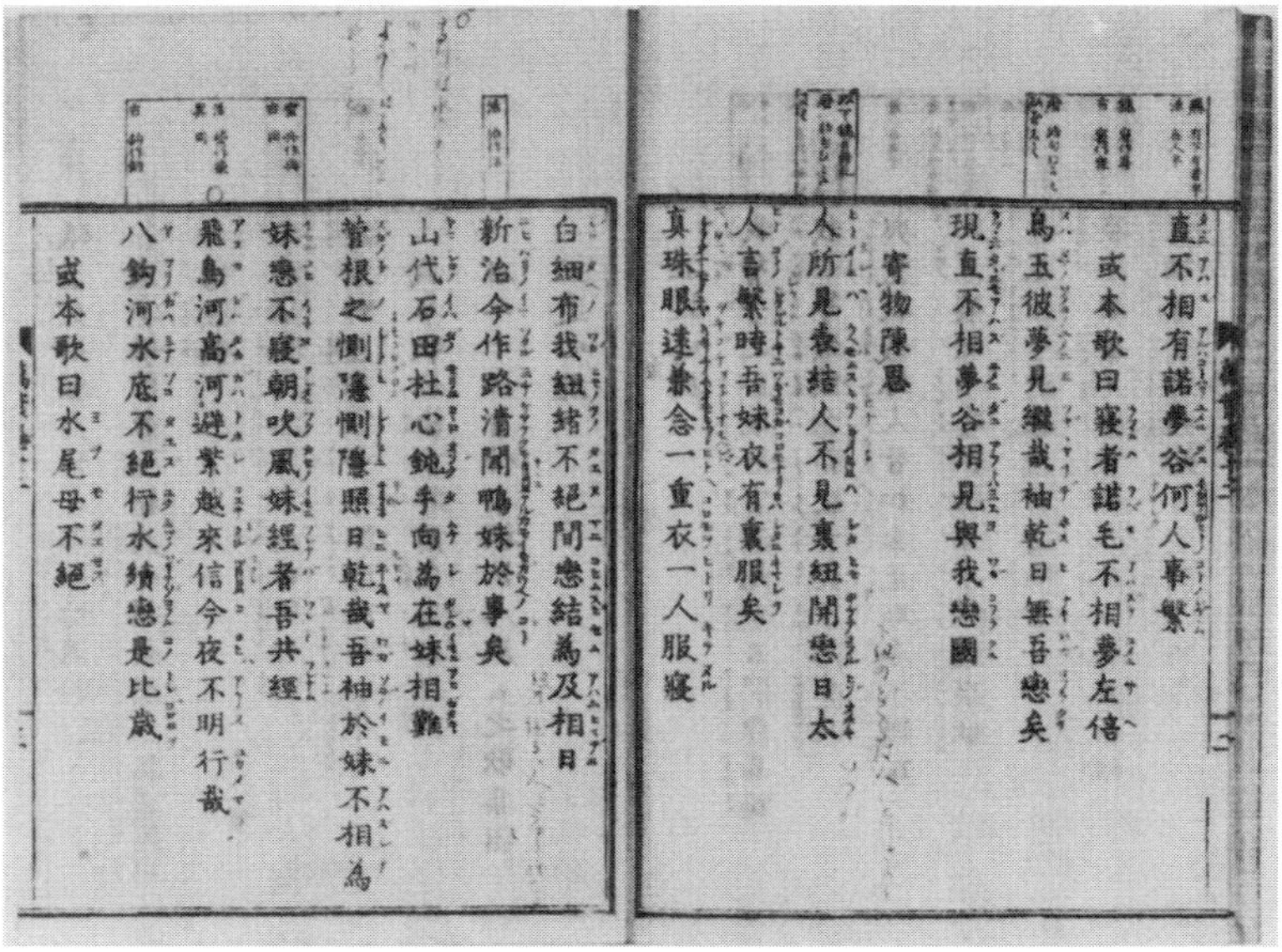
直不相有諸夢谷何人事繁
或本歌曰寝者諸毛不相夢左倍
烏玉彼夢見繼哉袖乾日無吾戀矣
現直不相夢谷相見與我戀國
寄物陳思
人所見表結人不見裏紐開戀日太
人言繁時吾妹衣有裏服矣
真珠眼遠兼念一重衣一人服寢
白細布我紐緒不絶間戀結為及相日
新治今作路清聞鴨妹於事矣
山代石田杜心鈍手向為在妹相難
菅根之懃懃照日乾哉吾袖於妹不相為
妹戀不寢朝吹風妹經者吾共經
飛鳥河高河避紫越來信今夜不明行哉
八鈎河水底不絶行水續戀是比歳
或本歌曰水尾母不絶

良寛の書入れのある『万葉和歌集』

などが挙げられる。最新の註釈書『万葉集略解』をたよりに、精密に書入れを入れている様子が窺える。

以上、文政二年良寛が、『万葉集』朱註入れ作業をやっていた時の書簡や、阿部家所蔵の『万葉和歌集』の書入れを通して、良寛が万葉の世界と本格的に出会った時の様子を中心に述べてきたが、最初は、依頼された仕事ということで、受身がちだった良寛の姿勢も、途中から自分の研鑽のためもあって、情熱を傾けて取り組んでいったことがわかる。恩師・故山田康二郎先生は、『良寛と万葉集』(『新潟大学教育学部研究紀要』)の中で、『万葉集』の影響がみられる良寛の歌を一首一首掲げられ、その影響の大きさを考究されたが、良寛はこのような地道な作業を通して、万葉の香りを自らの歌に取り入れていったのである。

先にも述べたが、享和元年、良寛四十四歳の時、大村光枝から万葉について聞かされたのが、万葉との第一の出会いとするならば、第二の出会いは橘屋所蔵の『万葉和歌集』であり、文政二年、良寛六十二歳の時『万葉集略解』を参考に、阿部家の『万葉和歌集』に註を入れたのは、万葉との第三の出会いと言うことができよう。良寛はこの三つの出会いをきっかけにして、一層万葉の世界に親しむようになり、〝万葉調の歌人〟として、秀れた歌を詠むようになった。

良寛生来のみずみずしい感性が、その歌の魅力の根源であることは論を待たないが、越後の地主層や商人の文化的レベルが高く、当時としては珍しい『万葉集』が、良寛の身近にあり、手軽に学ぶことができたという風土性も、良寛の歌を論じる時、忘れてはならないことと思うのである。

# 第六章
# 良寛と『法華讃』

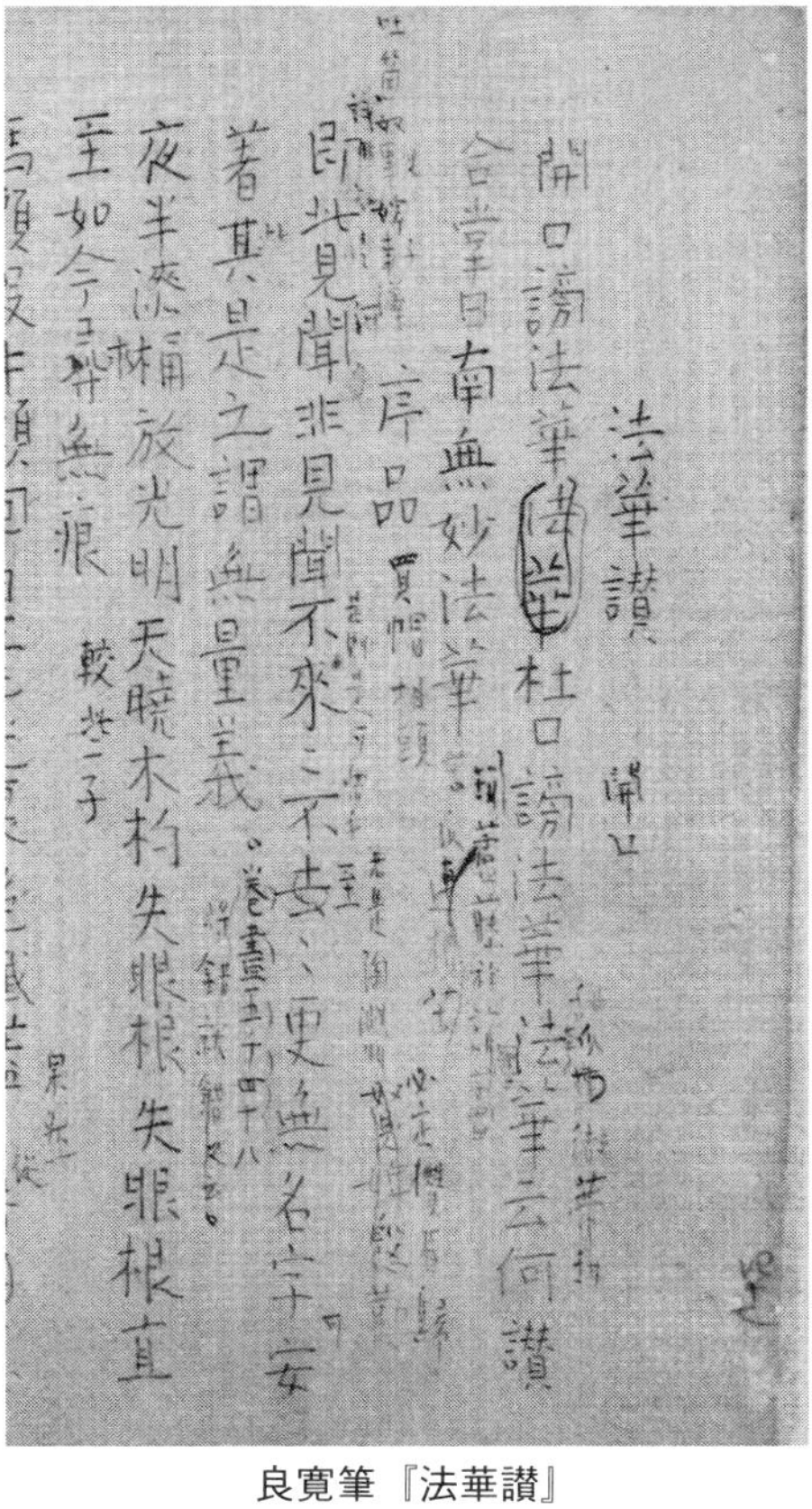

良寛筆『法華讃』

良寛は、高祖道元禅師《どうげんぜんじ》が鎌倉時代に開いた曹洞宗の禅僧である。二十二歳より十七年間、玉島（岡山県倉敷市）の円通寺《えんつうじ》で、国仙《こくせん》和尚の指導のもと厳しい修行に励んだ。良寛は、寛政二年（一七九〇）冬、三十三歳の時、国仙和尚より悟ったことを証明する印可《いんか》の偈《げ》を付与されるとともに、円通寺《えんつうじ》本堂の下にある覚樹庵《かくじゅあん》（本来は住職の隠居所）を与えられている。

円通寺良寛像

**良寛庵主《りょうかんあんじゅ》に附《ふ》す**
**良《りょう》や愚《ぐ》の如《ごと》く道《みち》転《うたた》寛《ひろ》し**
**騰々任運誰《とうとうにんうんたれ》か看《み》ることを得《え》ん**
**為《ため》に附《ふ》す山形《さんぎょう》爛藤《らんとう》の杖《つえ》**
**到《いた》る処《ところ》壁間《へきかん》午睡《ごすい》閑《かん》なり**
**寛政二庚戌冬　水月老衲仙大忍**

この偈を読むと、国仙和尚が良寛の深い悟境を高く評価していたことがわかる。「良」とは、良寛のことを指している。国仙和尚は、円通寺開山の徳翁《とくおう》良高《りょうこう》禅師にも迫る良寛の禅境を高く評価し、印可の偈の初句で、「良《りょう》や愚《ぐ》の如《ごと》く道《みち》転《うたた》寛《ひろ》し」と表現したのであろう。「愚」というのは、眼前の相対差別に拘《とら》われない絶対境を体得していることを言い、禅においては最高の誉《ほ》め言葉である。良寛は、道元禅師の言う「身心脱落《しんじんだつらく》」の境涯《きょうがい》を当時、既に身につけていたことが想像される。

良寛は、寛政八年（一七九六）三十九歳の時、越後に帰郷し、寺泊郷本の塩焚《しおたき》小屋に住庵する。お釈《しゃ》迦《か》様《さま》と同じく托鉢《たくはつ》して得た米などで命をつなぎ、民衆を教化していった。しばらくして、国上山《くがみやま》の中腹にある国上寺《こくじょうじ》の隠居所五合庵《ごごうあん》に入り、自然の中で落ちついた生活を送るようになるが、その頃から『法華経《ほけきょう》』を真剣に学ぶようになる。『法華経』は、道元禅師が『正法眼蔵《しょうぼうげんぞう》』の中で「法華経は諸仏如来一大事の因縁なり。大師釈尊所説の諸経の中、法華経これ大王なり。大師なり。余経余法、みなこれ法華経の臣民なり眷属《けんぞく》なり」（帰依仏法僧宝）と述べ、『法華経』を第一に尊重すべき経と定めているものである。曹洞宗では、『法華経』中、「安楽行品《あんらくぎょうほん》」「如来寿量品《にょらいじゅりょうほん》」「観世音菩薩普門品《かんぜおんぼさつふもんぼん》」の三品に「方《ほう》便品《べんぼん》」を併せて、「法華の四要品」として、『法華経』八巻二十八品の大要はこの「四要品」中に摂《せつ》せりと言われている。良寛は円通寺修行時代、この四品は読経《どきょう》などで読んだことはあったかもしれないが、全巻までは読むに至らなかったかもしれない。

しかし、解良叔問の章でも触れたように、五合庵時代初期より、托鉢で訪れた家で『法華経』を借用し、読んでいたことが漢詩によってわかる。また、文化五年（一八〇八）燕市中島の斎藤源右衛門に宛てた手紙を読むと、『法華経』の「方便品」を読誦して回向《えこう》していることがわかる。その書簡を紹介してみよう。

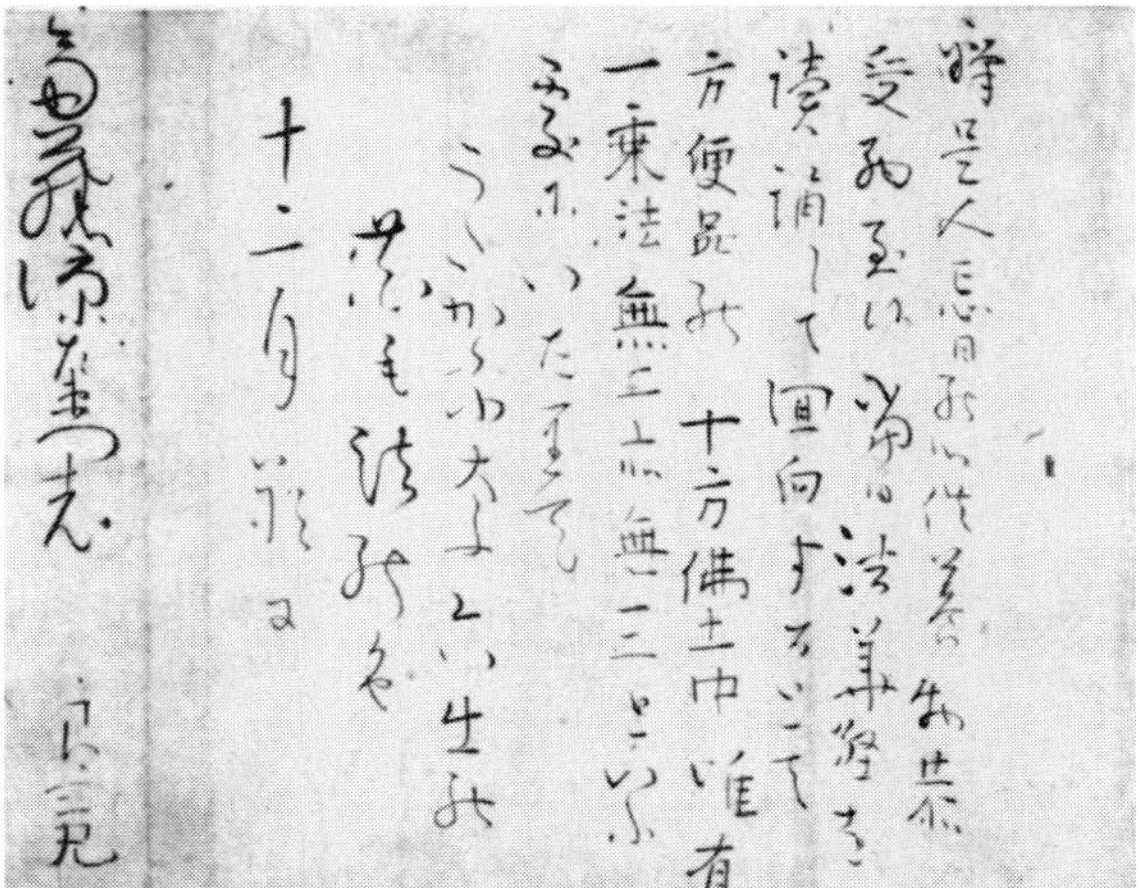

斎藤源右衛門宛書簡

釈《しゃく》 是《ぜ》人《にん》忌《き》日《じつ》の御供養物《くようもつ》 恭《うやうやしく》
受納至候。当日 法華経を
読誦して回向《えこう》するとて
方便品《ほうべんぼん》の十方佛土中 唯有
一乗法無二亦無三といふ
処にいたりて

うたがふな六出《むつで》の
花も法《のり》の色

十二月朔日《ついたち》
斎藤源右衛門老 良寛

宛名の斎藤源右衛門は、旧分水町（現燕市）中島の庄屋で、廻船問屋を営む豪商である。良寛と交流のあったのは二十二世源右衛門で、伊右衛門とも称した。源右衛門は、良寛より三歳年少で、三峰館で一緒に漢学を学んだ仲である。斎藤源右衛門宛の良寛の書簡は、九通伝わっている。

書簡にある「釈是人」は、中島（燕市）の友人斎藤源右衛門の長男「正太郎」である。文化五年十一月四日、幼くして亡くなっている。したがって、この書簡は文化五年十二月のものと思われる。良寛は、是人が亡くなって二十六日後に、斎藤家を訪れ、『法華経』の「方便品」を読経し、回向していたことがわかる。尚、文末の俳諧にある「六出の花」は、雪のことである。良寛五合庵時代中期の筆跡をうかがうことのできる貴重な作品である。

良寛は、亡くなった正太郎の菩提を弔うため『法華経』の「方便品」を読経していたことがわかるが、その中の偈というのは「十方の仏土の中には、唯一乗の法のみありて、二も無く、亦三も無し。仏の方便の説をば除く。但仮《ただか》りの名字《みょう》のみをもって、衆生を引導するには、仏の智慧《ちえ》を説かんが故《ため》なり。諸仏の世に出《い》でたもうは、唯この一事のみ実《じつ》にして、余の二は則ち真に非ざるをもって、終に小乗をもって、衆生《しゅじょう》を済度《さいど》したまわざるなり」という内容だと思われる。良寛は、この一乗思想にいたく感銘を受け、思わず俳諧を詠んだのであろう。そこには、仏の説法を聞いて六波羅密を修するものは、仏となるとあるのである。

良寛はまた、先にも述べたが、文化十四年三月、解良家の旧屋敷跡の石地蔵に『法華経』を書写して収めたとも言われるし、文政二年（一八一九）二月、解良叔問が亡くなった時、『法華経』を書写して、その墓に収めていることがわかっている。良寛は、解良家から『法華経』を学んでいたと思われるが、『法華讃』『法華転』の閣筆《かくかひつ》の部分にそれぞれ「夏七軸法華」「夏八軸法華」と書かれていることからすると、複数の家から多種類の『法華経』を借りて学んでいたことがうかがえる。

そして、五合庵時代から乙子神社時代初期にかけて良寛は、『法華経』を学ぶだけでなく、「法華讃」「法華転」といった『法華経』を称《たた》えた漢詩を多く作っている。

このようなことができたのも、少年時代身につけた漢学の素養があるため、良寛は『法華経』を訓読し、意味も理解できたからである。更に、『碧巌録《へきがんろく》』などの古則も学んでいたため、禅の修行で得た境涯によって『法華経』を評釈していったのである。

ところで、「法華讃」は、少なくとも四本残っていると思われる。その一本は長岡市大原家旧蔵ので、四十一首が載っており、文末の閣筆には「孟夏日長草床裡八軸金文開復巻非敢道発揮宗要謾牽禿筆供疎嬾」となっており、先程の「法華転」と同本を読み、同じ時代に作られていることがわかる。

第二には、西郡久吾著の『全伝』にのった「法華讃」五十首である。この閣筆には「草堂四月日如年、七軸金文舒且巻、発揮宗乗我豈敢、漫援禿筆共粛散」とあり、時節も先の二篇とは異なり、経巻も七巻とあり、違う本を借りている。

第三には、新潟市所蔵の「法華讃」一〇二首である。この閣筆には「我れ法華讃を作る。都べて一百二。羅列して這の裏に在り。時々須らく熟視すべし。視る時は容易にすること勿れ。句々深意あり。一念若し能く契はば直下に仏地に至らん。」とあり、推敲の後が多く見られる。この本が底本であるようである。

　また、「法華転」は出雲崎町中山、南波茂左エ門旧蔵で六十九首ある。道元禅師の『正法眼蔵』には「心迷へば法華に転ぜられ、心悟れば法華を転ず。究尽すること能く是の如くなれば、法華・法華を転ず。……いわゆる法華転といふは心迷なり。心迷はすなわち法華転なり」といっているが、そこから題名をとったのであろう。閣筆にはこの篇を書いた理由が次のように述べられている。

「孟夏日は永し草庵の裡。八軸の分舒べ又巻く。敢て宗要を発揮せんというに非ず。聊か禿筆を染めて疎嬾に供す」とある。

　このように良寛の「法華讃」「法華転」は、多種ものがあるが、中でも、百二篇の漢詩が収められている新潟市所蔵の「法華讃」は、内容もすばらしく書としても名品である。この「法華讃」は、仮名の筆跡からすると、五合庵時代から乙子神社時代初期にかけてのものと思われる。閣筆の後に記されている俚謡《りよう》は、少し時代が下った筆跡になっている。かなり長い期間、推敲に推敲を重ねたと思われ、訂正した所や書き込みも見られる。この「法華讃」は、百二篇という漢詩の多さや推敲の後が多く見られることから数種類ある。「法華讃」「法華転」の底本となったものではないかと思われる。

　良寛が、『法華経』諸品の中で、一番惹《ひ》きつけられたと思われるものが、「常不軽菩薩品《じょうふぎょうぼさつほん》」である。「常不軽」とは「常に軽蔑《けいべつ》されても人を軽んぜず」の意で、常に不軽《ふぎょう》（軽んじない）の行《ぎょう》をなし、口に不軽の教えを述べ、人に会うごとにいずれ仏となるべき人だということを述べ、謗《そし》られて軽蔑されても、ただただ礼拝《らいはい》したといわれる菩薩である。良寛が記した「法華讃」には、

**朝《あした》に礼拝《らいはい》を行《ぎょう》じ暮《くれ》にも礼拝《らいはい》す**
**但《た》だ礼拝《らいはい》を行《ぎょう》じて此《こ》の身《み》を送《おく》る。**
**南無帰命《なむきみょう》 常不軽《じょうふぎょう》**
**天上天下唯《てんじょうてんげただ》一人のみ。**

と常不軽菩薩を讃歎《さんたん》している詩がある。この常不軽菩薩こそ万人仏性《ぶっしょう》あるゆえに区別せず布教していくという大乗仏教《だいじょうぶっきょう》の権化《ごんげ》であり、民衆とともに歩む菩薩であった。良寛は、常不軽菩薩の行いに感動し、自らも灰頭土面《かいとうどめん》、光をやわらげて人々の中に入っていったと思われるのである。

また「観世音菩薩普門品」にも大いなる感銘を受けていることが窺える。ほこりまみれになりながら全身を衆生済度のために邁進する観世音菩薩のあり

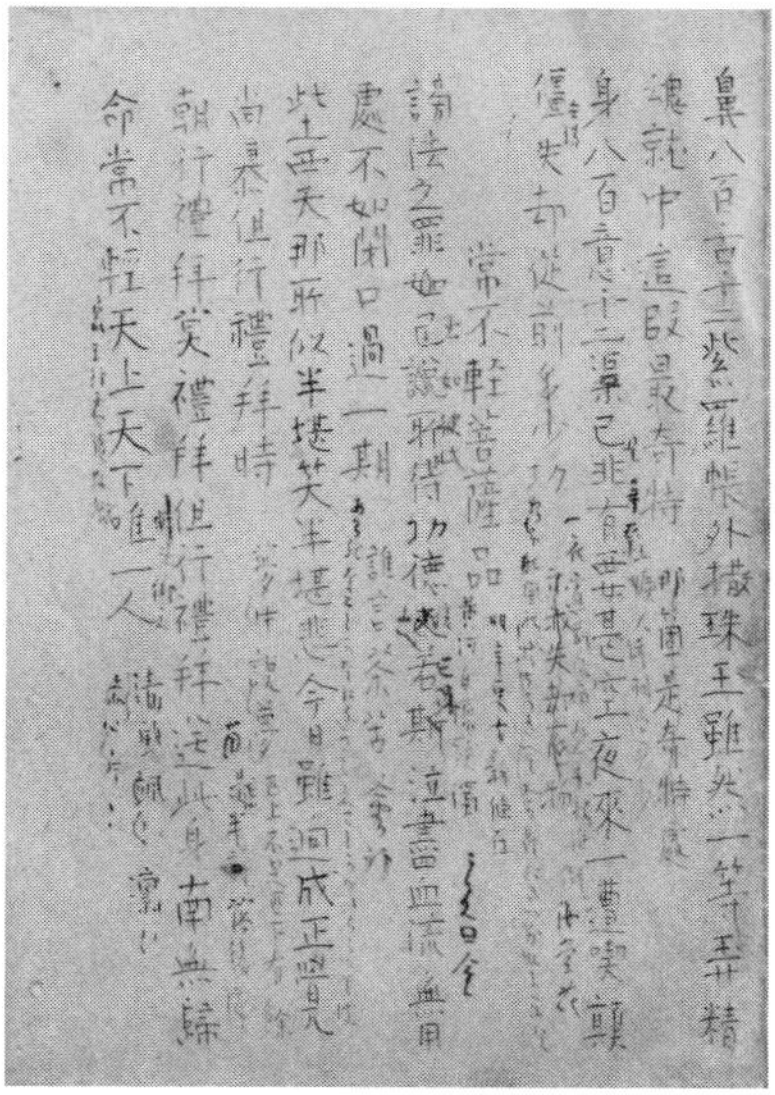

「法華讃」常不軽菩薩品

方は、良寛の手本となるものであった。

**慣棄西方安養界　五濁悪世投此身**
**就木木兮就竹竹　全身放擲多劫春**
**脚下金蓮施水泥　頭上宝冠委埃塵**
**乃往一時楞厳会　教他吉祥択疎親**
**森々二十五大士　独於此尊嘆嗟頻**
**我今帰命稽首礼　哀愍納受救世仁**

**西方安養界《さいほうあんにょうかい》を捨《す》つるに慣《な》れて　五濁《ご》悪世《じょくあくせ》に此《こ》の身《み》を投《とう》ず**
浄法界《じょうほうかい》の身《み》　本出没無《もとしゅつもつな》し　大悲《だいひ》の願力《がんりき》　去《こ》来《らい》を示現《じげん》す
**木《き》に就《つ》けば木《き》　竹《たけ》に就《つ》けば竹《たけ》　全身放擲《ぜんしんほうてき》す　多劫《たごう》の春《はる》**
千里万里爾《せんりばんりなんじ》が引《ひ》き去《さ》るに一任《いちにん》す
**脚下《きゃっか》の金蓮《こんれん》　水泥《すいでい》を拖《ひ》き　頭上《ずじょう》の宝冠《ほうかん》　塵埃《じんあい》に委《す》つ**
嘆嗟《たんさ》す　去《さ》りし日《ひ》の顔《かお》は玉《ぎょく》の如《ごと》くなりしを

而今《いま》帰《かえ》り来《きた》って醜老《しゅうろう》と為《な》るを
**乃往一時《むかしあるとき》　楞厳会《りょうごんえ》に　他《か》の吉祥《きちじょう》をして疎親《そしん》を択《えら》ばしむ**
列聖叢中作者《れっしょうそうちゅうさしゃ》のみ知《し》る
**森々《しんしん》たる二十五大士《にじゅうごだいし》　独《ひと》り此《こ》の尊《そん》に於《お》いて歎嗟《たんさ》頻《しき》りなり**
一将《いっしょう》は求《もと》め難《がた》し
**南無大悲観世音《なむだいひかんぜのん》　哀愍《あいみん》したまへ救世《くせ》の仁《じん》**
是れ観音を讃《たた》ふると為すか　是れ観音を謗《そし》ると為《な》すか

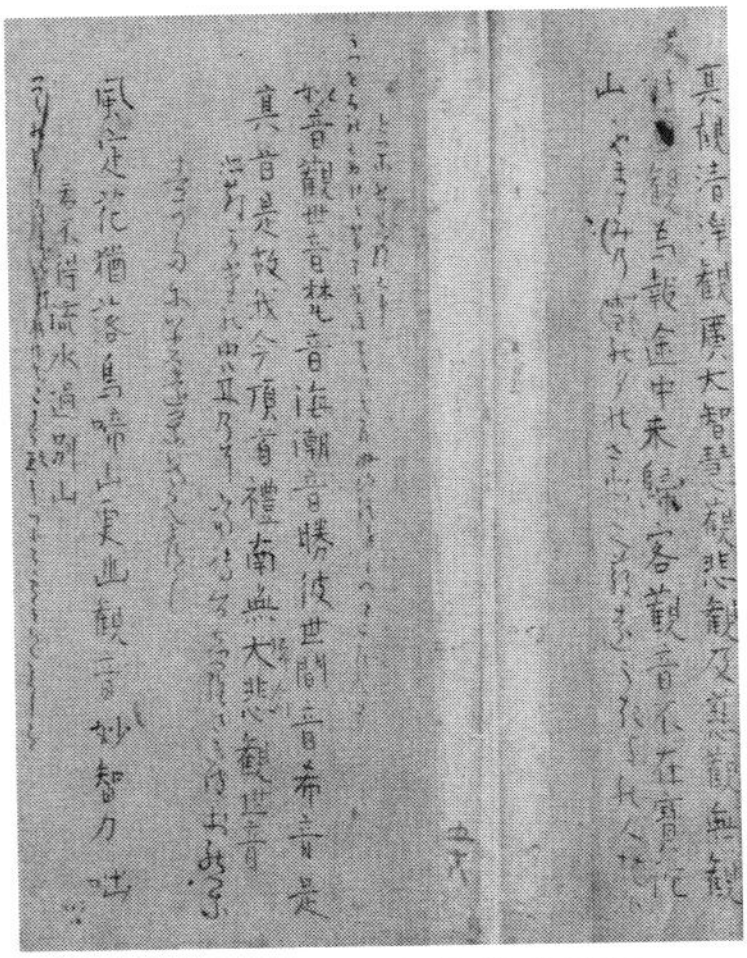
「法華讃」観世音菩薩普門品

と自分を犠牲にしてまで衆生を救おうとしている観音をほめたたえている。

『法華経』では、この観世音菩薩のことを次のように述べている。「諸の苦悩を受けんとする衆生がこの観世音菩薩の名を聞いて一心にその名を称えるならば、菩薩は即時にその音声を観じて皆苦悩を解脱することを得せしめる。即ち火にも焼けず、水にも漂わされず、このように現一切色身三昧により、娑婆世界に遊び三十三身を現わして苦難の衆生を救済するもの、それが観世音菩薩」だと。これらは利《り》他行施無畏者《たぎょうせむいしゃ》の境涯である。またこの観音様には、あたたかいほほえみと、衆生を抱きかかえる手がある。阿羅漢的修行から良寛はこの観音菩薩道へとしだいに導びかれていくのである。そこには悟りも迷いもない。民衆を度せんがために、身を捨てて民衆の中にあって、民衆を導いて行く道をひたすらに歩んでいくのである。『菩薩行』の実践である。

それにしても、「西方安養界《さいほうあんにょうかい》を捨つるに慣れて、五濁悪世《ごじょくあくせ》に此《こ》の身を投ず……」で始まる良寛の

「讃」は、観世音菩薩の行状を微に入り細に入り描写し、その菩薩行のすばらしさを称えている。良寛の仏教者としての原点は、少年時代、観世音菩薩と出会ったことにあるのではないかと私は考えている。そしてそれは、母・秀子（おのぶ）の実家、佐渡相川橘屋と切っても切れない縁で結ばれているように思われる。

良寛の母・秀子（おのぶ）の伯母であり姑《しゅうとめ》にもあたる、おそのは、良寛にとって祖母にあたる人であるが、非常に観音信仰の厚い人であり、相川橘屋の菩提寺である大乗寺の観音堂に、十一面観世音菩薩像と千手観世音菩薩像、二体を寄進している。このような慈悲深い心は、姪であり嫁にあたる母・秀子（おのぶ）にも大きな影響を与えていたと思われる。そして、その慈悲の心は、長男である良寛にも受け継がれていったのであろう。

良寛は、十八歳で尼瀬の曹洞宗光照寺に入り、二十二歳の時、備中玉島から来杖された国仙和尚と出会い、弟子入りしているが、西国に旅立つ日、両親に別れの挨拶をしている。その時、詠まれた良寛の長歌には、母への思いが強く滲み出ている。そこには、

**出家の歌**

**うつせみは　常なきものと**
**むらきもの　心にもひて**
**家を出て　うからをはなれ**
**浮雲の　雲のまにまに**
**ゆく水の　ゆくへもしらず**
**草枕　たびゆく時に**
**たらちねの　母に別れを**
**つげたれば　今はこの世の**
**名残とや　思ひましけむ**
**涙ぐみ　手に手をとりて**
**わがおもを　つくづくと見し**
**おもかげは　なほ目の前に**
**あるごとし　父にいとまを**
**こひければ　父がかたらく**
**世を捨てし　すてがひなしと**

世の人に　いはるなゆめと
いひしこと　今も聞くごと
思ほえぬ　母がこころの
むつまじき　その睦《むつま》じき
み心を　はふらすまじと
思ひつぞ　つねあはれみの
こころもし　浮世の人に
むかひつれ　父がことばの
厳くしき　このいつくしき
み言葉を　思ひ出《いで》ては
つかのまも　のりの教を
くたさじと　朝な夕なに
いましめつ　これの二つを
父母が　かたみとなさむ　わがいのち
この世の中に　あらむかぎりは

（筆者傍線）

とある。母のやさしい心を大切にして、いつも民衆に対して慈悲の心を持って向きあおうという決意を胸に秘めて、西国の玉島円通寺へと向かったので

良寛の祖母おそのが観音堂に寄進した十一面観世音菩薩

ある。良寛を仏門に導いてくれたのは、母であり、その根底に観音信仰があったと思われるのである。不思議な縁である。なお、良寛が出家した光照寺も修行した円通寺も、本尊は観世音菩薩である。五合庵時代、『法華経』の「観世音菩薩普門品」を読み、良寛はあらためて出家した時の原点に立ち返ろうと思ったことであろう。良寛の〝菩薩道〟の手本が『法華経』にある観音菩薩の姿であったと思われるのである。

# 第七章　新潟の人々との交流

安藤広重
「諸国名所百景　越後新潟の景」（安政六年）

新潟湊《にいがたみなと》は、江戸時代北前船《きたまえぶね》の寄港地として繁栄した。越後の米や大豆、新潟の浜でとれた鰯《いわし》を原料とした鰯粕《いわしかす》などは、北前船で大阪方面に運ばれた。一方、塩や木綿《もめん》、伊万里《いまり》焼の皿など日常生活で使われる必需品は、西国から新潟湊に運ばれた。加えて、鮭・鱒・昆布・鯡など北海道との交易も盛んであった。新潟湊は、江戸時代中期元禄時代になると、新潟湊には年間三千五百艘の船が入港し、日本海側最大の港町に発展していた。

　北前船は、物資だけでなく文化も新潟にもたらした。新潟湊の流通を担《にな》っていたのは、上大川前通に軒《のき》を並べていた廻船問屋《かいせんどんや》の主人などであったが、彼らは交易で得た経済を基盤として、新潟に文化の花を咲かせていった。廻船問屋の主人であった長野鷺《ちょうのろ》洲《しゅう》は、芭蕉の流れを汲む俳人として、全国に名を馳せていた。また、玉木勝良《かつら》は、平田篤胤《ひらたあつたね》に国学を学び和歌をよくした。五十嵐浚明《しゅんめい》は、江戸・京都で画を学び、全国に名を知られた絵師となった。また、河内屋の谷等閑斎《とうかんさい》は、狩野派の絵を学び、品格のある絵画を描いている。そして、その文化は、豪商だけにとどまらず、神官や町人など一般庶民にも広がっていった。

五十嵐浚明「雨龍図」

○

　良寛が、新潟町に托鉢で立ち寄ったのは、このような町民文化隆盛の空気が漂う文化・文政の時代であった。良寛の偉大な人徳や芸術の高さに気づいたのは、新潟町の文化人や一般の商人、そして僧侶であった。遠く国上山（現・燕市）の庵に住む乞食僧《こつじきそう》のことなど、最初は誰一人知る人もいなかったと思われるが、次第に良寛を高く評価し、信奉する人も現われてきた。

その一人が本町通と茂作《もさく》小路が交差する所にあった薬種問屋（廻船問屋とも）に生まれた儒者巌田《いわた》洲《しゅう》尾《び》である。洲尾は、越後南画の魁《さきがけ》を作った画家五十嵐浚明の外孫であり、学問とともに絵もよくする俊秀であった。洲尾は、松本の龍田《たつた》梅斎、江戸の古賀精里などの門下で漢学を学んでいる。

洲尾は、文化九年二十一歳の時、夏と秋に国上の五合庵に良寛を訪ねている。夏に訪れた時、良寛は留守であったが、庵の壁に、

**囊底三升米　炉辺一束柴**

という良寛の詩が掛けてあったので、洲尾は、

**白雲共蹤跡　残月照心肝**
**何苦悶帰処　一枕天地閑**

という自作の詩を書き残してきたという。洲尾の著作『萍踪録《ひょうそうろく》』によれば、暑い日ならば庵に居るだろうと、蒸し暑い秋の日を選んで五合庵を訪ねてみると、予想した通り良寛は庵に居た。良寛は、五合庵の近くの松の木の下を流れる清流のもとにいて、訪ねてきてくれた洲尾を引き連れて五合庵へと案内してくれた。そこで、二人は一日中清談をかわしたのであった。先に訪れた時、書き残した五言絶句を目にした良寛は、洲尾の人と為《な》りを知り、歓待してくれたようである。

この竹図画賛は、文化癸酉（十年）洲尾が描いた竹図に、良寛が竹林の詩を賛したものである。すがすがしい竹の絵とリンとした趣のある良寛の書が調和し、清雅な雰囲気をかもしだしている。

洲尾は、残念なことに文化十三年八月、松本で客

巌田洲尾
「竹図画賛」

死している。二十五歳であった。この若き俊秀洲尾が、もっと長生きしていたならば、良寛の交流の中でいろいろなエピソードもあったに違いないと思うと、重ね重ね残念なことであった。

○

良寛が、新潟町に托鉢で訪れた時、宿としたのが古町通七の漆器商泊《とまり》屋と西堀通の真言宗不動院だったといわれる。泊屋は、名字を「仁木《にき》」といい、江戸時代中期地蔵堂（現・燕市）から新潟に出てきて、古町の旧大和百貨店のあたりに店があった。先祖が地蔵堂から出てきたという縁もあったので、良寛を歓待したのかもしれない。

　不動院は、江戸時代初期に移ってきた真言宗の寺院である。もう三十年も前になるが、不動院の住職さんにお話を伺ったところ、「寺には良寛さんの手で『おれがの』と書いた笠があったが、火事で焼けてしまった」と話してくださった。この不動院を基点として、良寛はこの寺の檀家の商家の人々との交流の輪を広げていったようである。その代表が、東

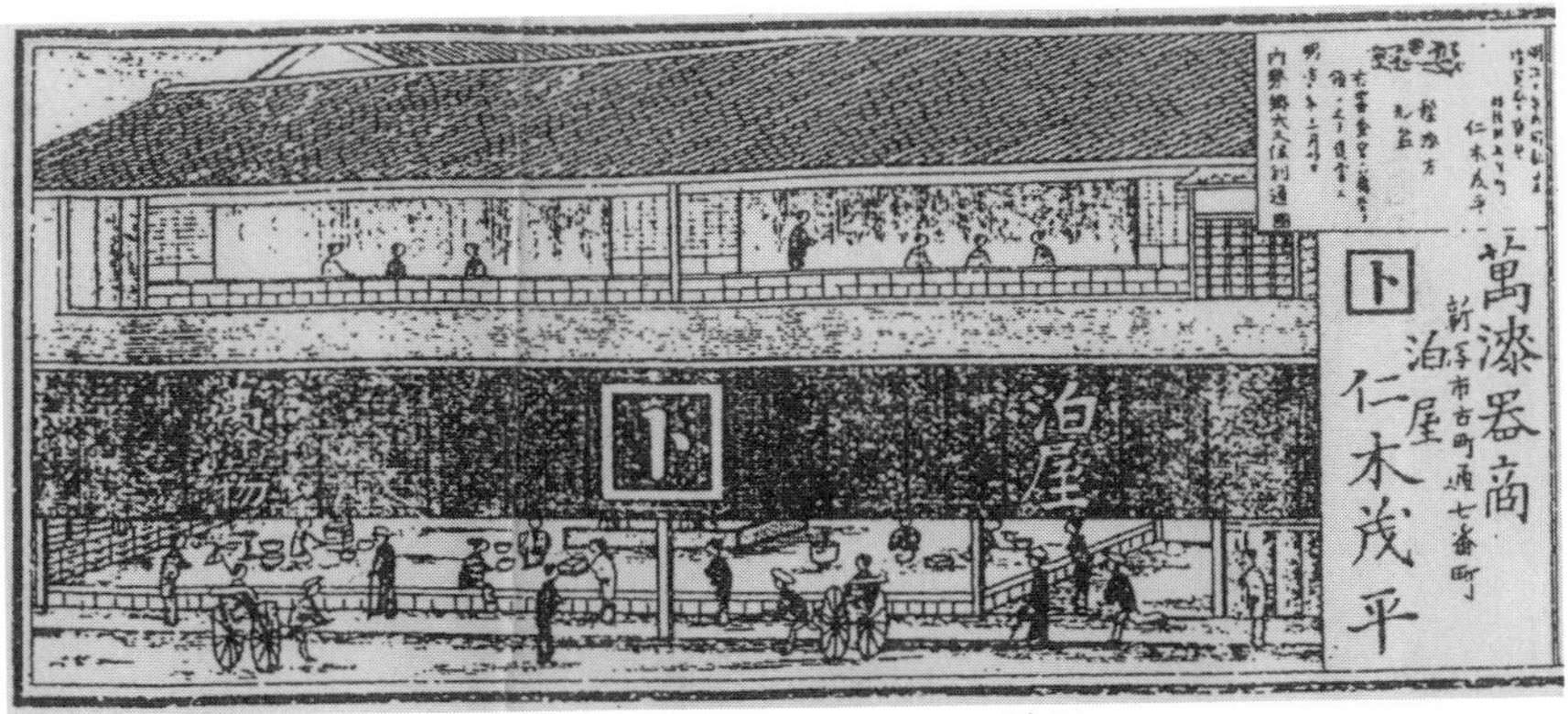

良寛が宿泊した古町通七の泊屋

堀通六と柾谷小路との交差する所で飴屋を営んでいた飴屋万蔵《まんぞう》である。

飴屋万蔵の店は、「天保十四年卯年九月改新潟町中地子石高間数家並人別帳　上冊」に、

**一、同五間**
**此高壱斗六升五合**
**柴垣屋　万蔵**

と出ている。間口五間《まぐちごけん》とあるので、東堀通でもかなり大きな店であったようである。解良栄重が著した「良寛禅師奇話」には、飴屋万蔵が、良寛から店の看板を書いてもらうため、紙筆を携えて地蔵堂まで追いかけて、ようやく望みを果たしたという話が出ている。


**新潟町飴《あめ》屋万蔵と云《いう》もの師の書を信じ、其家の招聘を書《かか》んことを欲す。紙筆を携《たずさえ》、師を追《おい》、地蔵堂の駅某の家にて師に逢へり。懇祈して其所欲をかなふ。師此日人に語て曰、吾今日厄に逢へりと云々す。余今年新潟を過ぐ。其家尚禅師の招聘をか丶ぐ。当時を追想して独《ひとり》徘徊しき。**

**解良栄重《けらよししげ》著『良寛禅師奇話』**

飴屋万蔵に書き与えた看板

看板は、横のものと縦のものの二種類があり、いずれも飴屋万蔵の店頭に飾られていた。
この飴屋の看板は、実に立派なもので、楢材に字を陽刻し、一部金箔を施したものである。この看板

は、外二階に掲げられていたのかもしれない。この看板は、『東講商人鑑《あずまこうしょうにんかがみ》』にも、掲載され、新潟町の〝名所〟となっていたのである。

尚、飴屋万蔵の菩提寺は、先述した西堀通の不動院である。良寛は、飴屋万蔵の家にもよく立ち寄っていたというが、不動院の住職から良寛さんの話を聞いていたということもあったかもしれない。

また、上大川前通七にあった廻船問屋九世の主人玉木勝良《かつら》（一七九〇―一八四一）も良寛と交流があった。玉木家も不動院が菩提寺である。玉木勝良は、平田《ひらた》篤胤《あつたね》の息吹舎《いぶきや》で国学や和歌を学んだ。勝良は、その号で通称彦兵衛といった。玉木勝良には、

**信濃川水上《みなかみ》白く月冴《さ》えて**
**柳かつ散る秋の初風**

という信濃川を詠んだ和歌があり、世によく知られている。良寛は、玉木勝良に自らが熱心に学んだ小野道風筆の仮名の手沢本「秋萩帖」を贈っている。

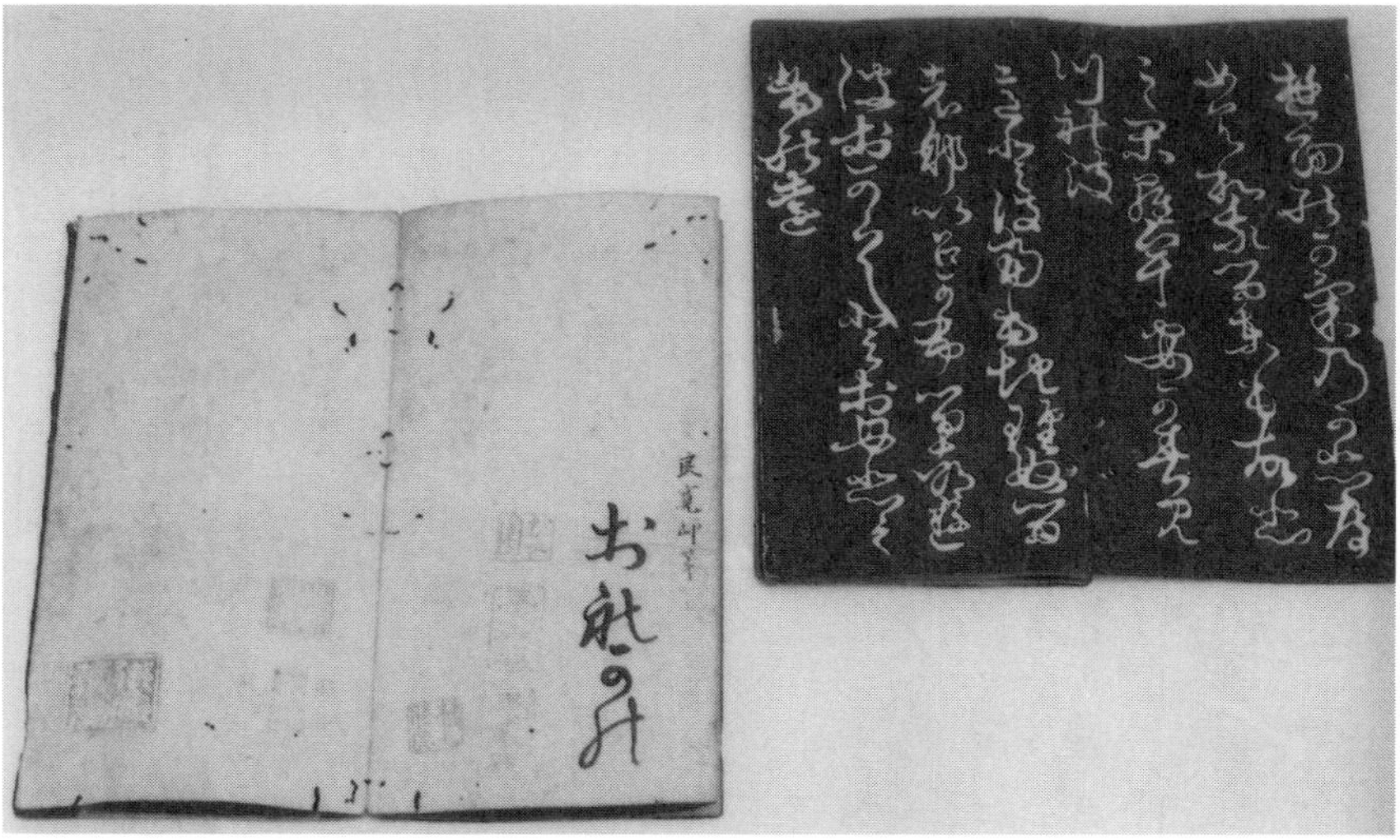

良寛遺愛の「秋萩帖」

この「秋萩帖」の裏表紙には、良寛筆で「おれがの」と署名されている。「おれがの」とは、越後の方言で「自分のもの」という意である。また、その横には「観月園」「玉木文庫」「橘勝良」など、玉木勝良の蔵書印が押されている。その後、この「秋萩帖」は、東堀通の川上ちう老刀自《とじ》の手に入り、昭和六年十月相馬御風がその「秋萩帖」を購入し、現在糸魚川市の相馬御風記念館の所蔵となっている。

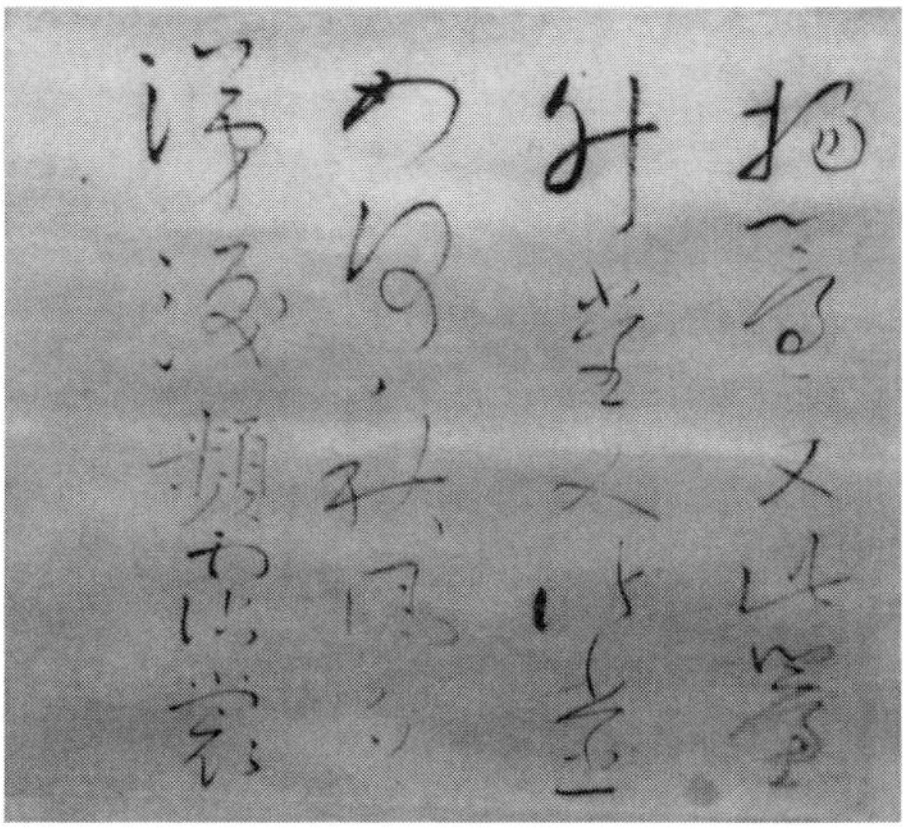

一行上人を詠んだ漢詩

　良寛が新潟町で一番親しかったのが、寄居町の寺に住んでいた一行上人《いつぎょうしょうにん》であった。一行上人は、『良寛尊者詩集』によると、寄居町に住持していたと思われるが、文化初年に亡くなったようである。良寛の詩には、「秋日一行上人の故居を過《よぎ》る」という題のついたものがある。良寛は秋の一日、一行上人を懐かしく思って、砂丘の上にあったと思われる旧居を訪ねてみたが、一行上人は先に亡くなっており、その時の寂寥感を詩に詠んでいる。

秋日無悰《むそう》に苦しみ
杖に倚《よ》りて徨翔《こうしょう》す。
山は空しくして茱萸《しゅゆ》赤く
霜は落ちて蒹葭《けんか》黄なり。
簾《すだれ》を揚《あ》ぐるも又此の簾
堂に升《のぼ》るも又此の堂。
如何《いかん》か　秋風の夕
涕涙《ているい》頻《しきり》に裳を霑《うるお》す。

良寛と一行上人は、肝胆相照《かんたんあいて》らす仲であったようである。したがって、旧居を訪ねた時の悲しみは深く、「涕涙頻《ているいしき》りに裳《も》を霑《うるお》す」と詠んでいる。新潟には、多くの親しい友人がいたことがわかる。

# 第八章
# 懐素の「千字文」を学ぶ

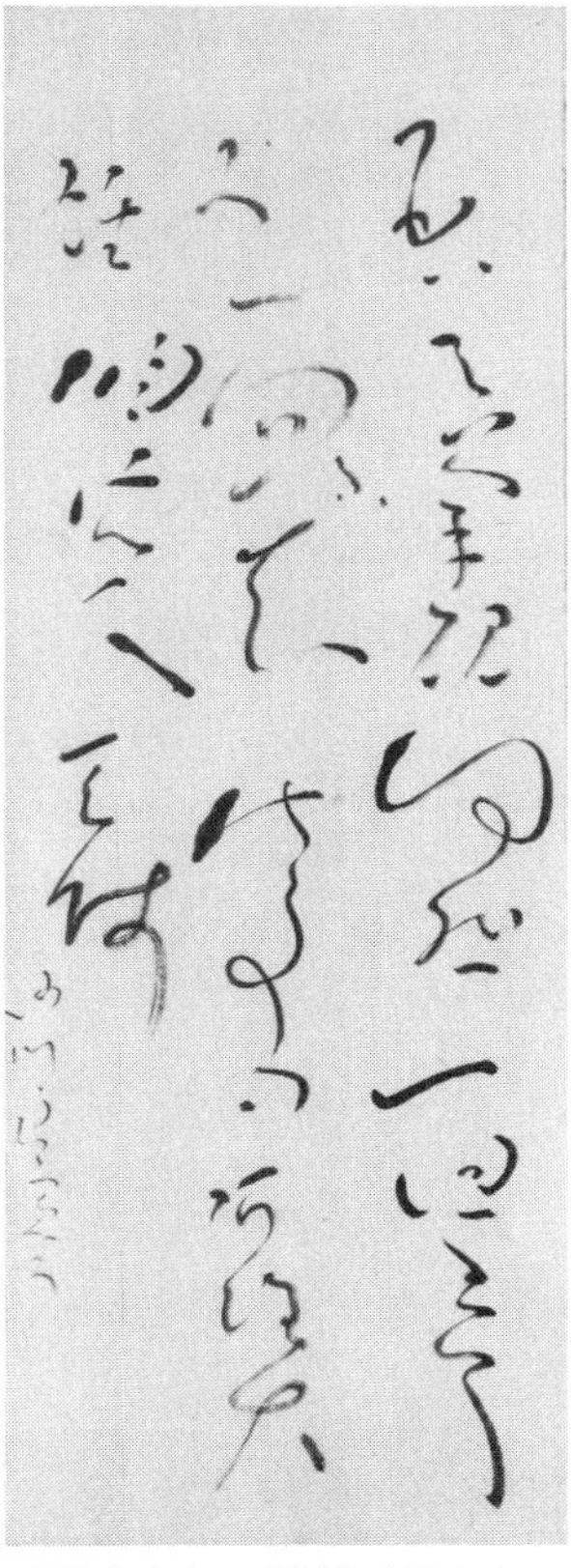

懐素「千字文」の影響が見られる草書

良寛筆「進上　馬之助殿」の外題

文化十三年、良寛は五合庵より少し麓に下った乙《おと》子《こ》神社の傍にある庵に移り住むようになる。ここに在庵すること十年、この間に書境は一段と深みを増し、多彩な変化を加えて、円熟した書風が築かれる。良寛の草書が、このように多彩な変化を加え円熟した作風を示すようになったのは、この時期に学んだ懐素「千字文」の影響が大きいようである。

　良寛が「千字文」を空中習字で練習していた、という話はよく知られているが、出雲崎町西越の佐野家には、良寛の筆で「進上　馬之助殿」と記された懐素「千字文」が伝わっていた。このことは、相馬御風の『良寛百考』の中でも簡単に紹介されている。しかし、この法帖が人々の前に姿を現したのは、昭和二十七年、沢海《そうみ》の北方文化博物館で開催された良寛没後百二十年の遺墨展がはじめてだったと思われる。良寛が学んだ重要な法帖が、なぜ鈴木文台の識語や跋文、それに解良栄重の『良寛禅師奇話』に記載されなかったのかわからないが、とにかく良寛没後百二十年もたって、良寛手沢の法帖が人々の前に出現したのは、一つの驚きであった。

　しかし、その後もこの懐素「千字文」を精細に研究した書は見あたらず、筑摩書房の『良寛』の中で、安田靫彦画伯が「懐素の千字文の筆を故意によろめかせた風を行っているのもある」と良寛の草書を解説し、表紙と最初のページを写真で紹介したものなど、数点の研究書に紹介されただけであった。同じく良寛の手沢の法帖である「秋萩帖」などに比べると、この千字文の研究はほとんど手つかずと言ってもよい状態であった。それというのも、この懐素千字文が、ただ一度遺墨展に出品されただけで、比較的人の目に触れる機会が少なかったこともあろうし、またこの懐素の大字「千字文」が書道史上あまり重要視されていない法帖であったことも一因であろう。

この懐素「千字文」を手にしてみて、すぐに目に入ったのは、表紙中央に良寛の手でしるされている

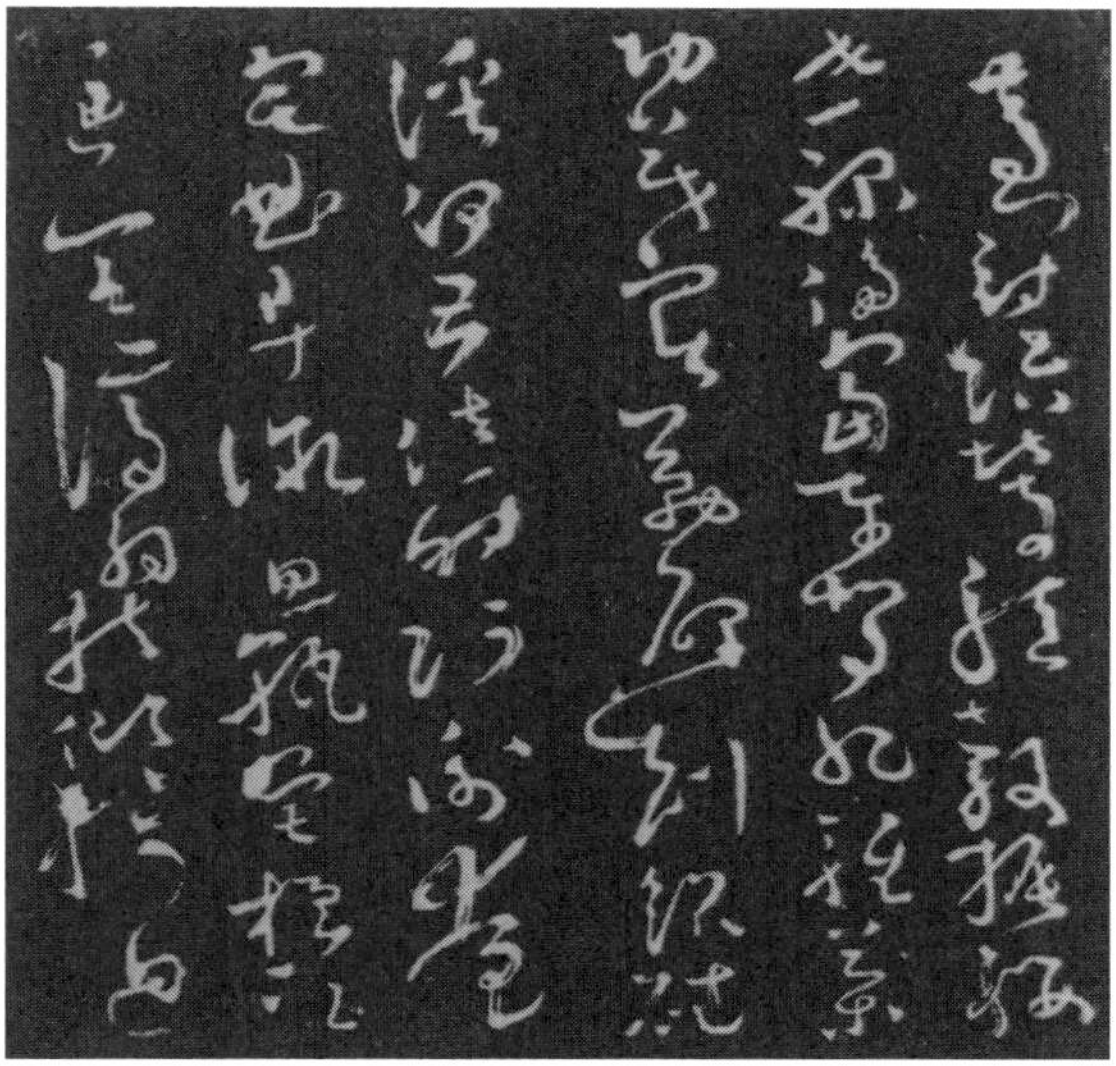

良寛遺愛の「千字文」

「進上　馬之助殿」という題字である。その書風は、飄々とした趣で布地の妙にもたけており、良寛六十三、四歳頃のものと思われる。いわゆる良寛調の草書になりきっている。この題簽《せん》は、黄紙といわれる紙に書かれていた。「馬之助」というのは、良寛の甥で橘屋の当主、山本左門のことである。この法帖は、良寛自ら学んでいた法帖を馬之助に進呈したものであることがわかる。馬之助は、良寛のわらじに落ちる涙で感化されたことでも知られている人であるが、名筆家としても知られている。とくに草書、隷書に秀でていたと言われる。良寛から進呈された「千字文」の影響をうけた馬之助の草書をまま見かけるのも、このような背景があったからである。

帖の左端を見てみると、草書で「千字文」と肉太に書かれた外題があった。この外題部分は、かなり剥離しており、かなり使いふるされたものであることがわかる。それにしても、良寛の手垢のしみついていると思われる法帖を前にして、感慨深いものがあった。

さて、表紙をめくってみると、表紙に比べて法帖内部の方は、かなり保存状態はよく、一字一字も鮮明である。そして、線は原本よりもあたたかい趣を呈している。一字一字も鮮明である。しかし、何度も版を重ねた和刻本のためか、輪郭がはっきりしないところも見うけられる。総頁数二十三丁（見開きごとに丁数が印刷されてある）本文二十二丁。跋文・奥付がついている。最後の奥付には「文化十年五月十三日　平安書房尚書堂摸勒」と楷書で記されていた。これにより、良寛遺愛の帖は文化十年に尚書堂が摸刻し、上梓したものであることがわかったのである。尚書堂は京都にあった書肆《し》で、文化文政年間に盛んに法帖類を上梓している。この帖の他、懐素の聖母章で「文政三年庚辰春正月　京都尚書堂摸勒上」と奥付のある法帖も上梓している。尚書堂は、懐素の法帖を手広く摸刻しては上梓していたようである。しかし、この聖母章にしても、重刻の弊が出ていて精彩を欠いている。全般的に和刻本は、刻が精良なものは少なかったようである。

ところで、文化十年は良寛五十七歳にあたる。五合庵時代末になるが、良寛がこの帖を学んだのは乙子時代に入ってからのようである。「進上　馬之助殿」の変化自在な書風からしても、それが窺える。（当時の状況からすれば、良寛の手元に入るまで少し時間を要したことであろう）。帖が上梓されて数年経た文政二年頃に、良寛はこの帖を学んだものと思われる。

○

従来から良寛の草書といえば、「自叙帖」とはね返ってくるほど、良寛書の源流を語る場合、必ず問題とされるのが、懐素の「自叙帖」であった。このように、そのつながりが指摘されるようになったのは、五合庵を訪ねた鈴木文台によって、良寛が自叙帖を練習している様子が生々しく紹介されたり、解良栄重の『良寛禅師奇話』や口碑の中でも自叙帖を学んでいたと証する記述があったからだと思われる。そして、その説は踏襲され、現在まで引きつづき引用されてきた。しかし、鈴木文台も語っているように、この描写は良寛五合庵時代末、良寛書業の当初の様子であって、乙子神社草庵に移ってからの良寛の作品からは、一気呵成に書す自叙帖風の趣とは違った飄々とした趣が看取される。その、飄々として多彩な変化をみせる晩年の草書こそ、この懐素「千字文」の影響を色濃く受けて出来たものと思われるのである。

良寛の草書に最も大きな影響を与えたのは、章法であろう。五合庵時代、主に学んだ「自叙帖」は、天馬空をゆく書きぶりで、一気呵成に大きく巻きこんだ連綿線で書いていることもあり、やや一本調子で、ゆったりとした趣は見られない。それに比して「千字文」は、ゆったりとした書きぶりで飄々と、単体で左に右にと変化しながらバランスをとりながらまとめている。そして、一字一字の動きを見ても、右旋回の動きが交互にあらわれ、一つのメロディーを奏でている。乙子時代の良寛の草書を見てみると、明らかに「千字文」の動きを取り入れ、もっと自由に千変万化の妙をみせな

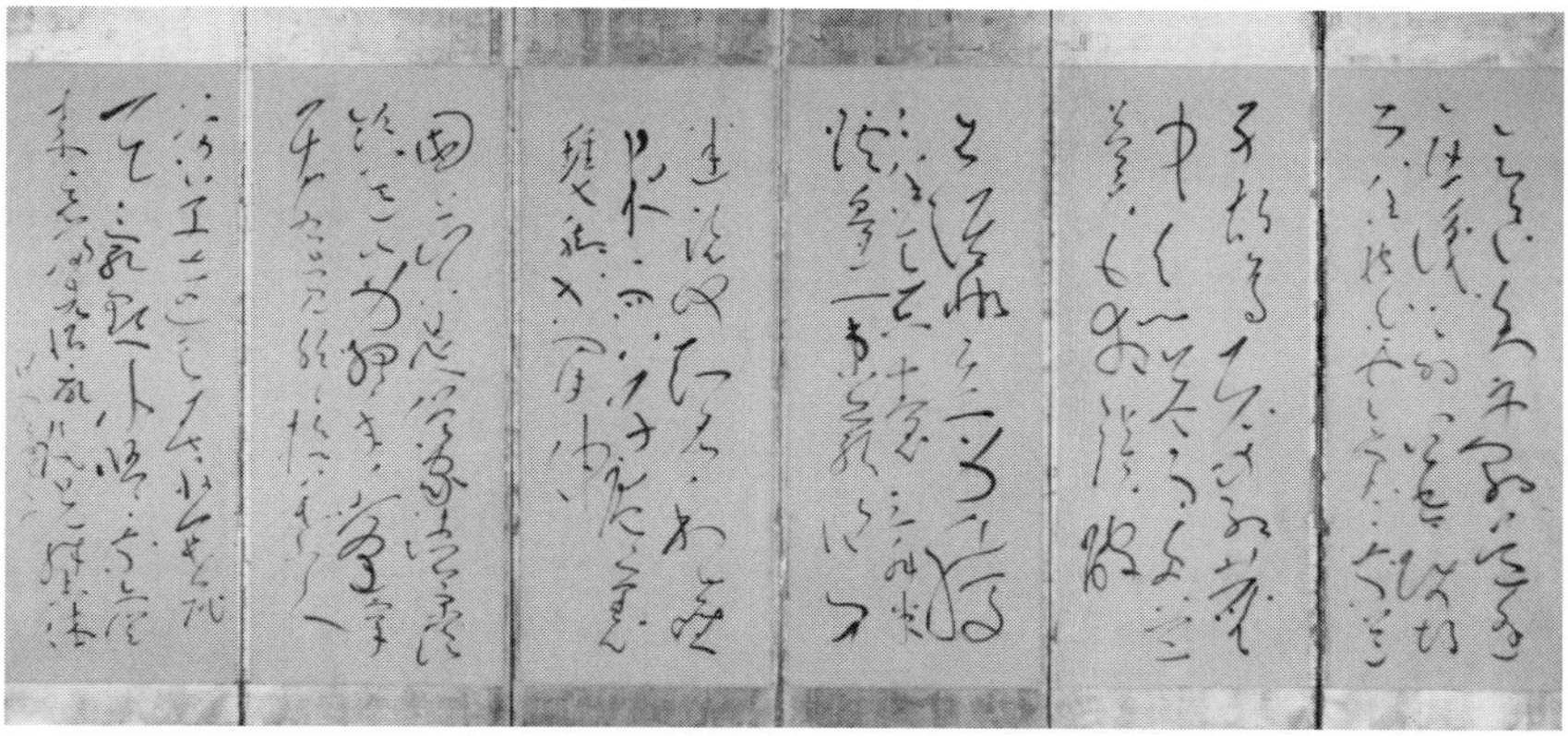

良寛の乙子神社時代の草書六曲屏風

がら、縁にしたがって書している。
また、リズム感覚においても、かなり影響をうけているようである。自叙帖の用筆は、平面的で深みが感じられないという言をよく耳にするのであるが、それに比して良寛の草書は「点の芸術」とよばれるくらいに、点画を省略して所々に金剛石のような点が散りばめられ、独特のリズムをなしている。ところが、このような良寛草書の源初的な姿も、また「千字文」に見ることができる。それは、良寛の点のようにずしりと重みのあるものではないが、立体的な運筆で自然な呼吸が感じられる。良寛自身、リズム感覚に優れたものを持っていたことはもちろんであるが、草書において真の良寛のリズムを具現するのに、この「千字文」は大きな土台となったのではなかろうか。

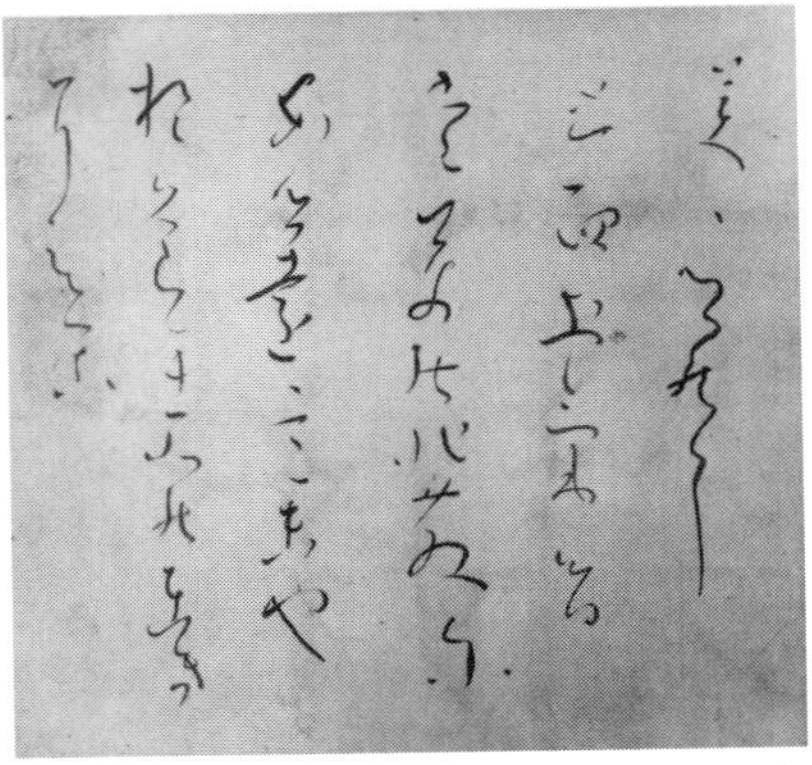
乙子神社時代の仮名「みみづらに…」

その他、一字一字の造形を見ても、草書にとどまらず、「難」や「騰」「和」「雲」のように、かなにまで影響を及ぼしているものも見られる。
良寛草書の源流については、前述したように鈴木文台の言、中原元譲宛の書簡など「自叙帖」を学んだことを証する資料が多いため、従来は「自叙帖」の方に力点がおかれてきたきらいがある。しかし、このように古い文献に現れず隠れて伝来した良寛手沢の「千字文」を目のあたりにしてみると、それ以上に、この「千字文」が良寛の草書の円熟と完成に大きな役割を果たしたことが窺えるのである。そして、良寛は「千字文」を自家薬籠中のものとし、自らの美意識の中で純化し、みずみずしい詩情にあふれた清新な世界を創造していったのである。

# 第九章

# 良寛と長岡藩主・牧野忠精公

江戸時代の長岡城

長岡藩第九代藩主・牧野忠精《ただきよ》公は、江戸時代後期京都所司代や老中など幕府の要職をつとめた名君であった。忠精公は、宗偏《そうへん》流の大茶人であり、京都冷《れい》泉《ぜい》家から「和歌懐紙相伝」を授与された歌人でもあった。また、「雨龍《あまりゅう》」や「鶏と竹」の絵は有名で、絵画にも優れた作品が多い。忠精公は、まさに〝文人藩主〟であった。

長岡市柳原の菓子商大和屋の銘菓「越乃雪《こしのゆき》」の命名も忠精公である。安永七年（一七七八）忠精公が体調をくずした時、大和屋が献上したこの菓子を食したところ、体調が回復したという。そのようなことから「越乃雪」の名を賜ったという。

牧野忠精画
「鶏と竹」

「越乃雪」は、上質な糯米の寒ざらし粉に阿波国の和三盆糖を混ぜて作られた押し物菓子である。「越の雪」は、上品な御菓子で、京都の人々にも愛されたという。京都の南画家富岡鉄斎も「越乃雪」を愛した一人である。鉄斎が、京都神光院の住職智満上人に「越乃雪」を贈った書簡が最近発見されたが、そこには、

**愚老御承知の無歯に候。菓子は越のしら雪を喜《よろこび》候て　越後より上々の品を時寄来候。此一函《ひとはこ》右の無害の製にて進上御試可下候。（中略）**

**廿四日　鉄斎**

**智満老机下**

とある。この書簡は、「鉄斎古稀」の料紙に書かれており、また冒頭の「無歯」の表現から窺えるように鉄斎最晩年のものと思われる。鉄斎は、「越のしら雪」と記しているが、これは「越乃雪」の書き違いであろう。この書簡により鉄斎は、「越乃雪」

を「上々の品」として好んで食していたことがわかる。宛名の「智満老」は、京都北区神光院の住職和田智満である。鉄斎が若い頃世話になった蓮月尼は、最晩年神光院の茶室蓮月庵に住庵していた。その恩を忘れず「越乃雪」を智満上人に贈ったのであろう。

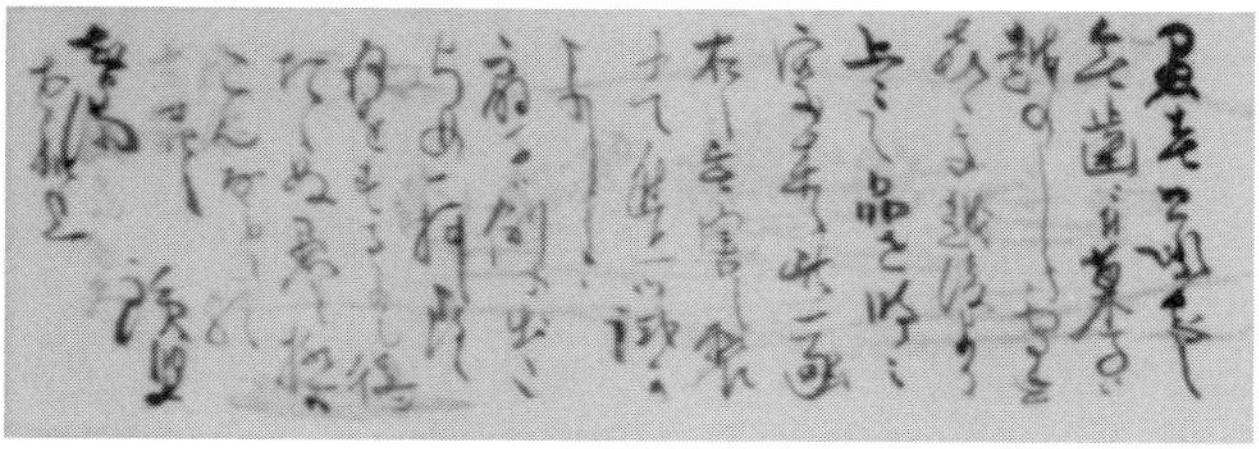

富岡鉄斎の智満老宛書簡

また、牧野忠精公に話を戻そう。実は牧野忠精公が、国上山の五合庵に住んでいた良寛のもとを訪ね、長岡城下の寺の住職として招請されたという話が伝わっている（家老が訪問したという話もある）。徳川三代将軍家光公は、大徳寺の沢庵禅師と京都で対面し、その高潔な人柄に感銘を受け、品川に東海寺を造り、沢庵禅師を初代住職に迎え、指導を受けている。忠精公も、良寛禅師の高潔な人柄を慕い、長岡城下の禅寺に招いて指導を受けようと思ったのであろう。

忠精公が良寛を訪ねたという話は、資料の裏づけがなかったため本当かどうかわからなかったが、渡辺秀英先生が記した「渡部組御用留」に、文政二年四月に忠精公一行が、長岡藩領である新潟町を巡視した後、国上山の国上寺に参詣した旨の記事があるということなので、忠精公が良寛のもとを訪ねたという話は、真実味を帯びてきた。ただ、文政二年には、良寛は五合庵の少し下の乙子神社草庵に移り住んでいたので、この話は乙子神社草庵での出来事だと思われる。

当日、忠精公は家来に伴われて、駕《かご》に乗り、良寛のもとを訪ねたという。国上寺の参詣の後、山道を降りてきたものと思われる。その時、忠精公は良寛と対面して、長岡城下の寺に来てほしい旨依頼したものの、良寛はじっと黙ったままであったという。そして、おもむろに筆を執って、

**焚《た》くほどは風がもてくる落葉かな**

という俳諧を揮毫したという。今の生活で満ち足りているので、長岡城下の寺に行く気はありませんということを、この俳諧で暗に伝えたのであろう。忠精公も、この句を見て、良寛の言わんとすることを理解し、帰っていったという。もしかしたら、この乙子神社草庵に良寛を訪ねた時、忠精公は「越乃雪」を手土産として持参したかもしれない。良寛が甘いものが好物だった。そのようなことを想像していると楽しい。

「焚くほどは」句碑

良寛は、長岡城下の民家で托鉢を行っていた。古手類を商っていた丹後屋・広瀬六右衛門、渡里《わたり》町で旅籠《はたご》を営んでいた本間三郎兵衛など交流のあった人は多い。丹後屋は、「古手類」「たんごや」「丹後屋」「古手類品々」の看板を書いてもらっている。この看板字は、若書き筆蹟で、御家流の影響も感じられるものである。半紙を継いで作られた看板だと思われ、初期の代表作である。良寛は、丹後屋広瀬家と特に親しかったらしい。「古手類」というのは、古着のことである。江戸時代、綿は貴重なもので、大坂あたりから越後に多く運ばれた。良寛は、広瀬家の入口で、行ったり来りして、なかなか入らなかったという。家人から声をかけてもらうのを待っていたのだろう。

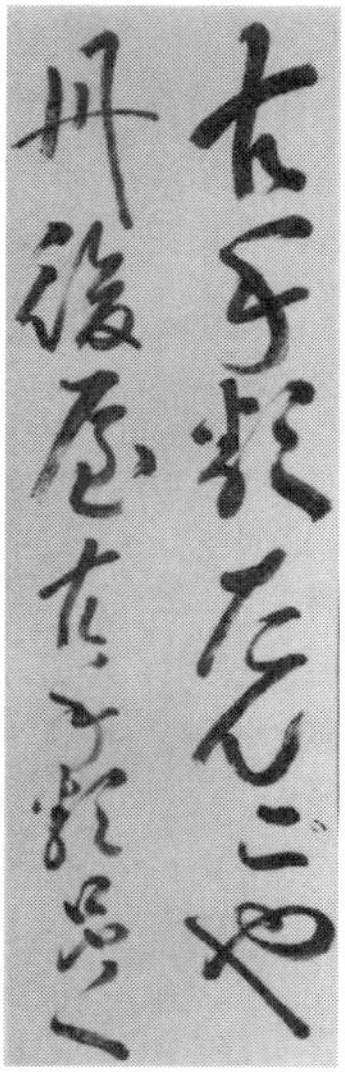

丹後屋看板

また、渡里町で旅籠《はたご》を営んでいた本間家では、良寛に手まりを差しあげるかわりに書を書いてもらっていたので、多くの遺墨が伝わっていたという。現在は、これらの手まりは失われてしまったが、残っていれば長岡の貴重な宝となっていたことであろう。本間家は、長岡での常宿だった可能性もある。良寛は、渡里町の旅籠の風景を見ながら、川のたもとを托鉢して歩いていたのであろう。

良寛は、長岡城下の禅寺の僧とも交流があったようである。良寛肖像画が長岡城下の禅寺に伝わっていた。作者は道友とある。良寛を尊敬する禅寺の僧がいたことがわかるのである。画を描いた道友という人がどういう人かわからないが、良寛の風貌を実によくとらえている。禅僧たちの良寛尊崇の声が、先に紹介した忠精公の五合庵訪問につながったのかもしれない。

# 第十章

# 寺泊で由之を見送る

良寛が仮住した寺泊　照明寺より海をのぞむ

文政四年三月、良寛の弟由之が酒田方面に旅に出ることになり、その前には寺泊の外山家に泊まり、良寛と姉むら子が旅立つ弟を見送っている。その時由之は、「かの君（良寛）姉刀自《とじ》（むら子）おのれもみな老の身なれば、これや限りの旅ならむとかたみに哀れなること限りなし」と旅日記に書いている。むら子は、この三年後の文政七年十二月十七日亡くなっている。兄弟三人で一緒に過ごした、この集《つど》いが本当に最後のものとなってしまった。

　良寛の身の回りの世話をした妹むら子が住む寺泊は、古くは鎌倉時代、佐渡に配流された順徳上皇や藤原為兼、日蓮上人が佐渡へ渡海した港がある町である。寺泊のスタートは、弘仁十三年（八二二）国上寺の尼僧法光が佐渡へ渡る人のために、布施屋《ふせや》を作ったのが始まりで、その頃は泊《とまり》と言った。そして、鎌倉時代に寺泊となった。寺泊は、江戸時代になって、高田藩、次いで村上藩、白河藩の領地となり、米の積み出し港として栄えた。寺泊は、北前船の出船入船で賑い、港の周辺には住吉屋など廻船問屋がひしめきあっていた。

　むら子が嫁いだ寺泊の外山文左衛門家は、廻船問屋もやっていたが、本業は酒造業で、屋敷も寺泊港から少し離れた荒町上の滝の小路沿いにあった。良寛も国上山から下りて来てくれた、文政四年三月

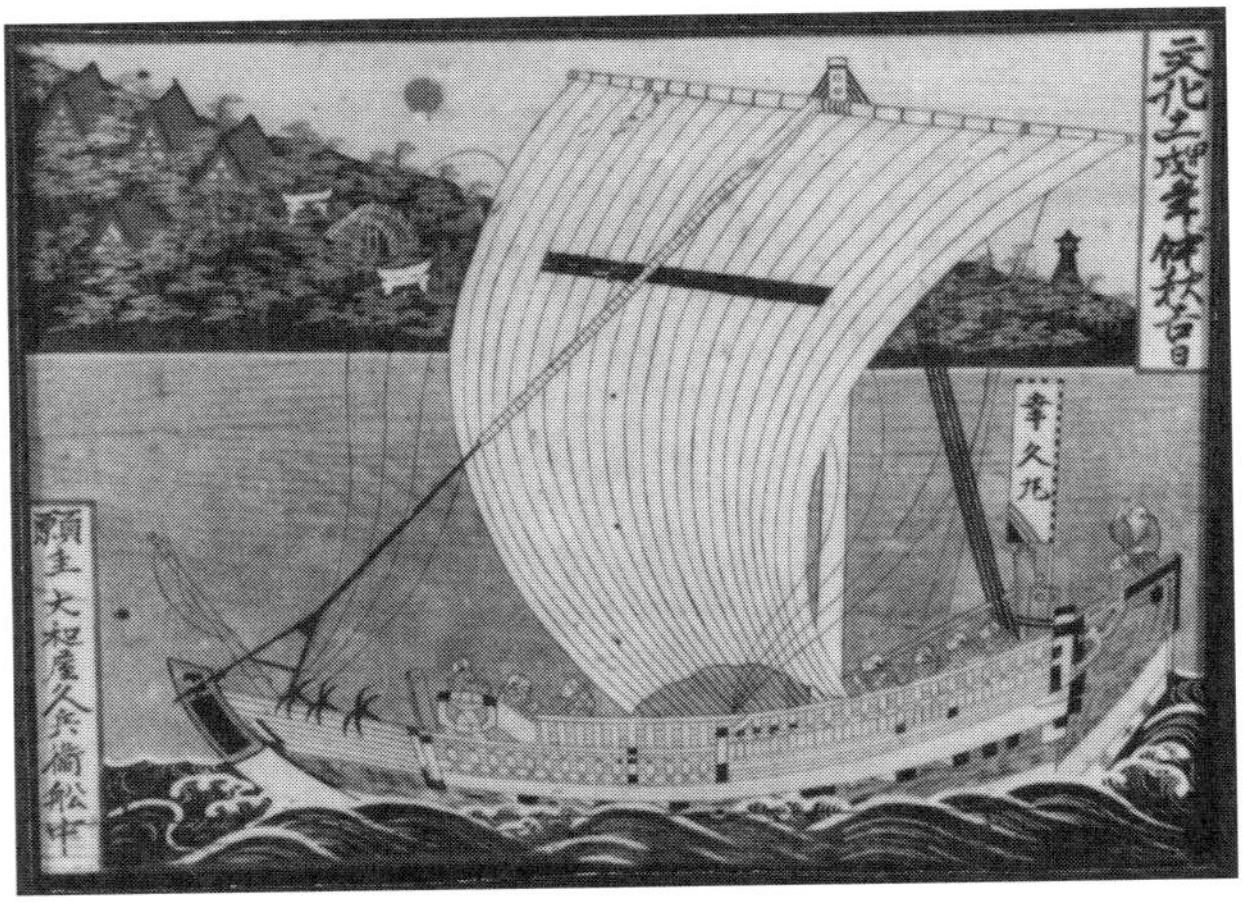

寺泊大和屋が奉納した船絵馬

十一日、由之はむら子のいる寺泊外山家に泊まったが、由之は兄と姉に暫くの暇乞いをしている。そして、今は老いた三人の兄弟は久しぶりに歓談している。由之は、酒田への旅に出発することになっており、これが最後の旅となるかもしれないと思っていたのであろう。「橘由之日記」には、

**その夜寺泊に着きて姉刀自《とじ》の家に宿る。禅師の君も来合ひませば、そこに暇《いとま》申して十四日の日出《い》づるに、かの君姉刀自《とじ》おのれもみな老の身なれば、これや限りの旅ならむかとかたみに哀れなること限りなし。されどなかなかに言には出さず。**

とある。この時、良寛六十四歳、むら子六十二歳、由之は六十歳であった。兄弟は、皆お互いにこれが顔の見納めになるかもしれないと胸の内では思っていたが、口には出さなかった。なかなか名残りは尽きず由之は、三月十六日になって、由之はようやく酒田へと旅立っていった。

ところで、寺泊の遊郭で良寛が遊女たちとおはじきをして遊んでいるのを由之がとがめたところ、逆に良寛が由之を和歌で諭したというのは、この時のことであったろうか。寺泊は、当時北前船の寄港地で繁栄しており、遊郭が愛宕神社のあたりなどにあったという。良寛と由之の和歌のやりとりは、

**浮かれめとはじきてふものし給へると聞きて**

**墨染の衣着ながら浮かれ女《め》と**
**うか〳〵遊ぶ君が心は　　由之**

**かへし**

**うかうかと浮世をわたる身にしあれば**
**よしやいふとも人はうきよめ　　良寛**

**又問ふ**

**うか〳〵とわたるもよしや世の中は**
**来ぬ世のことを何と思はむ　　由之**

かへし

この世さへうから〳〵とわたる身は
来ぬ世のことを何《なに》思ふらむ

良寛

というものである。由之が、墨染の衣を身につけた僧が遊女とはじきで遊んでいることを気にして良寛を問いつめたのに対して、良寛はこの世は浮世であり、遊女といっても何を気にすることがあろうかと一向に気にしていない。良寛は、人間を平等に扱い、全く差別意識はなかった。

ある遊女は、良寛を父のように慕ったという。これは、良寛がはじきをして遊んでやった遊女であろうか。父親と面影が似ていたのであろう。悲しみ、苦しみのある人に寄り添い、そのことで人の心が癒されるならば、良寛も本望であったであろう。このような生き方は、お釈迦様の影響もあったと思われる。良寛の詩「八月初一日…」には、お釈迦様にならって自分は「次第托鉢」をやり、魚屋であろうがどこであろうが、順番に托鉢に行き、世の中を変えて行きたいという旨のことが書かれている。良寛は、お釈迦様と同じ道を歩んだのである。

ところで、「橘由之日記」によれば、由之は、村上の瀬波から舟に乗り、温海に行き、羽黒山を参詣した後、目的地の酒田に六月十五日に到着している。酒田も北前船の寄港地として栄えた所で、和歌の門人たちもいた。馬之助が和歌を詠んでよこしたので、由之は、

故郷の濡《ぬ》るる袂《たもと》を思はずは
旅の時雨も袖にかけめや

と返歌を詠んで、故郷に帰る人に託している。

文政五年五月五日に、由之は久保田（秋田）に到着している。ここで、由之は長野町の小野寺家に止宿していた菅江真澄《すがえますみ》のもとを訪ね、良寛のことを既に知っていた真澄と良寛の和歌などについて語り合っている。真澄は、「此由之翁が国上山の手毬上人良寛の舎弟なるよし」と記している。

箱館奉行所（幕末に建てられる）

由之は、文政六年五月から七月頃、青森に足を伸ばしている。そして、由之を主として七人で奥村寿鷹の家で歌会を開いている。『奥村寿鷹歌集』には由之の、

澄み渡る月見がてらのすさびにや
更くるも知らで衣擣《う》つなり

の歌が記されている。

由之は文政七年、津軽海峡を越え北海道松前に渡っている。ある屏風には、文政七年五月、北海道松前建石野《たてしの》で、

ここち例ならずこもり居しを、少しおこたりて覚ゆる頃、友達どもにいざなはれて、たてし野てふに行きて、ひねもす酒飲みし折しも、時鳥《ほととぎす》の初音《はつね》を聞きて

憂《う》きながらかひはありけり長らへて
今年も聞きつ山ほととぎす

と詠んだものがある。詞書《ことばがき》によれば、由之はこの地で体調を崩し、寝込んでいたようであるが、友人に誘われて、松前の建石野で酒を飲んでいた時、時鳥の初音を聞いて、たいそう心を慰められている。

松前は、江戸時代松前藩が置かれており、北前船の出船入船で賑っていた。松前港からは、鮭やニシン、昆布などが北前船に乗せられて、北陸地方や大坂に運ばれていた。また、新潟からは、米が運ばれていた。経済的に発展した松前には、和歌や俳諧といった文芸をやる人も多かった。ここでも由之の清新な和歌は、高く評価されていたようで、友人もできたようである。由之は、隠栖してから随分と謙虚になったようで、その人柄も各地の人々に愛されていた。

良寛は、人伝てに由之が北海道に渡ったとうわさを耳にし、次の和歌を詠んでいる。

**夷嶋《えぞしま》に君渡りぬとみな人の**
**言ふはまことかえぞが嶋べに**

と詠んで、驚きの声を上げている。この和歌は、詞書に「由之が蝦夷《えぞ》へ行しと聞て」とある。酒田へ行くと言って旅に出た由之が、秋田、青森へと進み、はるか北海道に渡ったと聞いて、良寛は由之の身を心配したのであろう。

由之は、その後また東北地方へ戻り、父以南も訪れた松島にも足を伸ばしている。由之が越後に帰郷したのは、文政八、九年頃と考えられる。その時、由之を見送ったむら子はもうこの世の人ではなかった。その前の文政七年十二月に亡くなっていたのであった。足掛け五年にわたる長い旅となった。

むら子の夫外山文左衛門は、籠田《かごた》の小林家の過去帳によると、文政七年（一八二四）三月五日、六十九歳で亡くなっている。そして、むら子は、夫の後を追うように九ヵ月後の文政七年十二月十七日に亡くなっているのである。

外山文左衛門とむら子が一緒に葬られている墓

は、菩提寺の法華宗法福寺の墓地にある。二人の墓からは、弥彦山の山頂がよく見える。これで、良寛の身の回りの世話をしてくれる人もいなくなってしまった。

○

ところで、外山文左衛門とむら子が亡くなって一、二年して、むら子の親戚外山茂右衛門は、良寛に寺泊の草庵への移住を勧めている。良寛の乙子神社時代の書簡に、僧了阿が良寛に無住の草庵への移住を勧めているものがあるが、「了阿」は青柳清作

法福寺にある　外山家の墓

氏によると、外山茂右衛門剃髪後の名前で、正しくは「良阿」であったという。寛政七年三月、代官所に提供した書類には、病身で家業の勤めができないので、剃髪する旨が書かれている。良寛は、了阿への返事で、

**御地へ住庵致よふにとのおぼしめしに候。野僧近《ちか》比《ごろ》老衰致　何方へも参《まいる》心《こころ》無之《これなく》候《そうろう》。何卒《なにとぞ》其義ハ可然《しからべく》人に御たのみ被遊度被下候。**

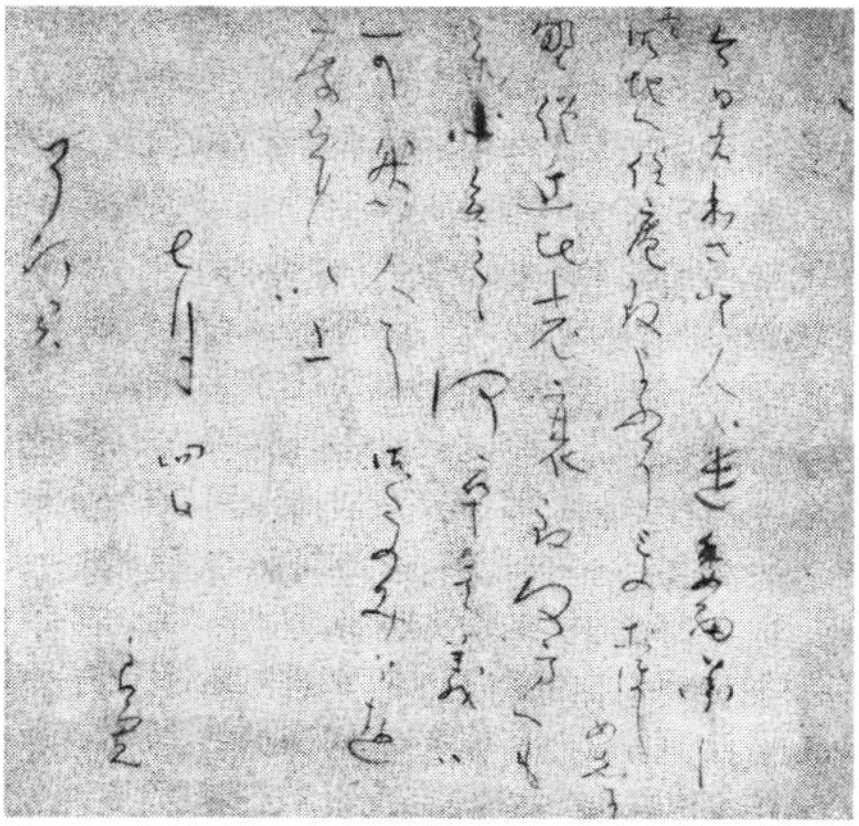
了阿宛書簡

と移住の話を断っている。寺泊の草庵で無住になっている所があったので、良寛をお迎えしようとしたが、良寛はこの頃「何方へも参心無之候」と考えていたようで、この話は立ち消えになった。この書簡で良寛自身も「近比老衰致」と記しているが、乙子神社時代後半の文政八、九年頃、良寛の老衰が顕著になっており周辺の人々は、山住みの生活をしている良寛を心配していた。

# 第十一章

# 友人が多くいた三条の町

三条八幡宮

良寛は、国上山からそう遠くない距離にある三条町に知人が多く、よく托鉢に訪れていた。江戸時代後期、三条町は村上藩の領地で、三条陣屋が置かれていた。三条町は、和釘《わくぎ》など金物の産地としても有名で、三条商人は販路を求めて全国を行商して歩き、江戸時代末期には、江戸市場にしっかりと足場を築いていた。農業を基盤として、商工業も盛んだった三条町には活気が溢れていた。

また、三条には浄土真宗東本願寺派の三条御坊《ごぼう》（現三条東別院）があり、本路小路付近は、門前町として賑っていた。良寛も、三条御坊を訪れ、次の和歌を詠んでいる。

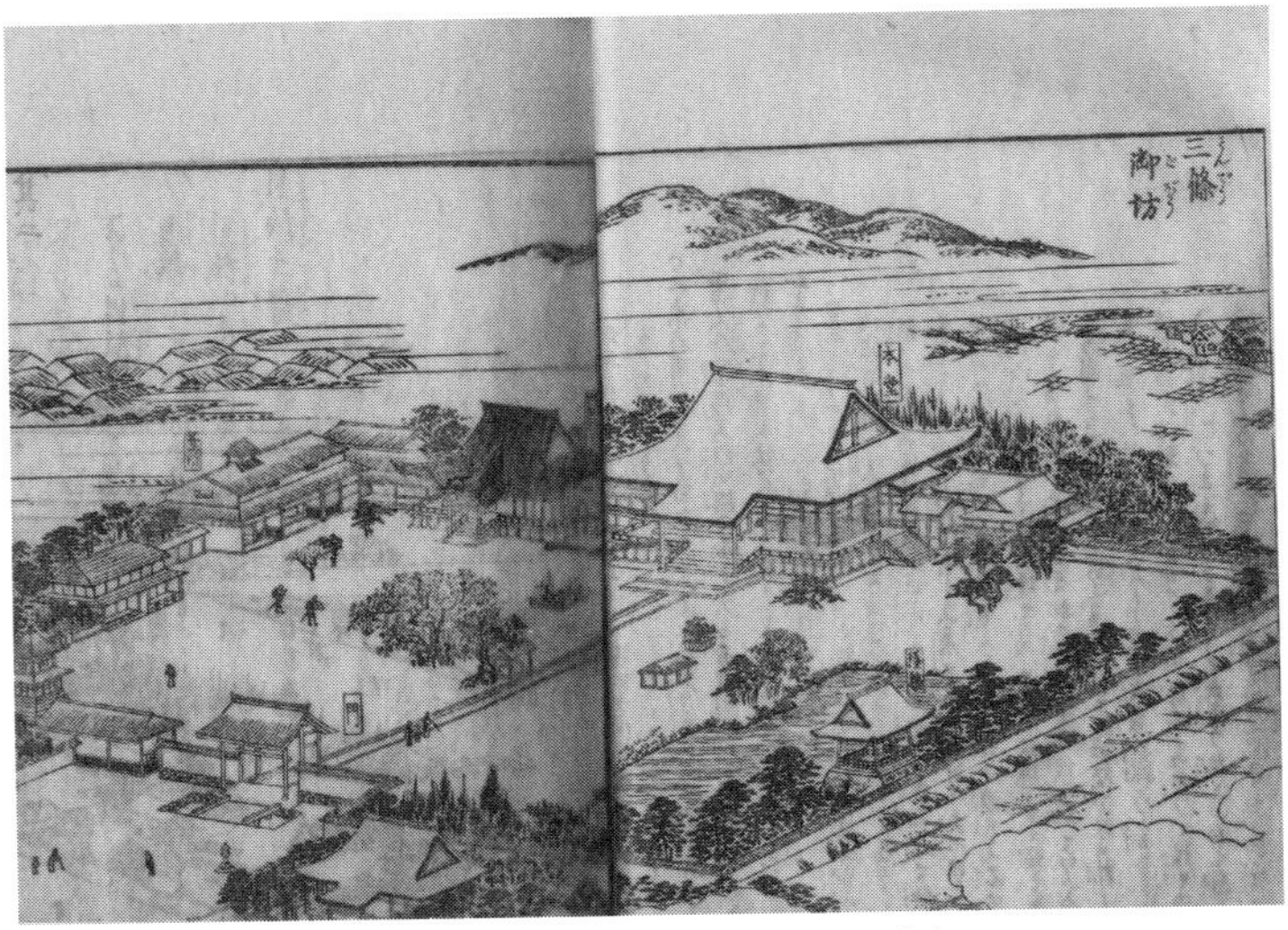

▲三條御坊『二十四輩順拝図会』

**三条の御坊にて**
**不可思議《ふかしぎ》の弥陀《みだ》の誓《ちかい》のなかりせば**
**何をこの世の思ひ出にせん**

良寛は、一向信徒の多い越後の庶民に合わせて、「南無阿弥陀仏」の名号を書き与えることもあった。その人に合わせて、仏法を説いていったのである。

〇

良寛が、街中での托鉢を終えた後、子どもらと手まりをついて遊んだのが、三条八幡宮である。三条八幡宮は、信濃川に近い町にあり、江戸時代、本殿を囲むように木々が植えられ、広い境内は子どもたちと遊ぶにもってこいの場所であった。良寛には、

**八幡《はちまん》の森の木下に子どもらと**
**遊ぶ夕日の暮れ間惜しかな**

という和歌も伝わっている。良寛が子どもらと手まりをついて遊んでいたのは、本殿の奥の方と伝えられている。夕暮れになるまで良寛は、子どもたちと手まりつきに興じていた。

五十嵐華亭画「良寛と子ども」

　三条の子どもたちも、良寛が大好きだった。ここに掲げた画賛は、八幡宮の隣にあった槻田《つきた》神社の神官であり絵師であった五十嵐華亭の「良寛と子ども」像に、良寛の和歌賛が付けられた作品である。三条八幡宮で良寛が子どもらと遊ぶ光景を実際に目にして、絵にしたものであろう。

　春になり、雪が消えて、国上山から三条に托鉢に来た良寛に、二人の子どもが掛け寄っている。一人は、手まりを差し出し、一人は後ろで梅の花を差し出し、良寛に「遊ぼう」と言っているようである。子どもが手まりを差し出し、「遊ぼう」と言っている絵は、他に存在しているので、このような光景はよく見られたようである。この絵で注目すべきは、後ろの子どもが梅の枝を持って掛け寄っている場面である。やはり、子どもたちは、良寛が梅の花が好きなのを知っていて差し出しているようである。良寛と子どもたちは、一緒に梅の花の観賞もしたので

あろう。実際、良寛が花を詠んだ歌の中で、梅の花が一番多い。

**梅の花今盛りなり久方の**
**今宵の月に折りて挿頭《かざ》さむ**

など、良寛には梅の花を詠んだ名歌が多い。

五十嵐華亭が描いた絵の上には良寛の、

**この宮の森の木下に子どもらと**
**遊ぶ春日は暮れずともよし**

という和歌が書かれている。三条八幡宮の森で、子どもらと手まりつきをしている良寛の様子が伝わってくる和歌である。尚、この和歌は、新元号令和の出典となった『万葉集』巻五の「梅の花の宴」三十二首中にある、

**霞立つ長き春日を挿頭《かざ》せれど**
**いや懐かしき梅の花かも　小野氏淡理**

の影響を受けていると思われる。「霞立つ長き春日」は、良寛が子どもたちと手まりをついて遊んだ時、よく用いた表現であるが、この表現は『万葉集』の「梅花の宴」に見られるものである。また、「この日暮らしつ」の表現は『万葉集』の、

**春の雨にありけるものを立《た》ち隠《かく》り**
**妹《いも》が家道《いへぢ》にこの日暮らしつ**

の影響を強く受けている。

良寛が、〝万葉調の歌人〟といわれるのも、むべなるかなと思うのである。

三条八幡宮には、良寛と知己の三条町人の手で天保五年最古の良寛碑が建立されている。良寛が、示寂《じじゃく》して三年後のことである。碑には良寛の、

**十字街頭乞食《こつじき》了《おわ》り　八幡宮辺方《まさ》に徘徊《はいかい》す。**
**児童相見て共に語る　去年の癡僧《ちそう》今又来《きた》る。**

という漢詩が刻されている。碑には、建立者として二ノ町の成田伝吉、三浦屋元助や五ノ丁の市川関右衛門など、生前親しかった人の名が刻まれている。この碑は現在、村山半牧碑が建っているあたりに、建てられていたと思われるが、文久年間に火災に遭い失われてしまった。しかし、昭和六十一年松永克男氏によって、良寛碑の断片「来」一字が発見され、現在三条市立図書館に展示されている。良寛と三条の人々との交流の跡をしのぶことができる貴重な資料である。

三条八幡宮の
良寛古碑

○

良寛は、村上藩三条陣屋に勤めていた三宅相馬（瓶斎）とも交流があった。良寛が三宅相馬に書き与えた和歌二首が伝わっているのである。解良家など、村上藩の庄屋の家で偶然出会って、武士の心構えを書いてやったものと思われる。支配者である武士とは、ほとんど交流のなかった良寛であるが、その清廉な人柄に感ずる所があって、この和歌二首を書き与えたのだろう。実に珍しいことである。筆跡からすると、乙子神社時代初期のものと思われる。その幅には、

**うちわたす縣司《あがたつかさ》にもの申す**
**もとの心を忘らすなゆめ**

**いくぞばくぞうづのみ手もておほみ神**
**握りましけむうづのみ手もて**

と書かれている。その和歌には、三条陣屋に勤める役人が、初心を忘れず、領民のために神仏のような慈悲心を持って政治にあたるようにという良寛の願いが込められている。

三宅相馬は、十六歳から二十五歳までの十年間、三条陣屋に勤めていた。この期間は、文化年間から文政年間にかけての間で、良寛が国上山の草庵に住

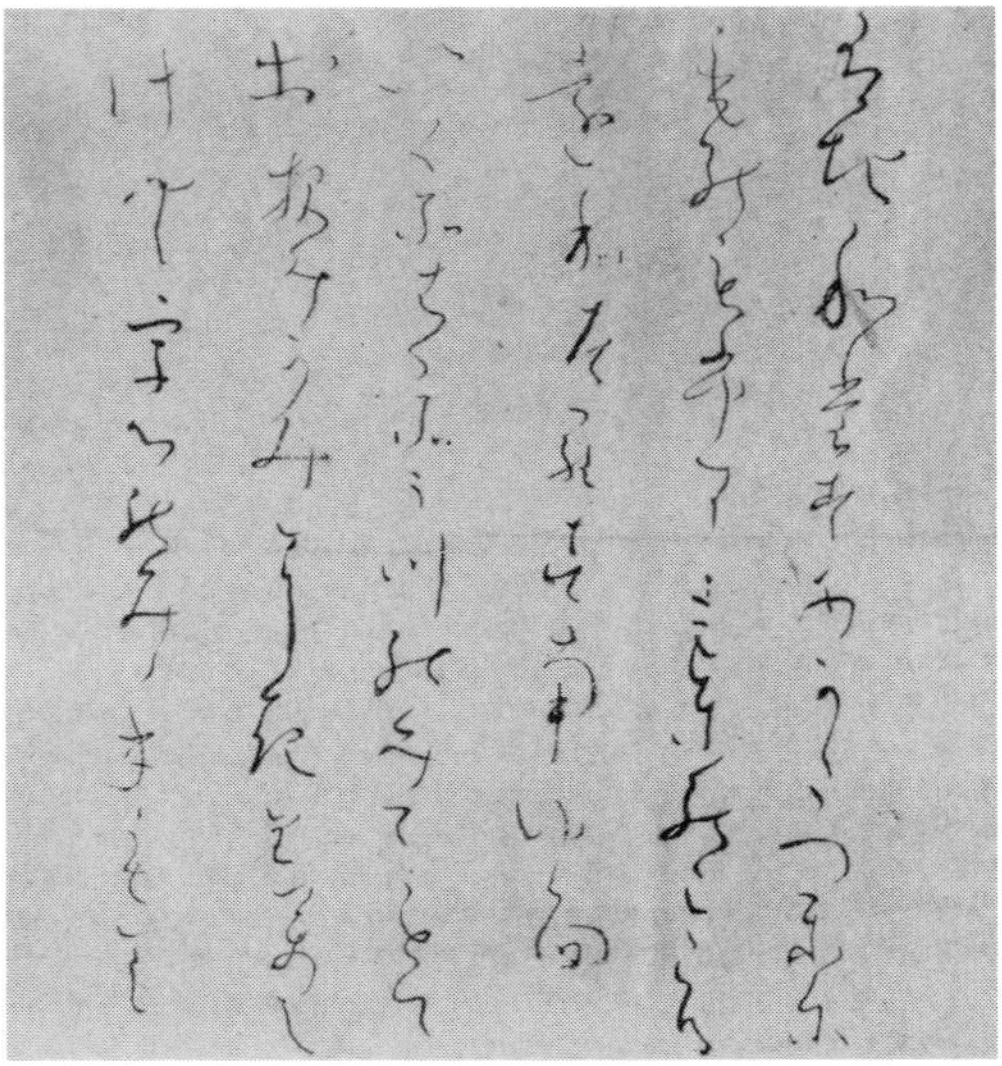

三宅相馬に贈った和歌

庵していた頃と重なる。その人となりは、『北越名流遺芳』に、次のように記されている。

**瓶斎資性質直にして、読書を好み、算法に精《くわ》し。諸芸学ばざる所なく、砲技に長ず。其郡職に在るや、意を刑政農事に留め、田制の弊を除く。**

注目すべきは、最後の一文である。「郡職」とは、三条陣屋の職に就いていた時のことと思われる。三宅相馬は、刑法を改め、農業の弊害となっていたものを取り除こうと努めたようである。これは、阿部定珍の章で述べた「円上寺潟干拓」の事業と関係があるのかもしれない。良寛も喜んだ円上寺潟干拓は、文化十二年に完了しているので、相馬が三条陣屋に勤務している期間とちょうど重なるのである。鈴木文台の識語には、「昔年《せきねん》三宅君郡吏《ぐんり》と為《な》る日、師之と相見し、坐上之を書して以て之を贈る」とある。この和歌二首は、三宅相馬が三条陣屋を離れ、村上に戻る時、功績を称えるとともに、将来にわ

たって清廉で慈愛に満ちた役人として活躍することを祈って贈った餞《はなむけ》の和歌だったかもしれない。

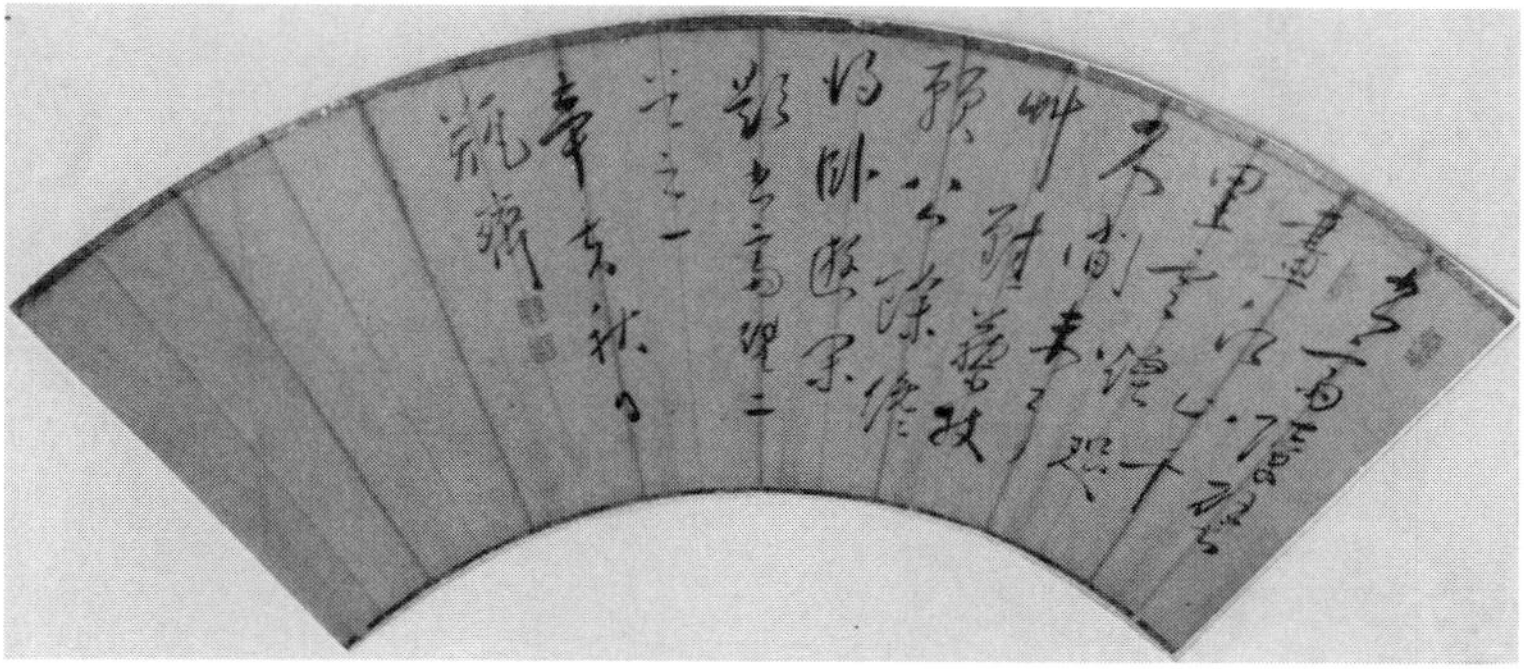

三宅相馬の書

その後も三宅相馬は、農民の苦労を常に心に掛ける官吏として活躍している。天保の飢饉《ききん》の際、藩の財政が困窮し困っていた時、藩命を受けて相馬は、水原の豪農市島家に掛け合い、藩債を購入してもらうことに成功している。しかし、その功績を嫉む人々の仕打ちに我慢できず、官を辞し、悠々自適の生活に入っている。その漢詩は、陶淵明《とうえんめい》の詩に似て、脱俗の趣がある。

○

三条町で良寛と親しく交流したのが、二之丁で菓子屋を営んでいた三浦屋幸助である。良寛は、三浦屋に立ち寄った時、好物の「都《みやこ》ようかん」をいただくのが楽しみだったという。三浦屋は、旧第四銀行三条支店の向かいにあり、小出医院の隣にあたる。その跡地には、看板が掛けられている。三浦屋幸助は、旧栄町岩淵の国学者大脇春嶺《はるね》と親しく、俳諧はもちろん和歌も詠む文人でもあった。三浦屋幸助には、良寛の墓前で詠んだ、

**ものいはぬ花にものいふ墓の前**

という句がある。

三浦屋幸助は、良寛の熱烈な信奉者で、雪をかきわけ乙子神社草庵にいる良寛のもとを訪ねたこともあった。

**三幸が訪ひこし時**
**たどたどと山路の雪を踏み分けて**
**草の庵を訪ひし君はも**

雪の中を訪ねてきた三幸（三浦屋幸助の俳号）に驚いた良寛の思いがよく表現された和歌である。この時とは別に、三浦屋幸助は同じく二之丁の豪商村松屋の主人石田氏と乙子神社草庵を訪ねたこともある。

**乙宮の森の下屋に我居れば**
**人来たるらし鐸《ぬで》の音すも**

という和歌も伝わっている。三浦屋は、冬の雪降る中を訪れることが多かったようである。冬籠りで、訪ねてくる人もいない厳冬における三浦屋の来訪は、良寛の寂しい心を慰めてくれたことであろう。

また、三浦屋幸助は、植物が好きで、良寛に「やしゃびしゃ」（夜叉柄杓）という宿木《やどりぎ》を贈ったことがわかる礼状も伝わっている。この書簡は、良寛晩年の島崎時代のものと思われるが、良寛は「大きな木の又に植えたところ、本当についた」と伝えている。三浦屋は、その他「帯《おび》」や「くわりん漬」などを良寛に贈っている。三浦屋幸助は、肝胆相照らす友であった。

良寛は文政四年（一八二一）四月、三条の三浦屋幸助に長歌の名品「月の兎」を書き与えている。三月、寺泊の外山家で由之を見送った後、三条を訪れたようである。良寛は、五合庵時代にも何点か「月の兎」を揮毫しているが、三浦屋幸助に書き与えた

「月の兎歌意」小川芋銭画

作品は、乙子の良寛のかなの書風を知る上でも貴重なものである。この「月の兎」は、奥書に三浦屋幸助の筆で「くがみの山の良寛法師のものしをはりてみづからうたひたまへるを三幸また聞きながらかきつ　文政辛巳卯月」とある。

良寛が、三浦幸助に書き与えた「月の兎」は、『大唐西域記』はじめいろいろな漢籍・仏典に載っている話であるが、日本の文献では『今昔物語集』巻五の「三獣菩薩の道に行きて兎身を焼く話《ものがたり》　第十三」という所に見える話である。良寛は、自らの身を火に投じて老人の飢えを救った兎の犠牲精神に大層感動したらしい。

「月の兎」の内容は、昔猿と兎と狐が仲良く暮らしていたが、天帝がある時それらの動物のまごころを知るために、老人に身を変えて現われ食べ物を乞うたところ、兎だけが食物を見つけられなかったので、自らの身を火に投じて、見知らぬ老人に与えたというものである。

天雲《あまぐも》の　向伏《むか》すきはみ　国はしも　あまたあれども　里はしも　さはにあれども　み仏の　生《あ》れます国の　開《あ》き方の　そが古《いにし》への　ことなりき　猿《まし》と兎《おさぎ》と　狐《きつね》とが　言《こと》を交はして　朝《あした》には　野山《ぬやま》に歩き　夕べには　林に帰り　かくしつつ　年の経《へ》ぬれば　久方の　天《あま》の命《みこと》の　聞きまして　偽り真《いつわまこと》見まさむと　翁となりて　あしひきの　山行き野行き　なづみ行き　お《(を)》し物あらば　賜《たま》へとて　をばな刈《か》り敷き　憩《いこ》ひしに　猿《まし》は林の　こずへ《(ゑ)》より　木の実を摘みて　ま《(ゐ)》らせり……

この話を読んだ良寛は長歌の最後に、

聞く吾さえも　白栲《しろたへ》の　衣の袂《そで》は　とほりてぬれぬ

と詠み、感動して涙を流している。良寛は、自己を犠牲にしてまで老人を救おうとした兎の行動に、大乗仏教の真髄を見てとったのであろう。

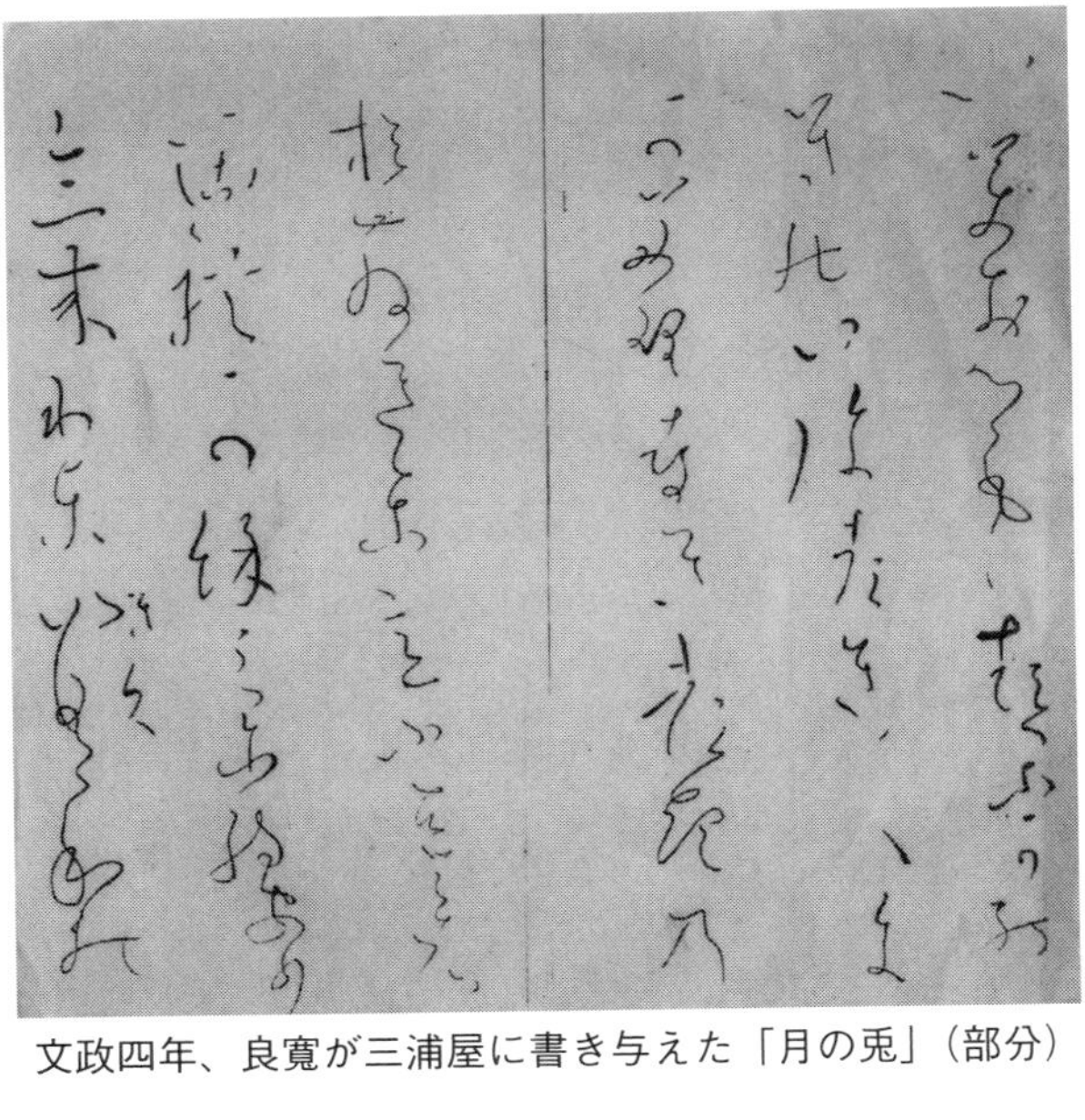

文政四年、良寛が三浦屋に書き与えた「月の兎」（部分）

この三浦屋幸助に書き与えた「月の兎」の書を見ると、良寛五合庵時代の秋萩帖風のかなと趣は一変し、リズミカルで変化に富む新たな書風になっている。いわゆる飄逸な趣を持つ〝良寛調〟の仮名である。もはや、「秋萩帖」への拘泥《こうでい》は見られない。

裏館の真言宗宝塔院（友人隆全がいた）

良寛は、先述したように五合庵時代から乙子神社時代にかけて、「法華経」を精読し、「法華讃」「法華転」という漢詩集も作っている。中でも「観音菩薩普門品」や「常不軽菩薩品」には、多大な関心を示し、民衆を救済する姿に大いなる感動を見せている。それと同じように良寛は、長歌「月の兎」における兎の行動に仏教における〝菩薩行〟の手本を見る思いで、涙を流しながらしたためたのであろう。

○

良寛が、三条を訪れた時常宿としたのが、東裏館《ひがしうらだて》の真言宗宝塔院であった。宝塔院は、平安時代の貞《じょう》観《がん》元年（八五八）初代住職の法印空音によって創設された寺院で、千百六十年の伝統を誇る。その宝塔院の「中興開山の祖」といわれるのが、良寛と親交のあった隆全和尚である。隆全は、良寛と同じ宝暦八年生まれで、国上寺で修行し、寛政年間三十代半ばで宝塔院二十九代住職になっている。隆全が住職になってまもない寛政四年三月、上町から出火した火は、裏館村を焼き尽くし、宝塔院など六ヵ寺を含め五百四十軒が灰塵に帰したという。

　この時、宝塔院再興に取り組んだのが、住職になったばかりの隆全和尚であった。まず本堂を再建し、その後庫裏《くり》を建立している。本堂の本尊は、聖《しょう》観音像《かんのんぞう》で、越後三十三観音礼場にもなっている。その後、山門と鐘付堂を再建し、毘沙門堂も造っている。そして、修行僧が寝泊りする南寮と北寮を建立している。この北寮こそ良寛が宿泊した所である。北寮からは、庭園が望まれ、池には蓮の花が咲き、弁財天がまつられていたという。毘沙門堂は、「極楽曼荼羅の世界」を再現したものであったという。

　良寛は、宝塔院の北寮に滞在していた時も、坐禅をしていたと思われる。宝塔院には、良寛の筆で「禅定窟《ぜんじょうくつ》」と書かれた額が伝来していたが、この額は北寮に掛けられていたのではないかと推定している。良寛は、宝塔院のすばらしい庭に囲まれた環境が気に入って、定宿にしていたのだろう。隆全和尚は、良寛の和歌を高く評価していた。隆全和尚は、良寛が宿泊した夜、良寛に和歌を詠み上げてもらい、それを聞き取り筆記した『良寛上人歌集』をまとめている。一番古い良寛の和歌集の一つである。そこには、一二七首の良寛の和歌が収められている。良寛の言葉には、越後の方言がまじっていたので「イ」と「エ」が入れ替わっている所があるが、大変貴重なものである。

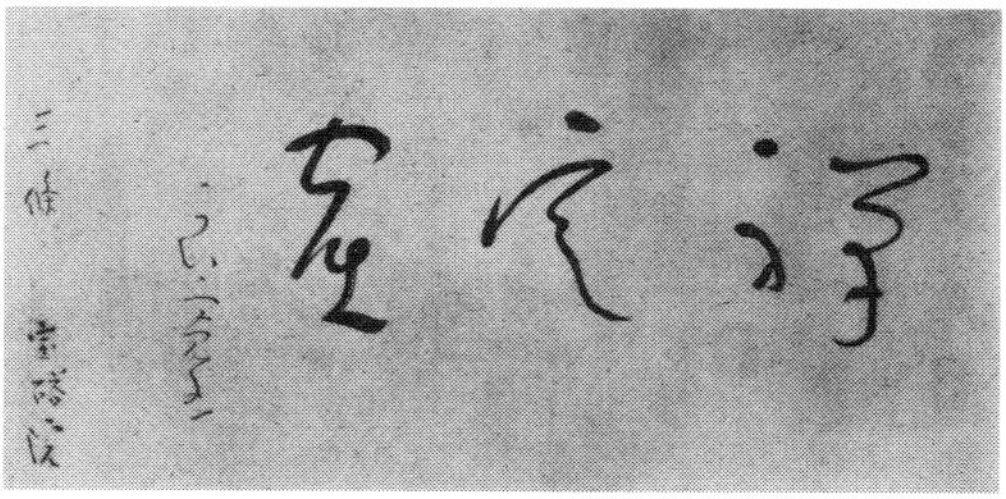

「禅定窟」
良寛が宝塔院に書き与えた書

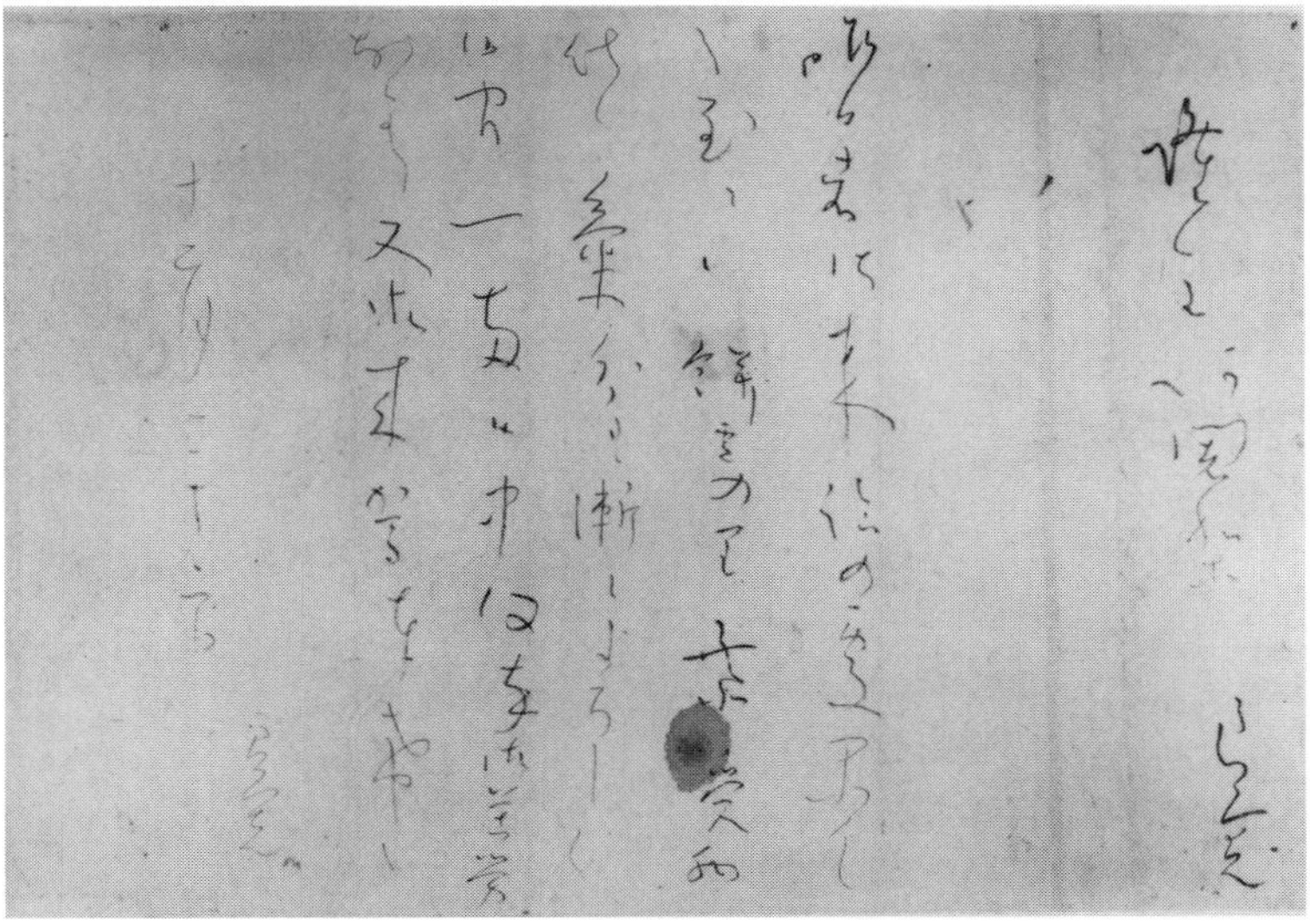

隆全宛書簡

隆全和尚は、良寛の草庵を何度か訪ねており、餅や雪海苔《ゆきのり》を贈っている。

**隆全阿闍梨　　良寛**
**昨日は御来臨の處　早々**
**之至ニ候。餅　雪のり　恭受納**
**仕候。気分も漸々よろしく**
**候間　一両日中　何卒御苦労**
**ながら　又御来駕奉希候。**
**十二月二十二日　　良寛**

この書簡は、筆蹟からすると晩年の乙子神社期の末から島崎時代のものと思われる。文政九年冬、良寛が国上山から平場の島崎に移ったことを聞いて、餅などを携えて木村家の草庵を訪ねた時のものかもしれない。良寛には、この頃風邪をひいていたと思われ、草庵には上げなかったようである。文末の「何卒御苦労ながら　又《またの》御来《ごらい》賀《が》希《ねがい》候《そうろう》」の文面に、遠慮のない交友の有様が窺うことができて興味深い。隆全については、文政十一年十一月に起きた三条地震の章で再びふれたいと思っている。

# 第十二章
# 田中の一つ松をあわれむ

江戸時代の岩室周辺

良寛が岩室宿を通り過ぎる時、心を寄せたのが「田中に立てる一つ松」であった。良寛は、「田中に立てる一つ松」を短歌・旋頭歌・長歌などに十余首詠んでいる。良寛は、あたかも人間に対するように、感情を移入して和歌を詠んでいる。良寛が通った道は、今の県道とは違い、種月寺の山門からまっすぐ田んぼの中を通り、川の手前で直角に左に曲がり、田中の松を過ぎて、岩室温泉病院の裏手を通っていた。

「いや彦紀行」小尾勘五郎著
安政二年刊「石地松」

文化三年に刊行された『北越略風土記』によれば、その松は「敵見の松」と呼称され、高さ六メートル、南北二十九メートルの老松であったという。明治三十四年六月十九日付の「東北日報」に掲載された高島徳三郎の文章によれば「田中の松と云ふは石瀬村岩室村の境にあり」とあるので、「敵見の松」が、良寛が和歌に詠んだ「田中に立てる一つ松」であったと思われる。安政二年二月に、新潟奉行所の小尾勘五郎が記した「いやひこ紀行」の中に描かれている「石地の松」は、この「敵見の松」だったと思われる（「石地《いしじ》」は、「石瀬《いしぜ》」の誤りであろう）。この絵を見ると、街道のすぐ側に松があったことがわかる。実に立派な枝ぶりで、新潟市役所前の老松を想起させる松である。

　南北朝時代、岩室を支配していた小国氏は、天神山に居城を構えていたが、「敵見の松」は、敵の進入を発見したとき、狼火《のろし》をあげて天神山城に知らせる大切な役割を担っていたという。戦国時代、天神山城の城主は、直江兼続《なおえかねつぐ》の弟大国実頼《さねより》であった。中世から歴史に彩られた「敵見の松」は、良寛が和歌を詠んだ頃には、樹齢五百年を越える名木であった。良寛は、先述したように「田中に立てる一つ松」の和歌を十数首詠んでいる。一つの対象を、これほど多く詠むのは異例である。それだけ良寛にとって、この松は思い入れの深い松であったのである。

良寛が学んだ『万葉集』には、

**神無月《かみなづき》時雨の雨にぬれつつや**
**君が行くらむ宿か借るらむ**

という歌がある。良寛の和歌はこの歌の恩恵を受けているようである。良寛が『万葉集』を本格的に学んだのは、乙子神社草庵に移って間もない文政二年のことである。「田中の一つ松」に対して強く感じた憐憫の情がまずあり、それにぴったりの『万葉集』の「時雨の雨にぬれつつ」の表現を換骨奪胎して先の歌を詠んだのであろう。

旧岩室村には、石瀬と丸小山の二か所に良寛の「田中の松」の歌碑が建立されている。これには、いろいろないきさつがあったようである。そこには、

**岩室の田中の松は待ちぬらし**
**我《わ》を待ちぬらし田中の松は**

という和歌が彫られている。このたび発見されたこの和歌の真蹟は、実に見事な書である。石碑に彫られている趣の原型を我々に提示してくれている。和歌は「時雨の雨に濡れつつ立てり」という他の歌の系統とは違い、「田中の松は待ちぬらし」とあるように主体者は「田中の松」になっている。田中の松も自分を待っているだろうと想像しているのである。「らし」は推定の助動詞である。岩室に行った良寛が何時帰ってくるか、松は必ず待っているはずであると思っていたのである。松は擬人化され、人と対話しているようである。最後に「田中の松は」と倒置法、体言止めを使うことによって余韻のある

歌になっている。

　この扇面に書かれた和歌は、高島家十一代の当主高島常右衛門正貞に書いて与えたものである。肉筆は乙子時代から島崎時代にかけての素晴らしい書である。正貞は「酒禅」と号し、良寛と交流のあったことが、先年高島家の方々によって明らかにされた。正貞は政治面でも実力を発揮し、文政四年に岩

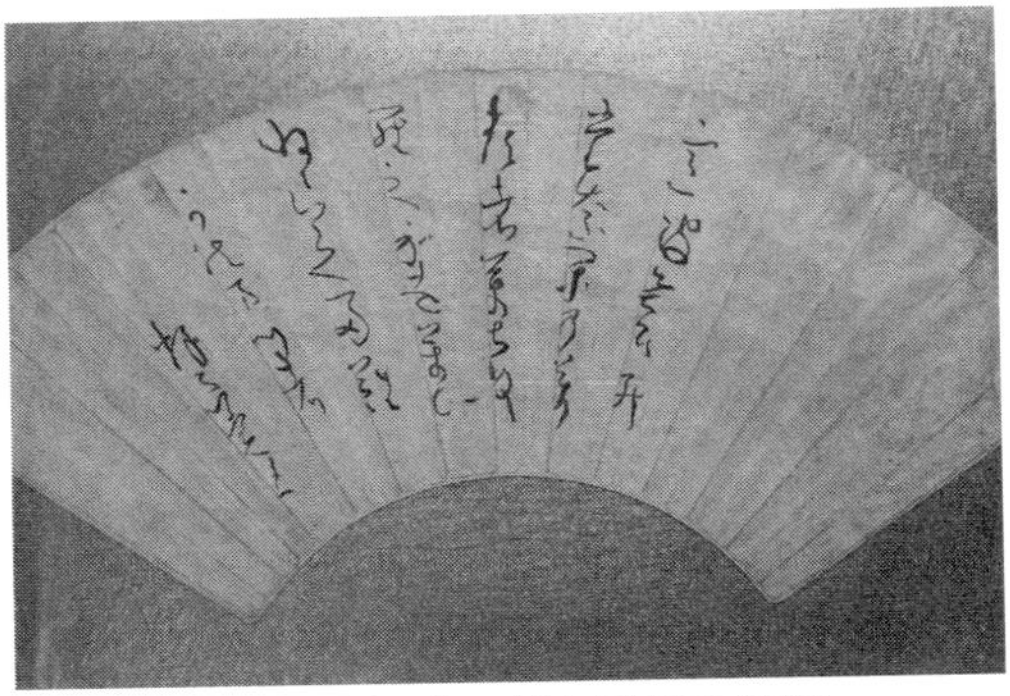

岩室の「田中の松」歌碑の原蹟

室村の庄屋になっている。文芸面でも交流範囲は広く、良寛のほか亀田鵬斎や館柳湾、柏木如亭とも親しかった。良寛が正貞に書き与えた和歌にもう一首あり、そこには、

**岩室の酒禅君の許《もと》にまかりけるに**
**酒ばかりすすめらるるを**
**さけさけと花にあるじをまかせられ**
**今日もさけさけあすもさけさけ**

とあったという。

　この和歌の、初句「さけ」は「酒」と「咲け」が掛詞になっている。尚、二句目の「あるじを」とあるのは、「あらじを」だと思われる。そうすると「花ではあるまいに」という意味になる。

　良寛は酒ぜめにはまいったようである。しかし、それだけ大事にされていたということもわかるのである。

　良寛と岩室の高島家は、遠い親戚であった。高島

家の先祖は、琵琶湖北岸の高島郡の武士で佐々木氏を名乗る名族であったが、佐々木高信が江戸時代初期の大坂夏の陣で討ち死にしている。そこで、二人の息子は、越前から船に乗って逃れ、越後出雲崎に漂着した。この時、故郷の地名「高島」を姓としたのである。弟は、出雲崎で鍛冶屋をやり地歩を固め、江戸時代後期には町年寄になっている。良寛の妹たか子は、町年寄高島伊八郎に嫁いでいるのである。

一方、高島兄弟の兄高賢は、元和四年頃岩室に移り、同じく鍛冶屋をやり成功している。近江国高島郡は、古来より製鉄で有名な地である。七代の庄左衛門は、宝永七年（一七一〇）に温泉を発見し、岩室発展に大いに貢献した。そして、十一代正貞・常右衛門の時、岩室村の庄屋となっている。この製鉄技術が兄弟の身を助けたのである。このように、岩室の高島家は、岩室の名門であるとともに、良寛とも親戚関係にあったので、良寛は高島家に気安く立ち寄ったのであろう。

それでは、良寛が「田中に立てる一つ松」を詠んだ和歌を一部紹介してみよう。

**石瀬なる田中に立てる一つ松**
**時雨の雨に濡れつつ立てり**

**岩室の田中の松を今日見れば**
**時雨の雨に濡れつつ立てり**

良寛が立ち寄った岩室の高島家

岩室の田中の松はまちぬらし
我《わ》を待ちぬらし田中の松は

岩室の田中に立てる一つ松の木
今日見れば時雨の雨に濡れつつ立てり

岩室の　田中に立てる　一つ松　濡れてを立てり
笠貸さましを　一つ松あはれ

岩室の　田中に立てる　一つ松あはれ
久方の　時雨の雨に　濡れつつ立てり
一つ松　人にありせば　笠貸さましを
蓑着せましを　一つ松あはれ

時雨が降る中、托鉢行脚している良寛にとって、時雨の雨に濡れつつ立ち尽くしている「田中の松」は不憐でならなかった。それでこのような和歌を詠んだのであろう。そこには孤独なもの同士の心の通い合いが見られるようである。これら一連の和歌の中でも、最初に詠まれたのが、

石瀬なる田中に立てる一つ松
時雨の雨に濡れつつ立てり

岩室の田中の松を今日見れば
時雨の雨に濡れつつ立てり

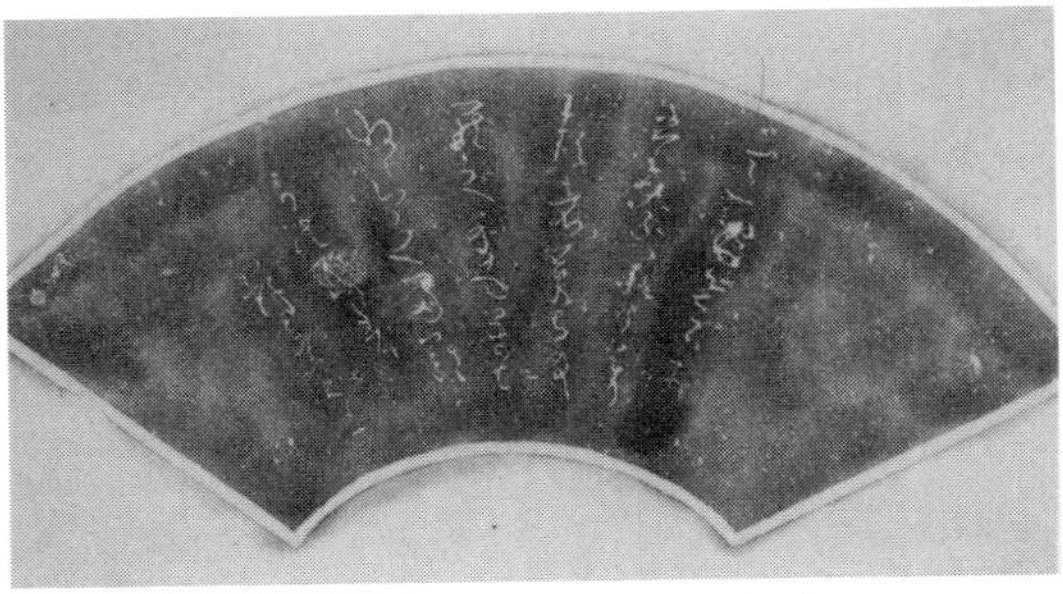
岩室の「田中の松」歌碑拓本

の歌だと思われる。素朴な歌である。先述したように、良寛が学んだ『万葉集』には、

**神無月時雨の雨に濡れつつや**
**君が行くらむ宿か借るらむ**

という歌があるが、良寛の和歌はこの和歌の影響を受けているようである。「時雨の雨に濡れつつ」の表現に、魅力を感じたのだろう。『万葉集』の古格ある歌いぶりと、年代を経て霊力さえ持つように見える老松の姿が重なり合って、これらの良寛の和歌は、ますます魅力あるものになっている。

# 第十三章

# 原田鵲斎《じゃくさい》・正貞《しょうてい》親子との交流

中島（現 燕市）の原田鵲斎邸

良寛が寛政八年越後に帰郷し五合庵に入った時、最も早く交流したのは、真木山《まぎやま》の医師原田鵲斎《じゃくさい》であった。その和歌のやりとりに見られるように二人の情緒あふれる交流は、山中孤棲する良寛の心を慰めてくれたと思われる。鵲斎は文化十四年に妻に先立たれ、加茂に隠居している。そして、中島の鵲斎邸には、江戸で医学を学んで帰郷した息子の正貞《しょうてい》が入り、医家を継いでいる。鵲斎は、それを機会に加茂の別宅「余年斎」に移り住むようになり、良寛との交流は稀薄となっていた。

鵲斎は、文化十四年加茂の紅屋《べにや》の敷地内の余年斎《よねんさい》に移ったという。次に掲げる長歌は、新出の資料で、加茂に移った鵲斎を詠んだ長歌の後半である。

**あしひきの　片山陰《かたやまかげ》の　夕月夜《ゆふづくよ》**
**花盗人《はなぬすびと》の　名を負ひし　君にはあれど**
**いつしかも　歳《とし》の経《へ》ぬれば　蒹《をぎ》の屋《や》の**
**丸屋がもとに　終夜《よもすがら》　八束《やさか》の髭《ひげ》を　撚《ひね》りつつ**
**おはすらむかも　此日《このひ》ごろは**

鵲斎は風流人で、若い頃野積の西生寺にあった梅の木を盗もうとして見つかり、「花盗人」として有名になった。長歌の中で「蒹の屋の　丸屋がもとに」と詠んでいるのは、加茂の茅屋《ぼうおく》に移ったことを述べているのであろう。

その頃鵲斎は、「八束《やさか》の髭《ひげ》」（長い髭）を伸ばしていたらしい。良寛は、その髭をひねりながら過ごし

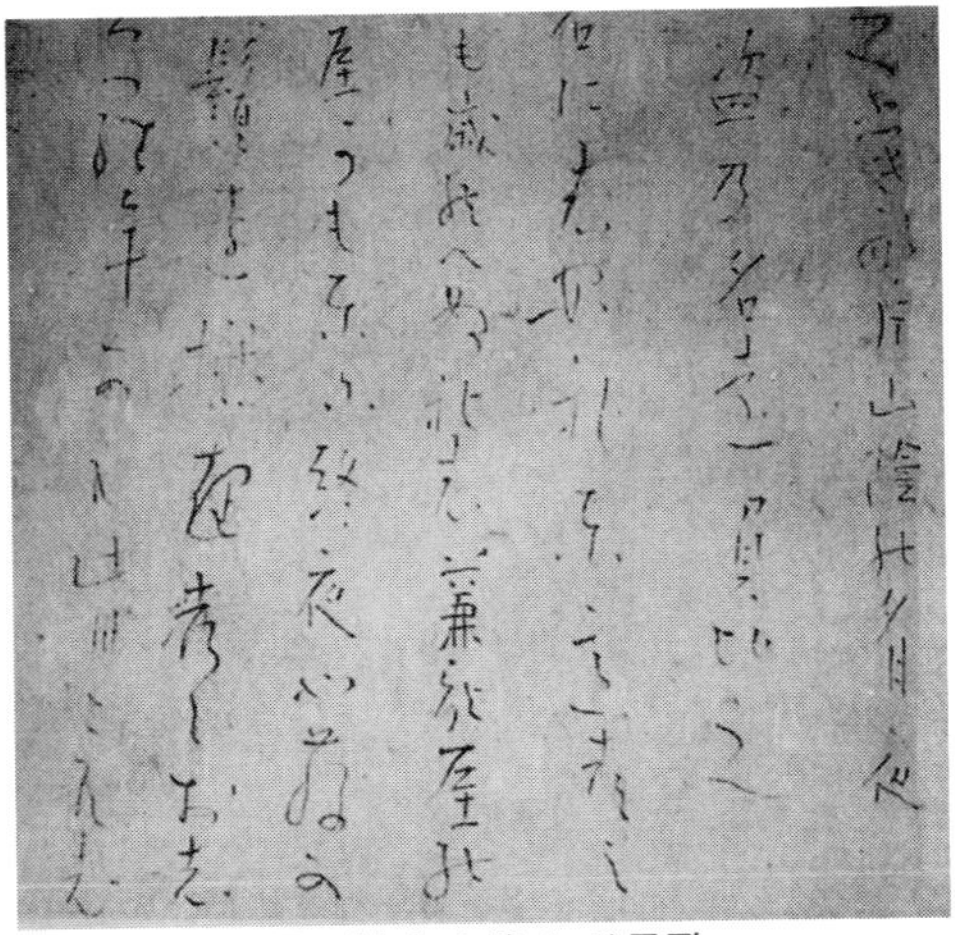

原田鵲斎を詠んだ長歌

ていらっしゃるのだろうと、良寛は遠く離れた所に移った鵲斎を思いやっている。この長歌は、『万葉集』や『古事記』など古歌の影響が大きい。

○

中島（現・燕市）の原田鵲斎《じゃくさい》が、文化十四年妻を亡くし、加茂に隠居した後、医業を継いだのは、先述したように江戸で医の修業をした正貞であった。正貞は、寛政元年（一七八九）真木山《まぎやま》で生まれている。良寛より三十二歳年少である。正貞は、維則《これのり》ともいい、生涯医を業として詩歌に親しみ、父鵲斎と同じく良寛と親しく交流した。

正貞は、文化二年九月二十一日、良寛の甥《おい》馬之助と「雨身一心の如き」義兄弟《ぎきょうだい》の契《ちぎ》りを結び、血判《けっぱん》を押した証文を作っている。両人は、同じく寛政元年生まれで、気が合ったと思われる。良寛には、「二君」（正貞と馬之助）宛の書簡がある。このような関係もあったので、良寛は正貞のもとをよく訪ねて詩歌を詠み合っている。三十二歳という年の差を越えて、心交う交流が二人の間にはあった。

良寛が、正貞に宛てた乙子神社時代の筆蹟の書簡に、

**如来意《らいいのごとく》　陽春の嘉慶　何方《いずかた》も目出度申納候。**
**此比《このごろ》は御風邪の由　猶予寒節《なおよかんのせつ》　御自愛可被遊《あそばさるべく》**
**候。酒一尊**
**樽《たる》ハ　後の使に**
**正貞老　　良寛**

というものが伝わっている。リズミカルな点を多甲し、淡々とした乙子期の筆蹟であるが、実に美しい。正貞が、年賀をしたためた書簡を贈ったのに対しての返事であろう。良寛は春になると原田正貞のもとを訪ねるのを楽しみにしていたのであろう。

また、正貞は和歌を詠んで、良寛に添削をしてもらうこともあった。これも、乙子神社時代の筆蹟であるが、和歌三首がしたためられている書簡には、

あるかひもなぎさによするしら浪の
まなくかへらぬとしをなげくらむ

という正貞の歌が良寛の筆でしたためられており、その下に「まなくはひまなくなりつゞきはいかゞ」という良寛が添削を入れたものもある。正貞は、良寛が義兄弟の馬之助の伯父ということもあり、師父のように慕っていた。

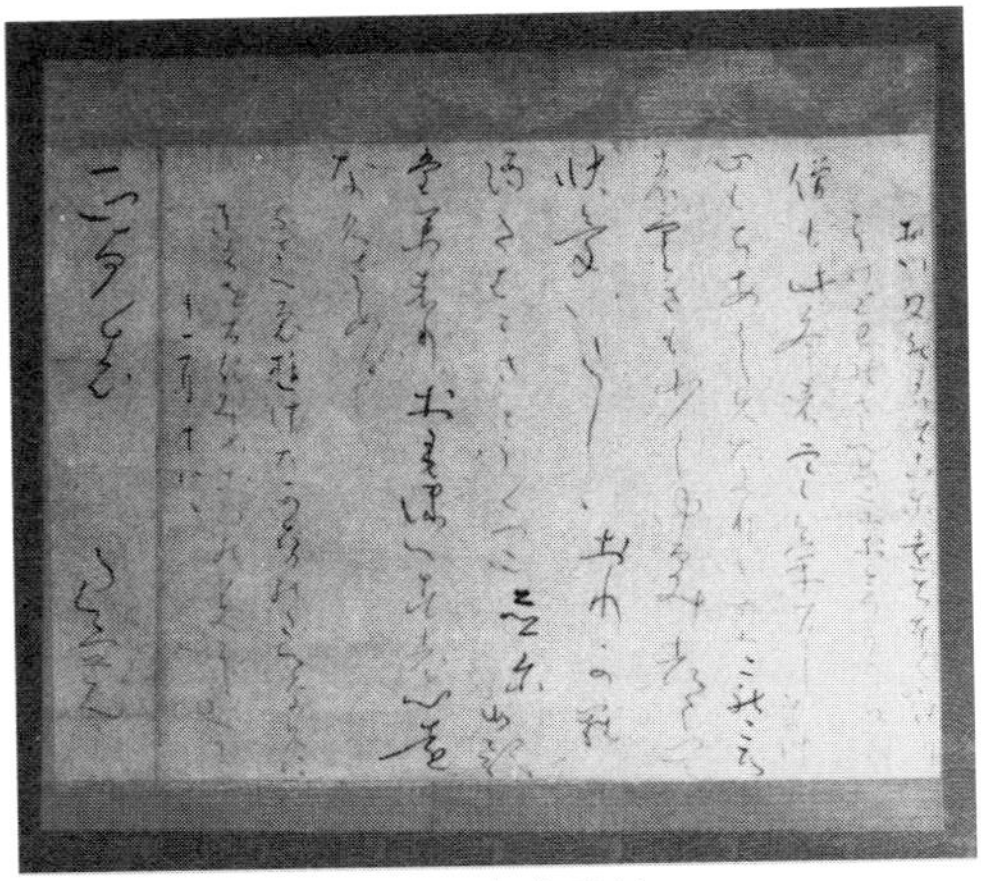
原田正貞宛書簡

おいぬればまことをぢなくなり
にけり　われさへにこそおどろかりぬれ

○

僧も此冬《このふゆ》は寒気にまけ
心もちあしくなり候処　このごろ
は寒さも少しゆるみ　つゞいて
快気いたし候。おりから
酒　たばこ　さとう　くづこ　並《ならび》に御歌
たまはり　おもほへず老心を
なぐさめ候。

我さへもゆき(脱)げのかぜのたへなくに
とはせるきみがおいのみにして
十二月十八日
良寛
正貞老

この書簡も、燕市中島の医師原田正貞に宛てたものである。この書簡で、良寛は正貞にしきりに老いを嘆いている。筆跡からすると、乙子神社時代末期のものと思われる。良寛は、厳冬の寒さがこたえたか、この頃病臥していたようである。ちょうど少し回復した頃に正貞が訪ねてきて、酒・たばこ・砂糖・葛粉《くずこ》・正貞の和歌を届けてくれた。その情け深い行為に、良寛は「老心をなぐさめ候」と述べ、感謝の思いを伝えている。正貞は、人情の厚い人であった。

最初に書かれている和歌は、追伸でしたためられたものである。「をぢなく」は、意気地がないこと。老いて意気地がなくなっている自分に驚いたと詠んでいる。乙子神社時代末期になると老いか顕著になり、周囲の人々も里の草庵を探して、良寛に移ってきてもらうよう勧めることもあった。この書簡は、良寛が暗に国上山を下りて、里の方に移りたいとほのめかしたものとも思われる。

◯

良寛と正貞の間に、そのような親しい交流があったからであろう。文政九年の秋、良寛が国上山を下り、島崎の木村家裏の草庵に移った時、良寛は身の回りで使っていた品々を正貞に贈っている。もちろん、これは正貞、それに父鵲斎と二代にわたって世話になった御礼の意味あいもあったと思われる。やはり原田家には、良寛は特別な思いがあったのであろう。また、物を身辺に貯えないという強い信条もあったので、それらの形見の品とも言える品々を贈ったのであろう。

良寛は文政九年初冬に国上から島崎に移るとき原田正貞を通じて鵲斎に長く使っていた茶碗を贈っている。良寛は長い間友情をはぐくんだ鵲斎のことを忘れていなかった。この茶碗は、先述したように唐津系の木原茶碗である。木原茶碗は、寛永年間から元禄年間に焼かれたもので、この茶碗は呉須で佐渡の島影のような山水が描かれている。この茶碗の蓋《ふた》の内側に、正貞（維則）が、

**こは良寛禅師七日市山田氏に得て、愛給《めで》ひしが、**
**余が父田連居《たづらえ》翁に付与し給ふ所なり。翁も春雨の**
**つれづれに、いとめでて春雨と名づく。　維則誌**

と由緒書を記している。それによると、この茶碗は、良寛が七日市の山田権左衛門からもらったもので、それを島崎に移住の際に、世話になった鵲斎に贈ったものであることがわかる。その頃、鵲斎は加茂に移り住んでいたが、跡を継いだ正貞は鵲斎のもとにこの茶碗を届けたようである。鵲斎は、この茶碗に「春雨」という銘をつけて愛用していたようである。鵲斎は、良寛と和歌のやりとりをした楽しい一時をしのびながらお茶をいただいたことであろう。しかし、その期間は短く、数ヵ月に過ぎなかったようである。

その原田鵲斎が、文政十年二月十六日死去してい

七日市の山田権左衛門の邸址

鵲斎に贈られた茶碗「春雨」

るのである。鵲斎は梅の花を愛し、住居の側に梅の木を植え、春になるとその美しい花を鑑賞するのを楽しみにしていた。鵲斎は、良寛と梅の花を題材に、和歌の唱和をしている。鵲斎がその愛する梅の花が咲く季節に亡くなったというのも、何かの因縁であろう。良寛は、鵲斎の死を悼《いた》み、中島の原田正貞宅を訪れ和歌を詠んでいる。

**昔の友達の家に行きて詠める**
**何ごともみな昔とぞなりにける**
**花に涙をそそぐ今日かも**

この和歌は、鵲斎が亡くなってしばらくして詠んだものであろう。良寛は鵲斎とともに愛《め》でた梅の花に涙をそそぎ、往時を思い出していたと思われる。良寛にとって鵲斎の思い出と言えば、やはり梅であった。野積の西生寺の「花盗人」の逸話をはじめ枚挙いとまがない。その梅の木を真木山の自宅に移植した時、共に梅の花の香を和歌に詠んだことは、忘れがたい出来事であった。それも、今となっては遠い昔のこととなってしまった。良寛は、ただ往時を思い出し、梅のはなびらに涙を流すだけであった。

原田勘平氏によれば、良寛の追悼の和歌は、原田正貞が詠んだ和歌の返歌であるという。その正貞の和歌は、

**花のころ父がことを思ひいでて**
**います時深くも匂ふ梅の花**
**今年は色の薄くもあるかな**

というものである。この正貞の和歌は、鵲斎が亡くなってまもなく梅の花が咲いた時に詠んだものと思われる。梅を植えた鵲斎が亡くなってしまったので、今年は心なしか梅の花の色が薄いと詠んでいるところに、息子正貞の悲しみが伝わってくる。正貞は、鵲斎と同じく良寛と和歌のやりとりをするとともに、医師として良寛を診察するなど深い交流をした。

# 第十四章
# 島崎の木村家草庵に移る

島崎の木村家

良寛が七十歳近くの老齢になり、山中での薪水《しんすい》の労がきつくなったのを見かねて、幾人かの信奉者が住居の側に草庵を作り、良寛をお迎えしたいと考えていたことが、引岡村（長岡市寺泊）の小林一枝《かずえ》の日記によって窺うことができる。文政九年五月二十二日の一枝の日記には、「五月二十二日国上良寛師許へ見舞。源左ヱ門より沙汰せられしことを語り候処、前より有し庵なら宜しかれ共、新しく造るにはいやと申され候」とある。

良寛の墓がある隆泉寺の良寛像

小林一枝は、先にも触れたが、小林与五衛門と言い、引岡村の百姓惣代を勤めていた。一枝は、和歌を詠むなど風流人で、五合庵に住庵する良寛に興味を持ち、

**はじめて良寛師の隠居を尋ねて**
**世の中を厭《いとひ》てかかる山里の**
**柴のとぼそのたのしきや君**
**引岡　与五衛門**

の和歌を良寛不在の五合庵に残している。この和歌を読んだ良寛は、

**世の中を厭ひはつとはなけれども**
**なれしよすがに日を送りつつ**

と返歌をしたためている。これが、きっかけとなって交流が始まり、一枝は良寛の信奉者の一人となる。

小林一枝の稿本「くさくさ詠草」に国上山の良寛

を訪ねた時の詩が掲載されている。

**早春良寛禅師を訪ふ**
**年去り年来《きた》り　年又新たなり**
**君の茅屋《ぼうおく》を尋ね聊《いささ》か相親しむ。**
**樽中の濁酒他に覓《もと》むるに非ず**
**更に尽せ一盃　雪裏の春。**

一枝は田、地、畑、山林を多く有している豪農であった。一枝は和歌や俳諧もよくしたが、漢詩も作っていた。すぐに作ることができたようである。この詩の内容からすると、良寛とも打ちとけた様子が見られるので、乙子神社時代のものと思われる。早春の頃、乙子神社草庵で二人で濁酒を飲み、楽しく歓談していたことがわかる。

文政九年この年、良寛は体調がすぐれなかったようで、周囲の人々も心配していたようである。小林一枝の日記の中に出てくる「源左ヱ門」は、寺泊吉村の庄屋竹内源左衛門のことで、「沙汰」というのは住居の側に庵を新築するので良寛に来てほしいという内容であったと思われる。しかし、一枝からその話を聞いた良寛は、「以前から有る庵なら良いが、新しく作った庵は嫌だ」と言って断っている。ここからも、良寛の人に迷惑をかけたくないという思いが伝わってくる。

島崎の木村家

尚、小林一枝は、続けて六月四日、六月二十二日にも、良寛を訪ね、移住を勧めているが、この話は立ち消えになっている。良寛は、九月二十九日に国上の庄屋涌井家を訪れ別れの挨拶をしているので、この頃国上山を下りる決心をしていたようである。

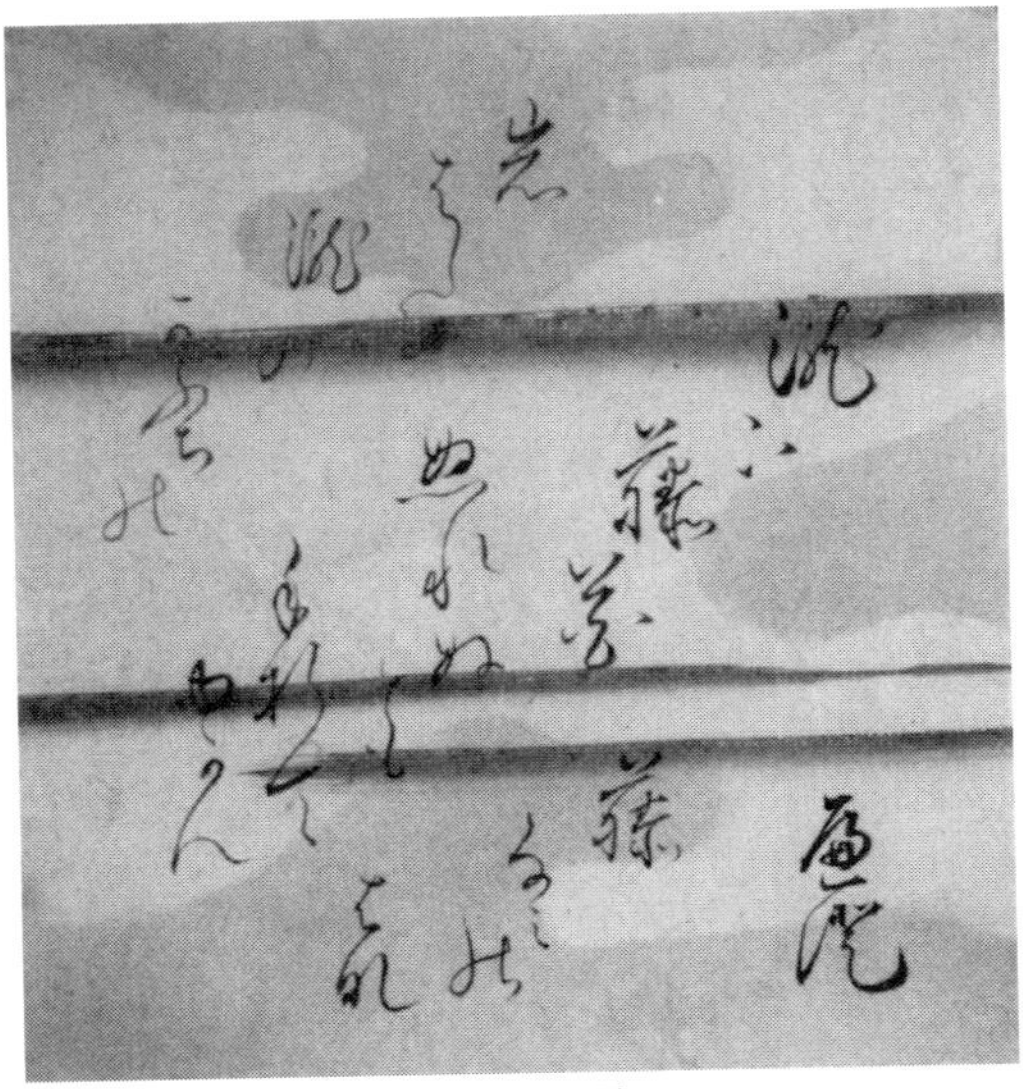

遍澄の和歌

良寛が、島崎村の能登屋木村元右衛門の裏手にある庵に移ったのは、文政九年九月から十月初にかけてのことだったと思われる。良寛の法弟遍澄《へんちょう》に伴われて、ひょっこりと現れたという。遍澄は、島崎出身の僧で、二十五歳の時、剃髪している。時折、国上山の良寛のもとで教えを受けながら身の回りの世話をしていたという。遍澄は、和歌をよくし、書・画もうまかった。良寛が島崎の木村家に移ったのも、遍澄が橋渡しをしたからだと思われる。

　良寛の法弟・貞心尼の『はちすの露』には、「嶌《しま》崎《ざき》の里なる木村なにがしといふもの　かの道《どう》とくをしたひて親しく参りかよひけるが、よはひたけ給ひて、かゝる山かげにたゞひとり物し給ふ事のいとおぼつかなうおもひ給へらるゝをよそに見過しまゐらせむも　こゝろぐるしけれバおのが家ゐのかたへにいささかなる庵のあきたるが待れバかしこにわたり給ひてむや」とある。この記述によると、木村元右衛門は、良寛の信奉者で、国上山の良寛のもとを訪ねて教えを受けていたことがわかる。木村家は、屋号の「能登屋」からも窺えるように、もともとは能登の上戸出身である。菩提寺の隆泉寺が、江戸時代初期に戦乱を避けて越後に移ったのに従ってきたという。元右衛門は、このような背景もあり、浄土真宗の熱心な信徒であった。元右衛門も、高齢の良寛が国上山中で一人住んでおられるのを不安に思い、そのような状況をほおっておくのは心苦しいと手を差し伸べたものと思われる。良寛を木村家に案内したのは、法弟遍澄だと思われる。遍澄は、島崎の鍛冶屋甚五衛門の長男で、二十五歳で剃髪して良寛の弟子となり、良寛の身の回りの世話をしていた。木村家にやって来た良寛に、元右衛門は母屋《おもや》に住むよう勧めたというが、良寛は夜遅く托鉢から帰ってくることもあるので、迷惑はかけないと思ったのだろうか、裏手にあった薪小屋を改築した草庵に移り住んだという。

　良寛は国上山に住んでいた時、一番交流の深かった阿部定珍に、島崎に移り住んだことをすぐに書簡で知らせている。文政九年十月九日付、阿部定珍書簡には、「野僧も此の冬嶋崎にて冬ごもり致候。一寸《ちょっと》御しらせ申上候」とある。また、十二月二十五日付の阿部定珍あて書簡には、「如仰《おおせのごとく》此冬は嶋崎のとやのうらに住居仕候。信《まこと》にせまくて暮しがたく候。暖気に成候はば又何方《いづかた》へもまいるべく候」と伝えている。国上山の大自然の中で長く暮らしていた良寛にとって、民家が立ち並ぶ巷間に住むのは暮らしがたかったようである。木村家草庵は、六畳一間だったという。たしかに、乙子神社草庵よりせまいと言えるが、「信にせまく」は、草庵がせまいというよりも、隣家から物音が聞こえてきたり、精神的に圧迫感があることを伝えているように思われる。

遍澄が描いた良寛像

弟由之は、良寛が島崎へ移住したのを知らず国上山へ登り、乙子神社草庵を訪ねたが、良寛の姿が見えなかったので、良寛の好物柘榴《ざくろ》の実と和歌を隣家に預けている。

**国上山坂路《さかみち》なづみて来しかども**
**君ゐまさねばかひなかりけり**

この和歌は、その時由之が詠んだものの一つである。良寛は、由之の和歌を見て、早速由之に和歌消息をしたためている。十二月六日付の由之宛書簡には、

**老の身の老のよすがをとむらふと**
**なづさへけらしその山道を**
**あしひきの山もみぢはさすたけの**
**君には見せつ散らばこそ散れ**

**もたらしの園生《そのふ》の木《こ》の実珍しみ**
**三世の仏に初たてまつる**
**いかにして君いますらむこの頃の**
**雪消《ゆきげ》の風の日々に寒きに**
**あしひきのみ山をいでて空蝉《うつせみ》の**
**人の裏屋に住むとこそすれ**
**しかりとて術《すべ》のなければ今更に**
**慣れぬよすがに日を送りつゝ**

と詠んでいる。良寛は、国上山を訪ねた由之の労をいたわり、頂戴した木の実（柘榴《ざくろ》）を三世の仏に供えたことを伝えている。そして、次に「人の裏屋」に移り住んだことを知らせている。ただ、ここでは島崎の木村家とは言っていない。由之は、地蔵堂で、そのことを人から聞いて知ったようである。良寛は、由之にいらない気遣いをさせぬよう配慮した

のである。そして、良寛は、最後に由之に「慣れぬよすがに日を送りつゝ」と、巷間《こうかん》での生活に慣れないまま、因縁によって暮らしていることを伝えている。

良寛がこの頃、頸城《くびき》の僧大宣《だいせん》に書き与えた和歌に、

**空蝉《うつせみ》の人の裏屋を仮の庵**
**夜の嵐に聞くぞまさらむ**

というものがある。「ここは、人の家の裏屋を借りている庵である。はかない仮の世では、噂《うわさ》の方が私に会うより勝っているだろう」と詠んでいる。良寛は、国上山の草庵に戻ると、自然の中で胸中を澄まし、平常心を取り戻していた。三十年間国上山で生活したこのような習慣は、巷間ではなかなかできるものではない。しばらく苦労したようである。しかし、日が経つにつれ、環境も整備し、良寛は巷間での独自の生活スタイルを見い出していった。

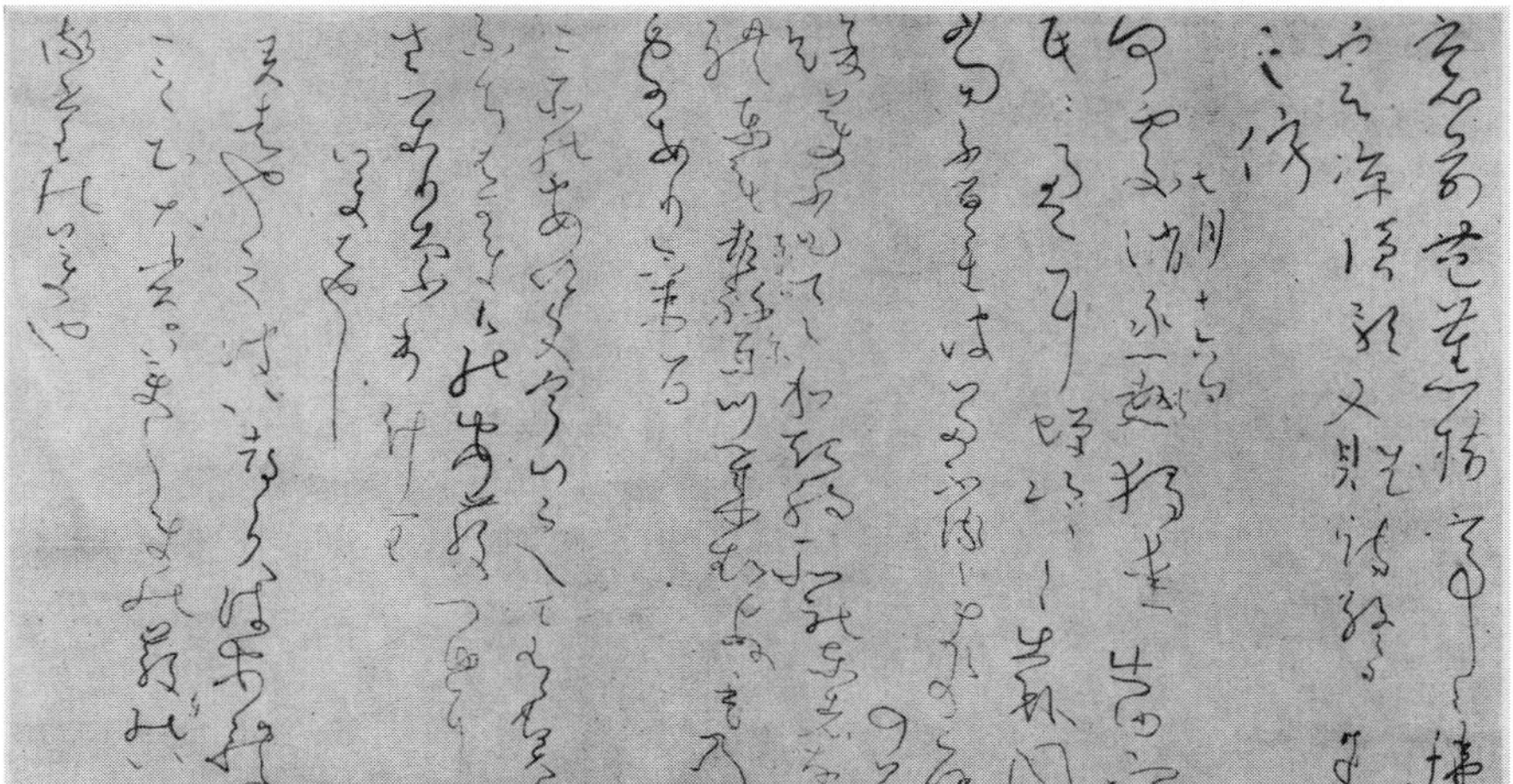
草庵にあった芭蕉を詠んだ詩

その一例が草庵の周辺に草木を植え、自然に近い環境に整えたことである。大きいものでは草庵の前には芭蕉《ばしょう》の木を植えている。文政十三年七月に作った詩には、

**窓前の芭蕉樹　亭々として雲を払うて涼し。**
**歌を読み又詩を賦して　終日其の傍《かたわら》に坐す。**

とあり、いつもこの大きな芭蕉の樹の傍で坐して生活していた。芭蕉は、禅寺とは縁の深い木で、松尾芭蕉も深川の芭蕉庵に芭蕉の木を植えていたことは有名である。良寛は、芭蕉を南側の窓前に植えて、日よけにも使っていたようである。

また、草花では秋萩、薄《すすき》、菫《すみれ》、たむぽぽ、合歓《ねぶ》の花、朝顔、藤袴、紫苑《しおん》、露草、忘れ草、桔梗《ききょう》、刈萱《かるかや》、吾木香《われもこう》などを植えて、朝な夕なに水をやり大切に育てていたことが、長歌によってうかがえる。しかし、大風が吹いて多くの草花が倒れ伏し、くやしい思いをすることもあった。秋に島崎の良寛の草庵を訪れた由之は、和歌に、

**さす竹の君がみ園《その》はせまけれど**
**秋は野山の花のいろいろ**

と詠んで、せまい庭に野山の美しい花が色とりどりに咲いていることに驚嘆の声をあげている。引越しをした最初は、巷間の暮らしに慣れなかった良寛であるが、狭い庭に野原に咲く花々を植え、できるだけ自然の中にいるのと同じような環境を整えて

「良寛禅師庵室跡」碑

いった。その環境は、国上山にいる時よりも、花々によって華やぎが感じられるようになったのは特筆すべきことであろう。

○

良寛が島崎の木村家邸内の草庵に移り住んだといううわさは、人づてに知己の人々に広がっていった。良寛が国上山に住庵していた時は、遠いこともあり、なかなか訪れることができなかったという人々も、島崎であれば気軽に立ち寄ることができるようになった。特に宗派を問わず、国上時代から交流のあった僧たちが良寛のもとを足繁く訪問していることは特筆すべきことであろう。先述したように、頸城《くびき》から大宣という僧も、良寛を訪ねてきている。その時、大宣は、

**島崎の夜の嵐の音にのみ**
**聞くは甲斐なし訪ね来にけり**

と詠んでいる。

僧に限らず武士や庶民も良寛を訪ね、仏の道や詩について教えを乞うている。

その中でも有名なのが、文政十二年（一八二九）の冬、九二という文人が友人の早川樵巴《しょうは》と島崎の草庵に良寛を訪ねた時の様子を画賛として残したものである。この幅は、良寛が亡くなった時、故あって会葬できず、三ヵ月後の百ヵ日法要に際して、訪問した時の感動忘れがたく、慨然《がいぜん》として筆をとり、対面の様子を描いたという貴重なものである。

島崎の草庵の様子

賛によると、二人が島崎の草庵を訪れた時、良寛はお茶を出して迎えてくれ、詩を賦して弥日《びじつ》歓をつくしたという。九二と早川樵巴については、詳しいことはわからないが、早川樵巴は地元島崎のおかのが嫁いだ早川家にかかわる人ではないかと推察している。文人に対しては、それにふさわしく詩の応酬をするなど、その人に合わせた対応をしていることが窺える。

この画賛の貴重なところは、島崎の草庵の様子が絵に描かれている所である。良寛は、板敷の部屋の奥の莚《むしろ》の上に座っており、その右手には柴が置かれている。柱には僧衣が掛けられており、その下に水桶がある。そして、下座に座っている紋付羽織姿の二人の客人をはさんで囲炉裏があり、薬罐《やかん》が掛けられている。客人は、良寛に親しく話しかけ、良寛はその話をじっくりと聞いているようである。九二は、良寛が亡くなったことを知り、この対面の時の知遇を思い出して、その時の様子を絵に表現したのである。周囲の人々は、尊敬の念を持って良寛に接していたようである。

また晩年世話になった木村家の老母の問いに対しても、

**我ながら嬉しくもあるかみ仏の**
**ゐます御国《みくに》にゆくと思へば**

という和歌を詠んで答えている。誰にも隔てなく教えを垂れているのである。

良寛は、島崎に移った頃より、盆踊りに参加し、踊り明かしている。当時、盆踊りは、隆泉寺の山門のあたりで行われていたという。良寛は、手拭《てぬぐい》で頬《ほお》被《かぶり》して踊っていた。時には、女装して踊っていたこともあったようである。解良栄重の『良寛禅師奇話』には、

**中元《ちゅうげん》前後　郷俗《きょうぞく》通宵《つうしょう》おどりあかす。都《すべ》て如狂《くるえるがごとし》。師是を好む。手巾《しゅきん》以て頭《かしら》をつつみ、婦人ノ状をなし、衆と共におどる。人、師なること**

隆泉寺山門

**を知り、傍《かたわら》に立て曰《いわく》、この娘子品《しな》よし。誰家《たがいえ》の女と。師是を聞て悦《よろこび》、人に誇りて曰く、余を見て誰《たが》家《いえ》の女と云ふと。**

良寛は、茶目気のある人であった。おどけてみせ、人が喜ぶのを楽しんでいた。このような行動によって人との距離を縮めていった面もあったのであろう。この様子を見ていると、禅の境涯をあらわにした「十牛図」の最後十番目にある「入鄽垂手《にってんすいしゅ》」の具体的なあらわれとも見ることができる。

**いざ歌へ我立ち舞はむぬばたまの**
**今宵《こよい》の月に寝《い》ねらるべしや**

**月は清し風はさやけしいざともに**
**踊り明かさむ老《おい》のなごりに**

良寛も最晩年にいたり、自分の命がそう長いものでないことを感じていたと思われる。老いを体感しているからこそ、一年に一度の盆踊で、命を燃焼させて、生きている実感を味わおうとしたのかもしれない。老いて、体力は衰えたかもしれないが、精神はかえって若がえり、少年のような無邪気さで踊っている姿に、良寛の真骨頂を見るような気がする。良寛は、島崎の木村家草庵に移っても、托鉢行脚をやめなかった。良寛にとって托鉢は、最も大切なものであった。

中村岳陵画
「月下舞踊図」

次に紹介する良寛の和歌は、晩年の島崎時代、托鉢に出かけて知人の家で酒を振るまわれ泊まったが、翌日の帰り道嵐に遭遇し、ようやく島崎の草庵にたどりついた様子を詠んだものである。

**笠は空に草鞋《ぞうり》はぬげぬ蓑《みの》は飛ぶ**
**我が身一つは家の苞《つと》にて**

あまりの風の強さに、笠は飛び、蓑は飛ぶ中、ほうほうの体《てい》でようやく島崎に到着している。「苞《つと》」は、みやげのこと。自分の身一つがみやげだとユーモアたっぷりに木村家の人々に答えたのである。大変なことは多々あったと思われるが、人々と直接触れ合うことができる托鉢は、大切なものであった。

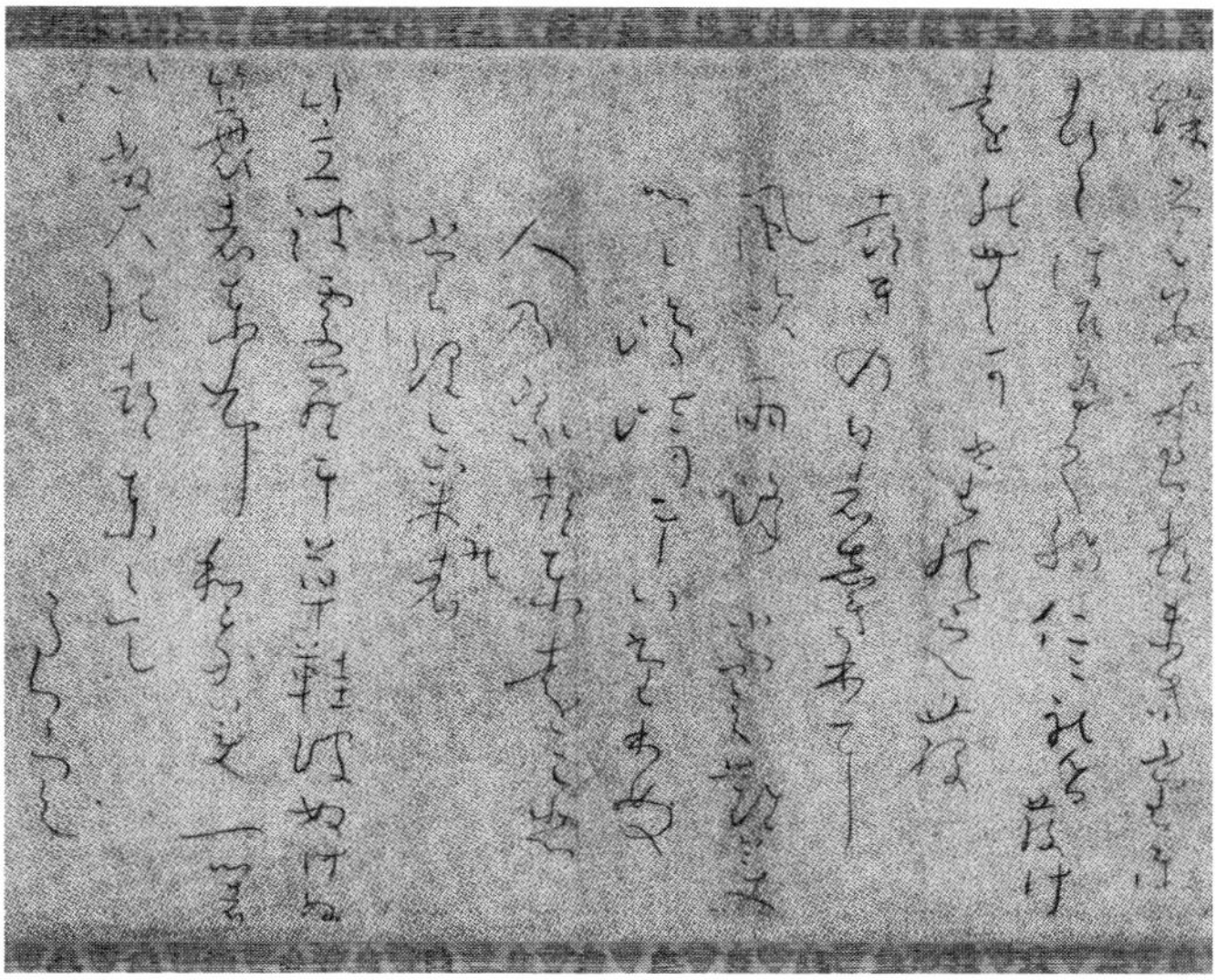
島崎時代の和歌
「笠は空に…」

○

良寛が托鉢に出掛けた時、一番困ったのは、もの忘れが多かったことである。

良寛は、寺泊竹の森の星彦左衛門宅に杖を忘れた時、

**老いが身のあはれをたれに語らまし**
**杖を忘れて帰る夕暮**

と詠んでいる。国仙和尚から印可証明の偈をもらった時、一緒にいただいた大事な杖を忘れてしまったこともあったのである。あまりに忘れ物が多かったので、良寛は「携帯品リスト」を作って、出立の時、携帯品をチェックしていたのである。そこには、

第一　愛用具
頭巾　手拭　鼻紙　扇子　銭　手毬　ハヂキ……

など、実に多く品物が記載されている。

時には、托鉢の時必ず手に携え、人々から喜捨される米や銭を受ける鉢の子（応量器）を忘れてしまったこともあった。良寛は、その時、

**道のべの菫《すみれ》摘みつつ鉢の子を**
**忘れてぞ来《こ》しその鉢の子を**

と和歌に詠んで悲しんでいる。良寛が所持していた鉢の子は、何個か伝来している。一つは、玉木家伝来のもので、いま一つは新木家伝来のものである。新木家伝来の鉢の子は新木家から関川満輔に移り伝来したようである。

晩年の良寛に身近に接した解良栄重《けらよししげ》の『良寛禅師奇話』には、

杉本春良画『良寛像』

**又烟草《たばこ》をも好む、初は其きせるたばこ入等自ら持事なし。人のをもちて吸、後に自ら持ことあり。其随身の具、人の家に至るごとに多く忘れて遺《のこ》すことあり。**

という話が載っている。良寛は、煙草が好きだったようである。しかし、良寛が煙管《きせる》や煙草入れなどを忘れるので、ある人が六尺もある紐《ひも》を煙草入れに

つけて、帯に結んでやったこともあったという。

「もの忘れ」は、だんだん年を取って衰えていった良寛の一つの現れであろうが、一方でものに執着しない心の現れでもあったと思われるのである。

# 第十五章
# 弟・由之との再会

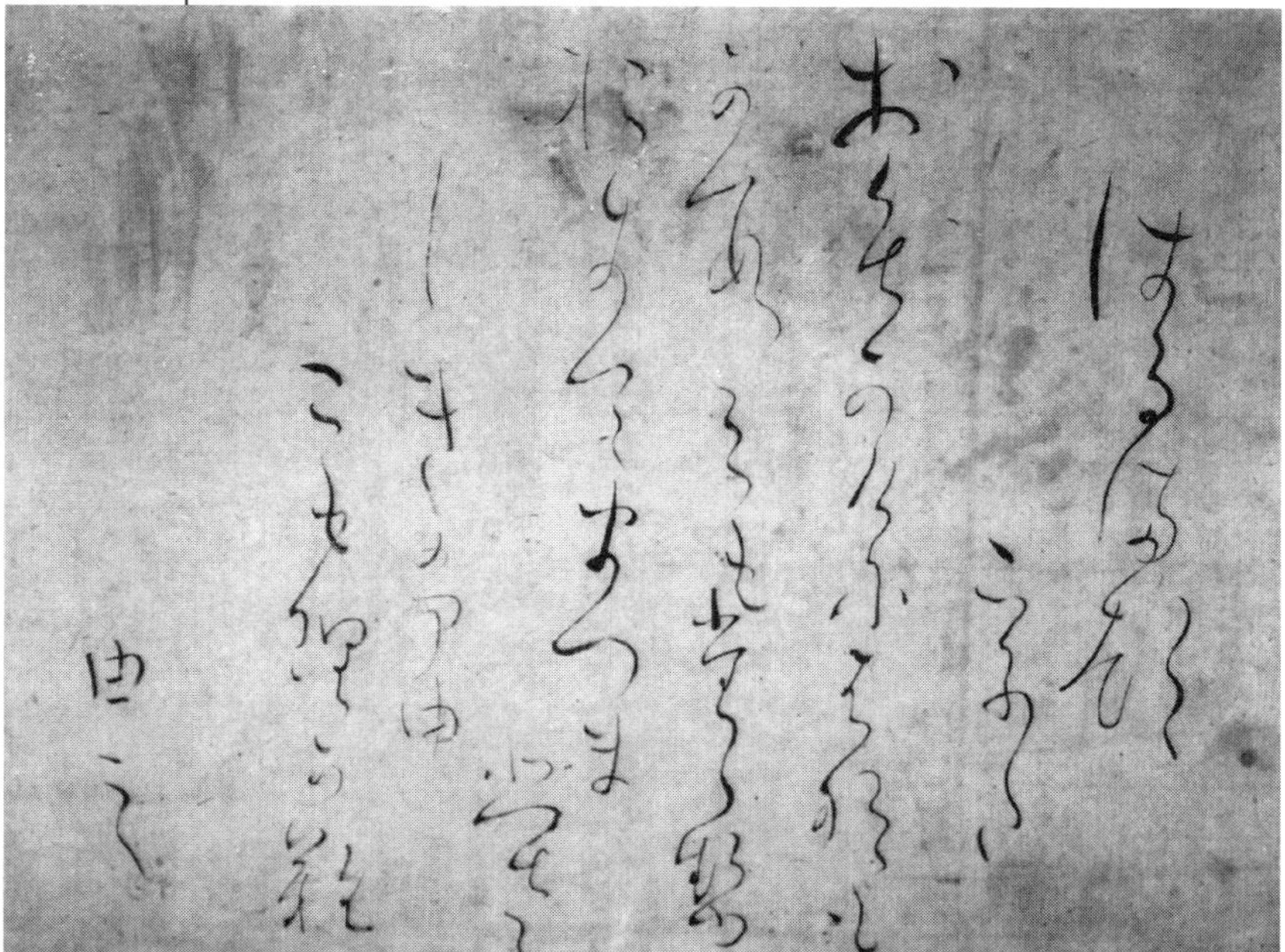

由之の和歌「はるまつうた」

最晩年、良寛の老いの心を慰めてくれたのが、弟由之であった。良寛の弟由之は、文政九年、多年にわたる漂泊の旅から帰郷し、十二月には与板町の山田家や三輪家に滞在していた。そして、与板町中町の中川権太夫の邸内に松下庵という庵室を作りはじめる。中川家は町年寄などを勤めた豪商で、中川権太夫の妻ミナは、良寛の父以南の妹であった。その縁で由之は、住まわせてもらったのである。

由之は、松下庵を作っている時の様子を「今年ここの中川の屋敷にふせ屋つくりかけ候。職人でもあなづり、らちあき申さず、いまだ壁もかわきかね候ゆえ、それにかかずらいをり候」と庵室作りがなかなかはかどらないことにいらだっていたことがわかる。権太夫が亡くなってまもなくして、中川家はその頃家運が傾いていたようである。そのため、職人たちに侮《あな》どられ、工事もはかどらなかったのである。

中川家のあった所は、現在大光銀行与板支店になっている。そこを少し西に行った所に由之が晩年

由之の隠棲した与板 松下庵跡

隠栖した松下庵があった。建物は残っていないが庭の池が残っており、昔をしのぶよすがとなっている（高島座跡）。そこには、「由之宗匠隠栖遺跡碑」が建てられており、

**身ひとつは心やすくぞ旅寝する**
**月と雨とにやどはもらせて　由之**

という由之の和歌が刻されている。「宗匠」というのは、由之が桂園派《けいえんは》の和歌の師匠をしていたことから尊称としてつけられたものである。

由之は、文化七年十一月家財取上げ所払い処分の判決を受けて以来、諸方遊歴の旅に出ていた。その足跡は、越前三国、京都・奈良、そして羽前鶴岡・酒田、更に羽後の秋田、北海道の松前と広範囲に渡っている。和歌の宗匠として、北前船で賑う港町の商人達に和歌を指導していたのであろう。それが、漂泊の旅を続ける由之の身を助けるよすがとなっていた。その長い漂泊の旅も与板の松下庵に入ることによって終わることになった。由之は、落ちついた環境の中にようやく身を置くことができたのである。

由之が、帰郷して与板の三輪家に滞在していた頃、良寛が塩入峠《しおのりとうげ》を越えた島崎村の木村家に移ってきたというのは、不思議なめぐり合わせと言うより他ない。二人の兄弟は今まで疎遠であった空白の時間を取り戻すように親しく交流するようになる。

次の良寛の和歌は、文政十年の冬に由之が来春に島崎の良寛のもとを訪ねますと伝えた後に詠まれたものであろう。良寛は、由之の夢を見たのである。

**由之を夢に見て**
**いづくより夜の夢路をたどり来し**
**み山はいまだ雪の深きに**

良寛は由之が訪ねてくる夢を見たのであろう。しかし、年を越して春になったものの、山はまだ雪が深く、とても訪ねてこられるような状況ではなかっ

で待っていたのである。
た。良寛は、由之が訪ねて来る日を一日千秋の思い

◯

文政十一年正月二十七日、由之は雪の降る険しい塩之入峠を越えて、島崎にいる良寛を訪ねている。由之も良寛に会いたくてたまらなかったのであろう。二、三日で与板に帰るつもりでいたが、雪が降りつもり、良寛も由之が帰るのを惜しんだため、由之は一週間ほど滞在している。その時、良寛と由之は、心あたたまる和歌の贈答をやっている。

**手を折てかき数ふればあづさ弓**
**春は半《なか》ばになりにけらしも**　　**良寛**

この良寛の歌に対する由之の注には「如月《きさらぎ》になりて帰らむとするに又雪降てえ帰らず。朝《あした》に茶すすり物語りなどついでに」良寛がこの和歌を詠んだとある。この歌が詠まれた陰暦の如月四日は、太陽暦の二月二十七日にあたる。暦の上では春も半ばと言いながら、二月下旬はまだ寒く雪も降ったようである。由之は、与板に帰ることができず、二人は朝茶をすすりながらよもやま話をしていた。その折に、良寛がふと詠んだのがこの和歌であった。

それに対して、由之は、

**あづさゆみ春はなかばになりぬれど**
**こしのふぶきに梅もにほはず**　　**由之**

と応じている。良寛の「はるはなかばになりにけらしも」と詠んだのに触発されるように、越後では季節にそぐわない吹雪が吹いていると、うらめしそうに詠んでいる。春というのに、これでは梅の花も咲きそうもないとかこつのである。この和歌の由之の注には、「此折しもしきりに吹雪《ふぶ》きて北面の窓にはらはらと音せしをわびしに」とある。この時、吹雪が北側の障子窓に強く打ちつけたのを、つらくてやりきれない気持ちになってこの歌を詠んだことがわかる。

**きさらぎに雪の隙《ひま》なくふることは**
**たまさかきますきみやらじとか　良寛**

良寛は、由之の和歌にある吹雪への嘆きに対し、この季節はずれの雪は、稀《まれ》に訪れた君を帰すまいとしたのではないかと慰めている。つまり、この雪を「やらずの雨」と同じく「やらずの雪」――人を帰さないためであるかのように降ってくる雪――と受け取ったのである。

由之は、その和歌に対して、

**我がためにやらじとて降雪ならば**
**なにかいとはむ春はすぐとも　由之**

と詠んで応じている。私を帰すまいとする「やらずの雪」であるならば、どうして雪を厭《いと》いましょう。雪で足止めされて、春が過ぎてもかまいませんよ、とユーモアたっぷりに応じている。

由之の記述には、つづいて、

**同じ日ある家にて酒のむ時に君からうたうたひ**
**給ふ　其歌**
**兄弟相逢処　其是白眉垂**
**且喜太平世　日々酔如痴**
**兄弟相逢ふ処　其れ是れ白眉《はくび》垂る。**
**且《しばら》く太平の世を喜び　日々酔ふて痴の如し。**

とある。「同じ日」とあるので、この良寛の漢詩は、朝雪の降った二月四日に作られたと思われる。「ある家」というのは、木村家の向かいにあった庄屋大谷地家だったと思われる。由之は、文化元年出雲崎の町民に訴訟を起こされた時、島村の大谷地五衛門のもとに身を隠している。このように由之と大谷地家は、親しい間柄であった。ここで兄弟は、酒を飲み楽しい一時を過ごしている。若い時は、良寛の出家によって、由之が橘屋の家督を嗣ぐことに

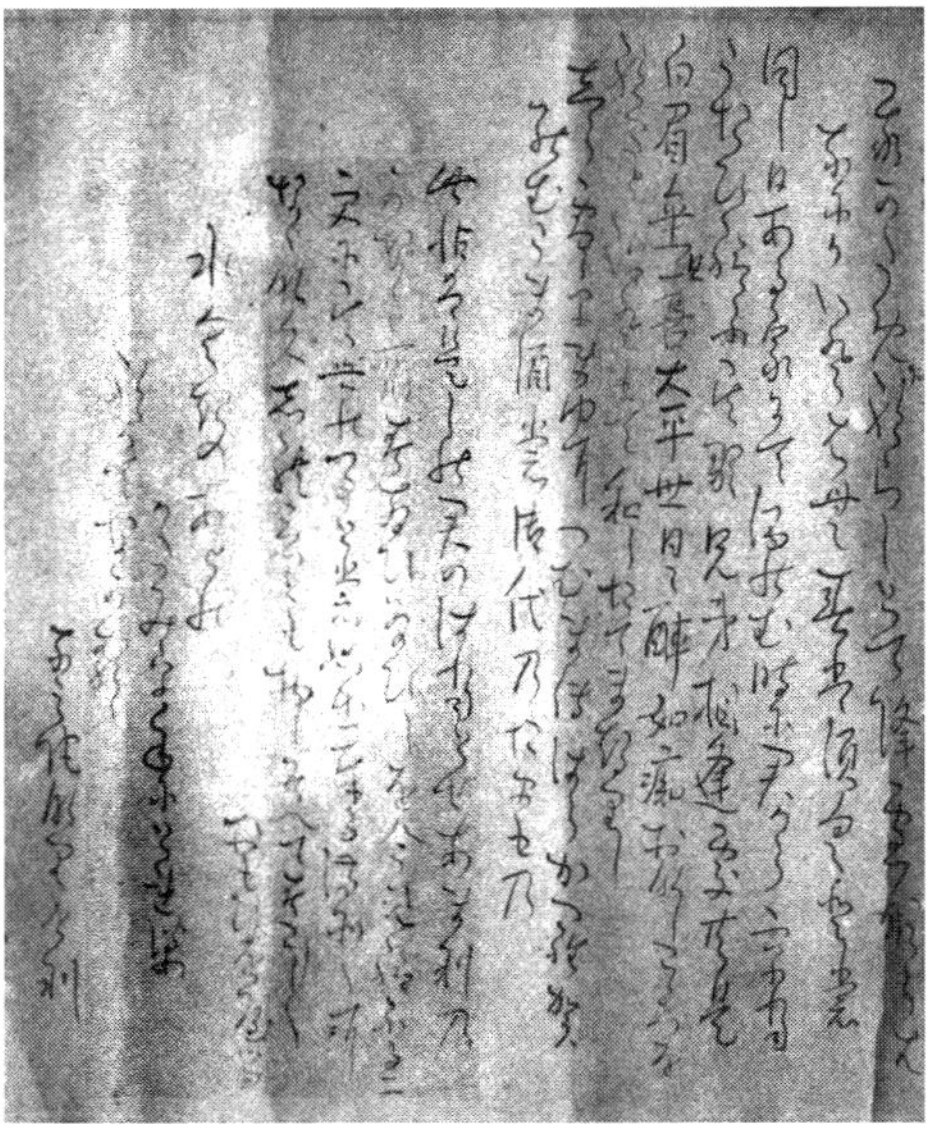

良寛との交流の様子が書かれている由之の書

なった。しかし、由之が文化七年十一月家財取上げ所払い処分になり、出雲崎の名門橘屋を潰してしまったりといろいろなことがあった。しかし、それから三十二年経過し、二人とも今は白眉が垂れる老年を迎え、こうして太平の世に楽しく酒を飲んで酔いしれている。時がめぐり、このような思いがけない好日がおとずれたことを二人の兄弟は、心から嬉しく思ったことであろう。つづけて、由之の記述には、

**おなじこゝろをやまとことばもて和したてまつりし**

**しら雪をまゆにつむまではらからが**
**のむうま酒も御代のたまもの　由之**

由之は、良寛の漢詩の大意を踏まえ、真白につもった雪のような眉毛になった兄弟がこうして楽しくうまい酒を飲むことができるのも太平なご時世のお陰だと詠んでいる。これに対して、良寛は、

**白雪のまゆにつむまではらからの**
**飲むうま酒は君がめぐみか　良寛**

と応じている。このように老いて兄弟がおいしいお酒を飲むことができたのも、あなたが恩恵を施してくれたからでないですかと、由之に感謝の思いを

伝えている。二人の兄弟はお互いに思いやり、日時が経つのも忘れて楽しい時を過ごしていた。

# 第十六章
# 貞心尼との出会い

安田靫彦画「良寛と貞心尼」

貞心尼は、寛政十年（一七九八）長岡藩士奥村五兵衛の二女として生まれている。出家前の名は、マスといった。（小出嶋の松原雪堂が画いた良寛坐像の礼に、貞心尼からもらった良寛の貞心尼宛書簡の軸止《じくどめ》に「舛《ます》尼」と記してある）貞心尼は、文化六年（一八〇九）十二歳の時、乳母お八重に伴われ柏崎に遊び、はじめて海を見て感動している。貞心尼は、海が好きであった。そして、その時「柏崎で学問がしたい」と言ったという。貞心尼は、後に柏崎の閻王寺で出家し尼僧となるが、その縁は、意外にも幼少期の体験にあったのかもしれない。

若き日の貞心尼の面影（岩田正巳画）

貞心尼は、文化十一年（一八一四）十七歳の時に魚沼の小出嶋の医師関長温に嫁している。しかし、六年後の文政三年（一八二〇）夫長温と離縁している。資料によると「机ニ向ヘ字ヲ而已《のみ》読書シ居ラレタル…」とあるので、やはり若い時から読書好きの女性であったようである。貞心尼は、まもなく柏崎在の下宿村新出《しで》の浄土宗の尼寺閻王寺の心龍尼、眠龍尼の弟子となり「貞心」の法名を受けている。貞心尼はここ閻王寺で七年修行することになる。この頃すでに貞心尼は、国上山乙子草庵に住む「手まり上人」良寛のうわさは聞いていたと思われる。そして、文政十年（一八二七）三月に、貞心尼は長岡在の福島の閻魔堂の庵主となっている。貞心尼は、まもなくそう遠くない三島郡島崎に住庵していた良寛を慕ってたびたび訪ね、仏法の深奥を究める指導を受けることになる。

師良寛と法弟貞心尼の唱和の和歌は、良寛没後に貞心尼がまとめた。『はちすの露』に詳しいが、そ

貞心尼が庵主をした閻魔堂

れらの和歌は叙情歌であるとともに、良寛の指導のもと貞心尼が仏法を探究していった道筋を具体的に示すものであったと思われる。良寛は、貞心尼に対してある時は厳しく、またある時はやさしく、懇切丁寧に仏法の真髄について指導していくことになる。貞心尼が手毬を携えて島崎に住む良寛をはじめて訪ねたのは、文政十年（一八二七）四月中旬のことであった。しかし、良寛は四月初旬に寺泊の密蔵院に移っており、貞心尼は対面を果たすことができなかった。この時貞心尼は、

**師常に手まりをもて遊び玉ふとききて奉るとて　貞**

**これぞこのほとけのみちにあそびつゝ**
**つくやつきせぬみのりなるなむ**

という和歌を書き残していっている。この貞心尼の和歌を読むと、初対面以前から実によく良寛の境涯を理解していたかがわかる。貞心尼は、良寛の手

毬をつく行為が、仏の道に遊んでいる現れであり、そこに仏道の深い精神がきっと潜んでいると見ていたのである。良寛は、この和歌を一読して貞心尼が和歌の素養を供えた才女であることを理解したと思われる。貞心尼の「これぞこの…」の和歌は、『後撰集』の、

**これやこの行くも帰るも別れては**
**知るも知らぬも逢坂の関**

の歌を踏まえているのである。その歌は古歌を踏まえつつ清新な輝きがある。貞心尼の和歌は、良寛の仏道への深い理解を示しつつ、それを直接に表現するのでなく、日本伝統の和歌の技法を上手に使いながら訴えかける含蓄のあるものであった。

良寛が寺泊から島崎の草庵に帰庵したのは、その年の七月から八月にかけてであったと思われる。良寛は、早速返歌を詠んで貞心尼に送っている。

**御かへし**　　**師**

**つきて見よひふみよいむなやこゝのとを**
**とをとおさめてまたはじまるを**

良寛は貞心尼の和歌の手毬を「つく」の言葉を受けて、「つきてみよ」と詠みはじめる。この「つき」には、手毬をつくの意と、「尽《つ》く」つまり仏法を究めてみなさいという意が掛けられている。そこから「訪ねてきなさい」という意味が暗示されることになる。そして、歌意は手毬をつくとき「ひいふみよ…」と数えるように、坐禅でも数息観《すそくかん》の修行が大切ですよと暗に伝えていると思われる。

貞心尼が良寛に対面することができたのは、それからまもなくのことであった。

○

貞心尼がようやく良寛に対面することができたのは、文政十年（一八二七）七〜八月頃だったと思われる。

はじめてあひ見奉りて
きみにかくあひ見ることのうれしさも
まださめやらぬゆめかとぞおもふ
貞

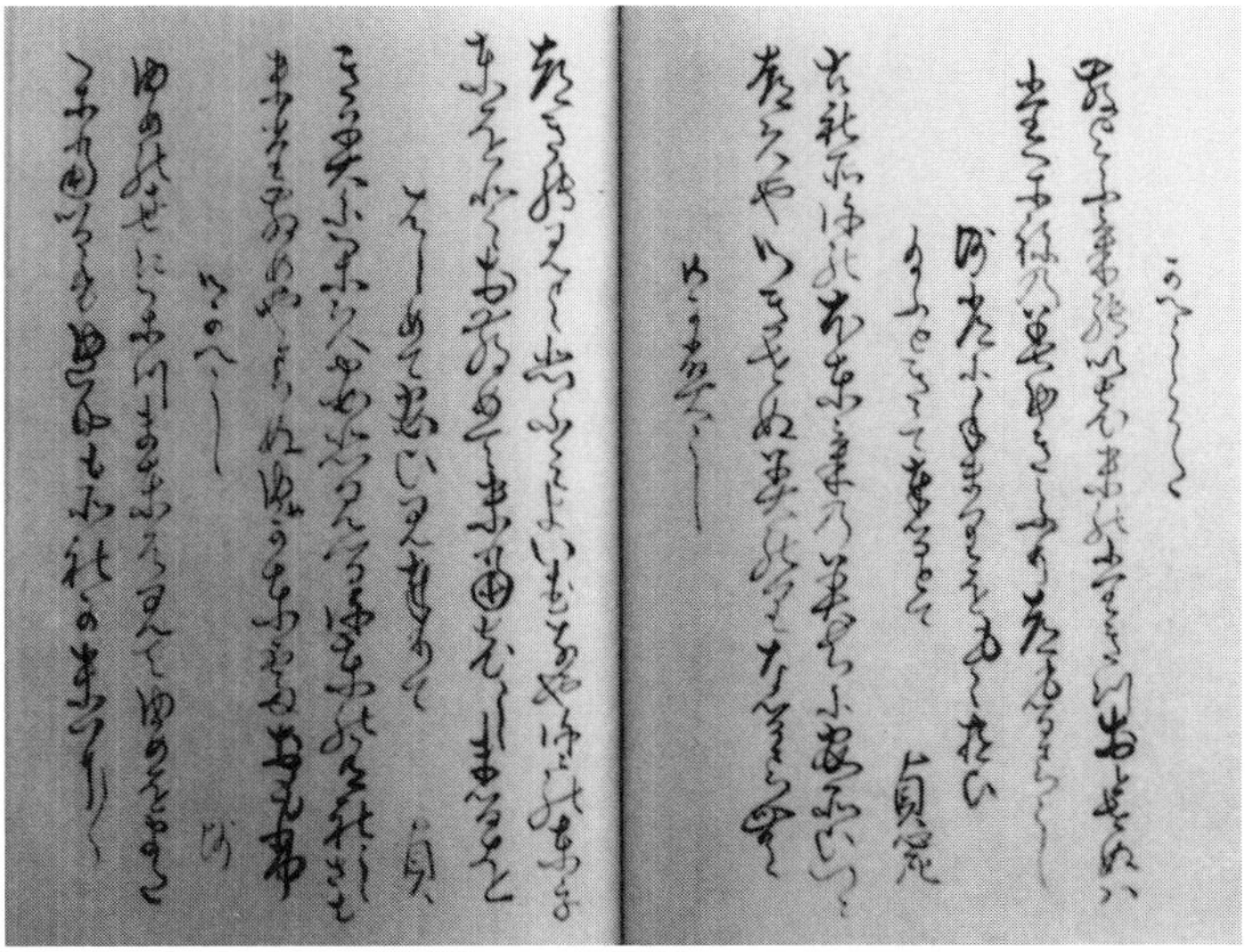
貞心尼編『はちすの露』

これが貞心尼が最初に詠んだ歌である。あなた様にこのようにお会いすることができた嬉しさで一杯《いっぱい》で、まだ覚めやらない夢かと思います、と対面の感激を直截《ちょくせつ》に表現している。「さめやらぬゆめ」という表現の仕方に貞心尼の真情が籠っている。

良寛の返歌は、この「ゆめ」という言葉を受けて詠みはじめる。

御かへし　師
ゆめのよにかつまどろみてゆめをまた
かたるもゆめもそれがまに〳〵

貞心尼の感動に満ちあふれた和歌に対して良寛の返歌は、実に冷静でありそっけないものであった。そして、貞心尼の使った「ゆめ」という言葉を受けて「ゆめのよに…」と詠みはじめる。良寛の詠む「ゆめ」は、貞心尼と違い「はかない」の意である。はかない浮世を生きている上に、うとうとと眠っているうちに見る夢を語るのもはかないものだが、ここでは流れに任せて話をしてみましょう、と淡々と答えている。良寛は、まず自分の「この世は無常」という人生観を語った上で、どっしりと対応している。そして、良寛は貞心尼を和歌の素養のある尼僧として、希望を受け入れ話の合い間に唱和という形式で和歌のやりとりをしていったようである。

**いとねもころなる道の物がたりに夜もふけぬれば**

**しろたへのころもでさむしあきのよの**
**つきなかぞらにすみわたるかも**　　**師**

良寛は、懇切丁寧《こんせつていねい》に仏道の話をはじめた。それは、かなり長時間にわたるものであったらしく、夜もふけてしまったようである。どのような「道の物がたり」だったかはわからないが、若き良寛が大而《だいに》宗龍《そうりゅう》禅師に初めて相見《しょうけん》した話も、この時語られたかもしれない（浄業余事）。月は、はや中天にのぼり、皓皓《こうこう》と照らしていた。その時、良寛は「月」を悟りの象徴として話をしていたと思われる。そして、夜も更けたので帰りを促したのである。

しかし、貞心尼は良寛の法話が非常に内容が深く、興味深いものであったので、いつまでも話を聞いていたいという思いでいた。

**されどなほあかぬこゝちして**

**むかひゐてちよもやちよも見てしがな**
**そらゆくつきのこととはずとも**　　**貞**

詞書《ことばがき》にある「あかぬ」は、満足できないの意である。貞心尼は、これからもずっと対面したいものですと訴えかけている。「月」は、この時良寛が説明した禅の根幹である「絶対境」（悟り）の比喩であろう。つまり、貞心尼はこの歌で仏道の話を問うだけでなく、和歌やその他の話もさせていただけないかと暗に願い出ているように思われる。

しかし、その願いは、やんわりと却下された。

**こゝろさへかはらざりせばはふつたの**
**たえずむかはむ千よもやちよも**　**（良寛）**

良寛は、仏道への探究心さえ変わらなかったならば、這《は》う蔦《つた》のように途切れることなくお会いしましょうと答えている。やはり、仏道への求道心を、相見《しょうけん》の前提につけているのだと思われる。

**いざかへりなんとて**　**貞**
**たちかへりまたもとひこむたまぼこの**
**道のしばくさたどり〳〵に**

良寛の凛然《りんぜん》とした和歌を受けて、貞心尼は山道の雑木を払って（雑念を払って）道を探り求めながら、すぐまた訪ねてきたいものですと答えている。ここに到って、貞心尼も良寛から仏道指導を受けてみようという思いになったようである。

**またもこよしばのいほりをいとはずは**
**すゝきをばなのつゆをわけ〳〵**　**（良寛）**

良寛が法弟となった貞心尼を見送る時に詠んだ、再訪を促す和歌は、貞心尼の「たどり〳〵」を踏まえて結句を「つゆをわけ〳〵」と詠むなど叙情豊かな励ましの歌となっている。これより、貞心尼は仏道探究のスタートラインにつき、己事究明《こじきゅうめい》の修行を始めることになる。

◯

貞心尼が、良寛の住庵する島崎の草庵を訪問し「道の物がたり」を拝聴して一～二ヵ月ほど経ったが、約束と違い貞心尼の再訪はなかった。そこで、良寛は歌消息を貞心尼に出している。『はちすの露』には、

**ほどへてみせうそこ給はりけるなかに**　**師**
**きみやわするみちやかくるゝこのごろは**

**まてどくらせどおとづれのなき**

とある。貞心尼の訪問がないことを心配するとともに、再訪をうながす和歌でもある。良寛は、貞心尼が最初に訪れた時、仏性《ぶっしょう》にかかわる公案（禅の問題）を出していたようである。その見解《けんげ》（答え）を早く知りたいという思いが、この和歌につながったのであろう。

しかし、貞心尼は、この頃出家した柏崎の尼寺閻王寺に行っていたと思われ、再訪できる状況ではなかったらしい。『はちすの露』には、貞心尼の返歌が次に記されているが、その頭注には、「こは人の庵に有し時なり」とある。貞心尼は、柏崎の閻王寺の手伝いをしていたようである。

**御かへし奉るとて**

**ことしげきむぐらのいほにとぢられて**
**みをばこゝろにまかせざりけり**

**貞**

良寛が出した歌消息は、福島の閻魔堂から貞心尼の柏崎の閻王寺に転送されたようである。そこで、返歌の中で貞心尼は現在の状況を良寛に知らせたのである。貞心尼は、仕事が忙しく、葎《むぐら》（つる草）の生え繁った庵に閉じ込められて、自分の身が自由になりませんと訴えている。

そして、貞心尼はつづけて、

**やまのはのつきはさやかにてらせども**
**まだはれやらぬみねのうすぐも**

という和歌を良寛に呈している。この和歌は、良寛が貞心尼に出した公案（禅の問題）の答えにあたると思われる。「月」は、禅でいう「絶対境」の比喩であろう。その存在があることは、なんとなく認識できるような気がしますが、薄雲が月をおおっていてはっきりわかりませんと答えているのである。良寛が期待するような解答は、この段階ではまだ呈することができない状況であった。

この貞心尼の返歌に対して、良寛は十一月四日に歌消息を出している。この歌消息は、相馬御風著『良寛と貞心』の口絵写真に使われている。それによって、良寛が書簡を出した月日がわかるのである。ただ、次の和歌は『はちすの露』には、所蔵されているが、十一月四日付の書簡には載っていない。

**御かへし　　師**
**みをすて丶世をすくふひともますものを**
**くさのいほりにひまもとむとは**

この良寛の和歌は、自らを責めている和歌という解釈もあるが、前後の状況からすると、しっかりと坐禅修行をして見解《けんげ》を出す努力もせず、柏崎の草庵に逃避している貞心尼の姿勢を批判している和歌のように思われる。先にも触れたようにこの和歌は十一月四日付の歌消息には載っていない。この部分が切り離されたか、あるいはその前後に出されたものかもしれない。

さて、『はちすの露』には、つづけて次の良寛の長歌が記されている。

**ひさかたの　つきのひかりの　きよければ　てら**
**しぬきけり　からもやまとも　むかしもいまも**
**うそもまことも**

ここで良寛は、長歌で「月の光」を比喩とし「絶対境」を、貞心尼に詳しく語っている。「月の光」

月の光は絶対境の世界の象徴
（写真：小林新一）

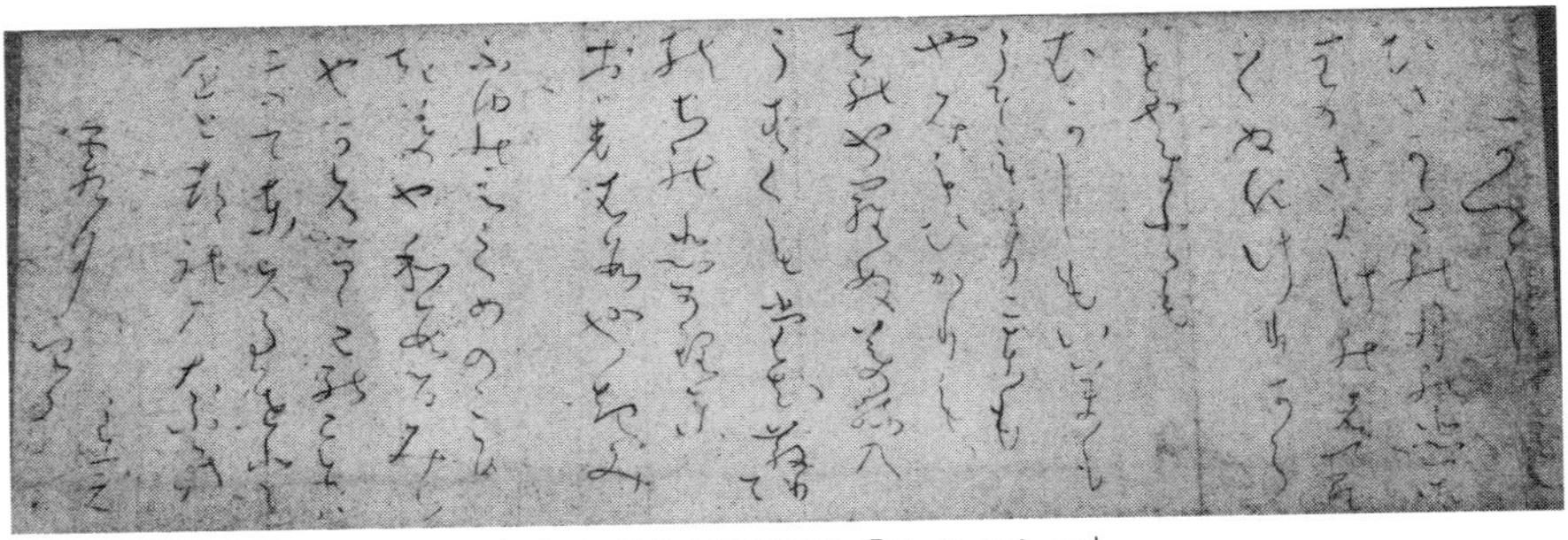

良寛の貞心尼宛書簡「ひさかたの」

（絶対境）は、「嘘《うそ》」「真《まこと》」といった相対差別のものや「唐《から》」「大和《やまと》」といった空間、「昔」「今」といった時間をも超えて清らかに照らしているというのである。ここには、良寛の深遠な仏教哲理が語られている。貞心尼の修行の一助となればという思いで、良寛は長歌で詳しく語ったのであろう。なお、十一月四日付の歌消息には、長歌の末尾に「やみもひかりも」と書かれているが、『はちすの露』では削除されている。これを記載すると長歌の体裁をあまりにも崩すので、貞心尼は削除しものと思われる。

つづけて、良寛は次の和歌をしたためている。

**はれやらぬみねのうすぐもたちさりて**
**のちのひかりとおもはずやきみ**

この和歌は、先に掲載した長歌の反歌だと思われる。この和歌は、貞心尼が「まだはれやらぬみねのうすぐも」と返答したことに対して、まず「峰の薄雲」（雑念・相対差別の念）を無くすことが大切である。そうした後に、自然と「光」（絶対境）を体得することができるとアドバイスしているのである。良寛が、熱心に貞心尼に仏道の本質を体得させようとしていたことがわかり、心打たれるものがある。

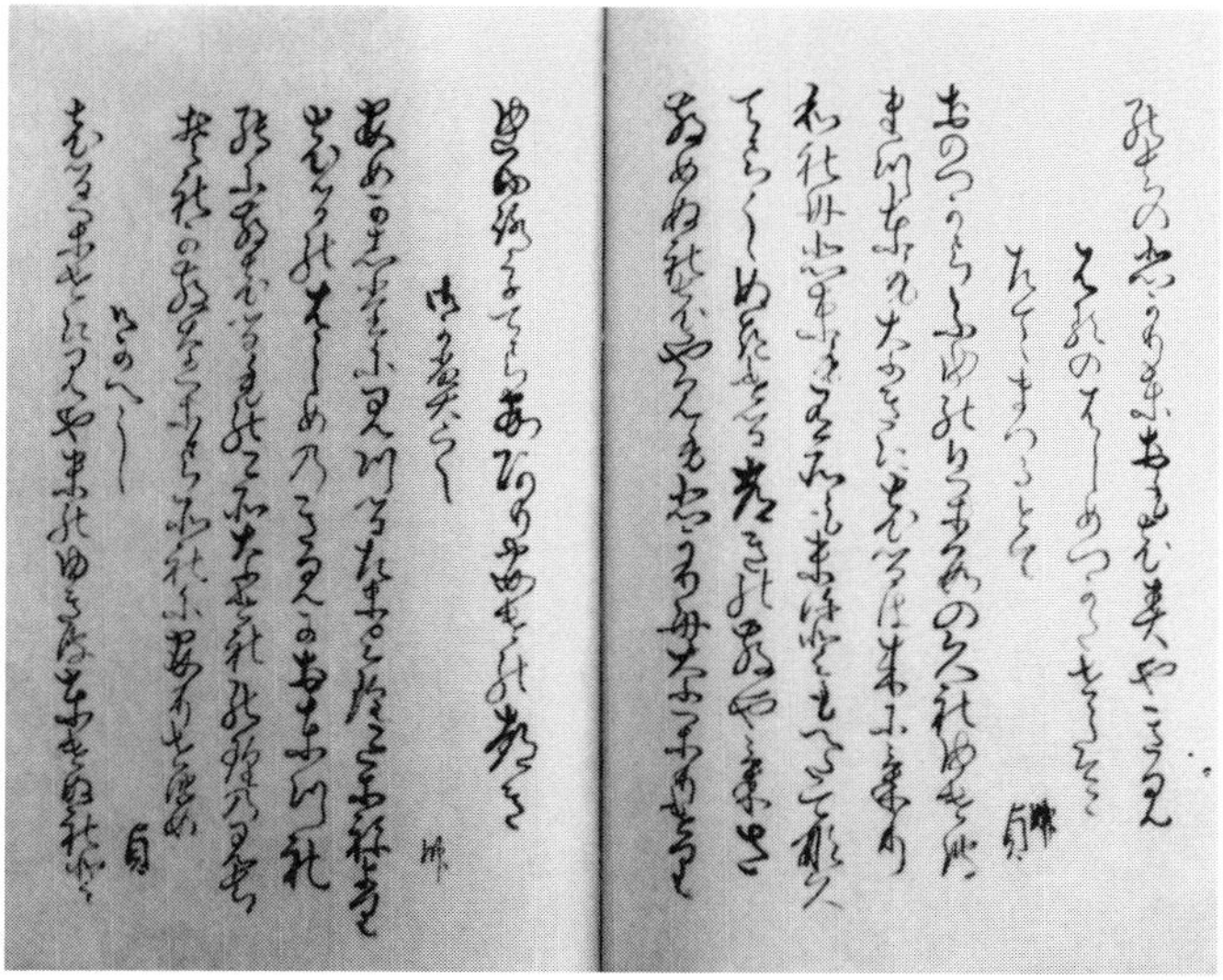

貞心尼編『はちすの露』

ところで、十一月四日付の良寛消息には、長歌、反歌の後に、

**ふゆのはじめのころ**
**きみやわするみちやかくるゝこのごろは**
**まてどくらせどおとづれのなき**

の和歌が書かれている。『はちすの露』に、既に記載されている和歌と同じものである。谷川敏朗氏は、この良寛の和歌は、貞心尼に十月と十一月、念のために二回送られていたと推定しておられる。そうだとすると、貞心尼は重複しているので、十一月四日付のものは削除したことになる。

それからまた二ヵ月を経た翌年の一月に、良寛が長く待ちわびた貞心尼の見性《けんしょう》の境地を表現した和歌が届く。『はちすの露』には、

**はるのはじめつかたせうそこ（消息）たてまつるとて**

**おのづからふゆの日かずのくれゆけば**
**まつともなきにはるは来にけり**

　貞心尼は、良寛から仏性を問う質問を出されてから五ヵ月くらい経って、ようやく胸中に明るい日ざしが差してきたようである。この和歌は思いがけなく、自然に何か明るいきざしが見えてきたことをほのめかしているのである。そして、この和歌には、貞心尼の隠しきれない喜びがにじみ出ているように思われる。つづけて、貞心尼は、

**さめぬればやみもひかりもなかりけり**
**ゆめ路をてらすありあけのつき**

と核心となる歌を詠み、自ら体得した境地を良寛に示している。この和歌が、良寛が貞心尼に出した公案の答えにあたるものと思われる。見性《けんしょう》（悟ること）してみると、「闇」や「光」といった相対差別の世界は消えさり、「有明の月」が「夢路」を照らしていますよと述べているのである。良寛は、この見性を表現している返歌を読んで大変喜んだことであろう。

　良寛は、しばらくして次の和歌を貞心尼に送っている。

**御かへし　　師**
**あめがしたにみつるたまよりこがねより**
**はるのはじめのきみがおとづれ**

　この良寛の和歌は、今まで詠んできた和歌と違って、喜びが溢れている。禅門では、師に参禅して直《じか》に悟境を見てもらうのが常である。良寛も貞心尼の悟境がどのようなものか、深浅を確認したかったのであろう。それで、来訪をうながしたのだと思われる。貞心尼の訪問は、「珠《たま》」（宝石）より「黄金《こがね》」（金）より嬉しいと率直に詠んでいるところに、良寛の手ばなしの喜びようが伝わってくる。

　そして、良寛は更につづけて貞心尼に仏法の奥義《おうぎ》

をアドバイスしている。

**てにさはるものこそなけれのりのみち**
**それがさながらそれにありせば**

この和歌は、貞心尼に仏法を対象として認識してはならない。自分が仏法と一つにならなければならないということを喩《さと》したものであろう。更なる深い悟境へ到達するよう導いているのである。

「心月輪」

貞心尼は、この良寛の和歌を読み、その内容の深さに少し自信を失ったようである。返歌には、

**御かへし**　**貞**
**はるかぜにみやまのゆきはとけぬれど**
**いはまによどむたにがはのみづ**

とある。「ゆきはとけぬれど」は、迷いや雑念はなくなったという比喩であろう。しかし、貞心尼は「いはまによどむたにがはのみづ」の表現で、まだ迷いの残る状況があることを率直に良寛に伝えている。貞心尼は、そのような状況の中で良寛に対面することを躊躇《ちゅうちょ》していたようである。

それに対して、良寛は貞心尼を励ます和歌を送っている。

**みやまべのみゆきとけなばたにがはに**
**よどめるみづはあらじとおもふ**

良寛は、「みゆき」が解けたならば、もう水は淀んでいないでしょう。しっかりと悟っていると思いますよと語り、貞心尼に自信を持つよう励ましたのである。

良寛に背中を押された貞心尼は、島崎の草庵を訪ねる決意をする。それは、文政十一年二〜三月頃のことだったと思われる（文政十二年という説もある）。最初の訪問から七〜八ヵ月が経っていた。

# 第十七章
# 寺泊密蔵院に仮住する

寺泊・照明寺

良寛は、享和二年につづいて文政十年、文政十二年にも寺泊の照明寺密蔵院に仮住している。良寛は、密蔵院が好きで、初夏になると仮住することが多かった。密蔵院は、松林やケヤキにおおわれて静かな環境にあり、眼下には寺泊港も見える。そのような環境を良寛は好んだようである。良寛は、夏に渡部の阿部定珍に、転居したことを書簡で伝えている。良寛は、島崎に移ってからも、阿部定珍と交流が続いていた。

僧も此夏は蜜蔵院へ移候。観音堂のもり致　飯は
照明寺にてたべ候。一寸御知らせ申上候。以上

卜居《ぼっきょ》観音側　灑掃送余生
忽聴斉（斎）時板　得々持鉢行

良寛

定珍老　　良寛

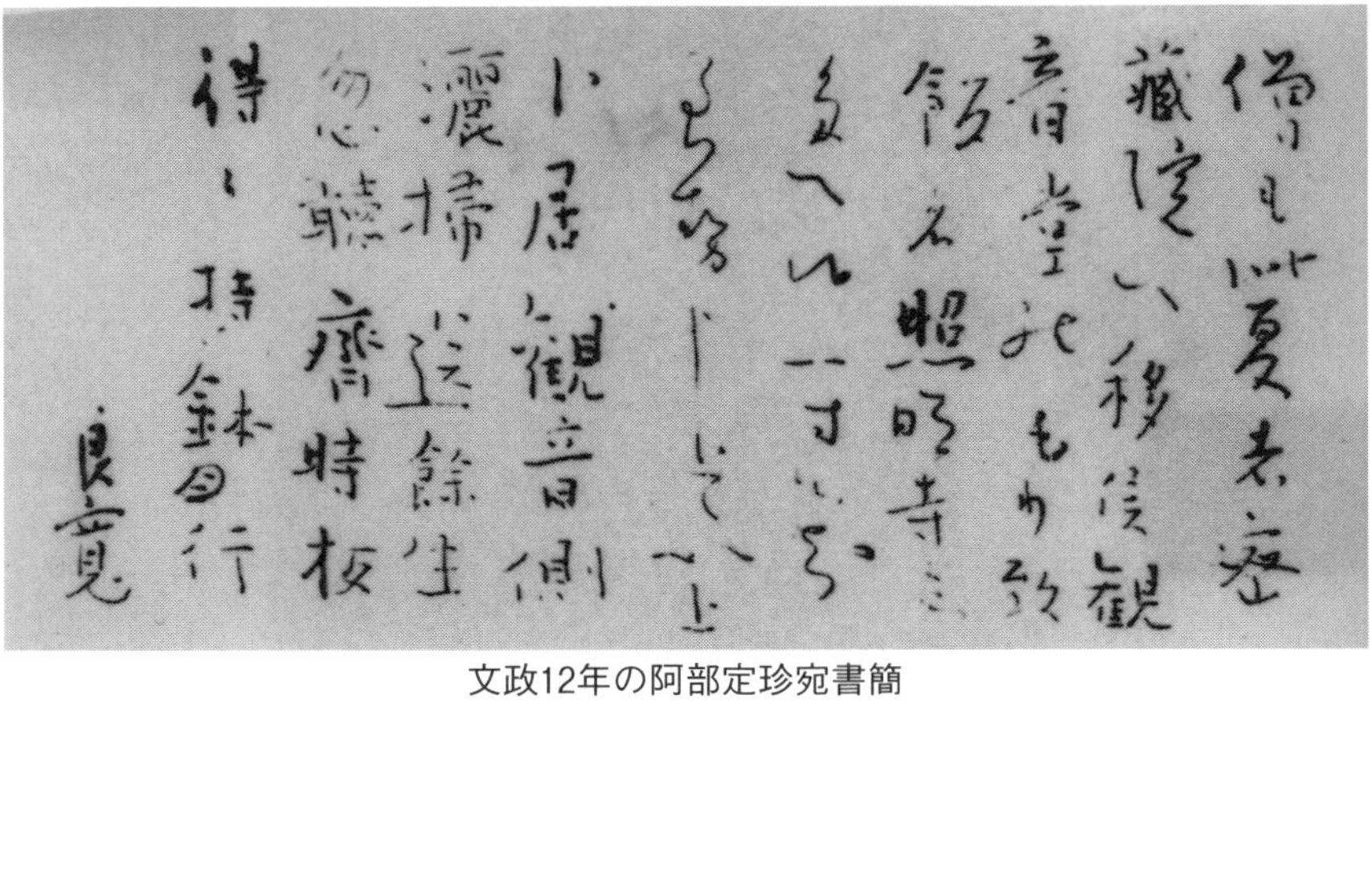
文政12年の阿部定珍宛書簡

文面に「観音堂のもり致」とあるが、良寛は寺守のごとく観音堂の周囲を帚《ほうき》で掃き清めて、清浄に保っていた。「灑掃《さいそう》して余生を送る」の詩句は、そのことを指している。良寛の和歌には、

**大殿《おおとの》の林のもとをきよめつつ**
**昨日も今日も暮らしつるかも**

というものもある。良寛は、観音堂の林の落葉を掃き清める寺守のような生活が気に入っていたらしい。そのような、良寛の清掃作業に報いるためか、照明寺は、食事の時間になると板木をたたいて知らせ、良寛に朝の食事を供していた。板木のカーンカーンという音が響くと良寛は、いそいそと観音堂の少し下にある照明寺の庫裏《くり》に出かけ、食事をいただいていたようである。このような様子を具体的に阿部定珍に伝えているのは、定珍が米があるか心配して手紙をよこしたのに答えたのだと思われる。良寛は、このように照明寺のあたたかい心遣いを受けていたが、「得々として托鉢に行く」とあるように朝の食事が終わると僧として大切にしていた托鉢に元気よく出掛けていった。

良寛は、寺泊を托鉢する時、まず朝に西の方の港町の方から托鉢を始め、夕方になると次第に東の方に下っていったようである。良寛の和歌には、次のようなものがある。

**寺泊に飯乞ひて**
**こき走る　鱈《たら》にも我は　似たるかも**
**朝《あした》には　上《かみ》にのぼりて　かげろふの**
**夕さり来《く》れば　下るなりけり**

良寛はこの和歌で、自らの托鉢の様子を、鱈が海を泳ぎ回る姿にたとえてユーモラスに詠んでいる。寺泊に限らず良寛は托鉢して回る町々ごとに、定番の托鉢コースがあったようである。

良寛が寺泊を托鉢をした時、よく立ち寄ったのが、大町の大越門兵衛の家である。大越家は、日蓮

聖人が佐渡に流された時、風待ちした地に建つ祖師堂の前にあった。大越家は酒造業をやっており、良寛はよく酒を飲ましてもらっていた。大越家には、良寛草書の六曲屏風一双も伝わっており、親しい交流ぶりが窺える。

また、坂井町の下伊勢屋柳下与兵衛の家にもよく立ち寄り、昼食をいただいていたという。与兵衛は、寺泊の町年寄を勤めていたが、文化十三年職を辞している。その後、京都により桂園派の歌人香川景樹の門を叩き、有名な歌人となっている。

丸山家の墓

良寛は、上田町の医師丸山元純の家も訪れている。丸山元純は、宝暦六年に『越後名寄《えちごなよせ》』を著した医師丸山元純の孫である。良寛の葬式の時の香典帳である。『良寛上人御遷化諸事留帳』には、

**一、弐百文　三拾匁弐丁**
**むし物七十五但三文形**
**寺泊　　元純**

とある。この記述に並んで聖徳寺が香典として二百文、三十匁の蝋燭《ろうそく》二丁、三文形の饅頭を七十五個、良寛の霊前に供えていることがわかる。寺泊では、亡くなった人の年の数だけ饅頭葬式に持参する習慣があったという。「むし物七十五」とあるのが、良寛七十五歳説の根拠にもなっている。

良寛は、寺泊の回船問屋米屋石原半助に嫁いだ妹たか子の娘「しか」の家にも立ち寄っていた。外山家宛の書簡には、「此者に米屋の六角提燈《ちょうちん》　つかは

し被下度候」というものがある。石原家に立ち寄り、六角提燈を借りたが、外山家の人に依頼して石原家に返したのであろう。良寛は、肉親を大切にした人であった。

良寛の姪「しか」が嫁いだ石原家の墓

良寛は、寺泊の大肝煎《おおきもいりや》菊屋五十嵐多仲《たちゅう》とも交流があった。多仲は、青柳清作によれば文政十年(一八二七)八月二十八日、江戸で没したという。五十三歳であった。その時、良寛は多仲を弔う和歌を詠んでいる。

**多仲がみまかりぬとききて**
**ふるさとをはるばるここに武蔵野の**
**草葉の露と消ぬる君はも**

寺泊・五十嵐家跡

この追悼の和歌は、文政十年の夏から秋にかけて密蔵院に仮住していた時に詠んだものかもしれない。

ところで、良寛は、文政十二年仮住した時、これが最後の滞在と思ったのか、心に浮かんだことを連作の和歌に詠んでいる。これらの歌を読むと良寛の様子が手に取るようにわかる。

寺泊にをりし時詠める

大殿の　大殿の　殿のみ前の　み林は　幾世経《いよへ》ぬらむ　ちはやぶる　神さびにけり　そのもとに　いほりを占めて　朝《あした》には　い行きもとほり　夕べには　そこにいで立ち　立ちてゐて　見れども飽かぬ　これのみ林

密蔵院にお《(を)》りし時

夜明くれば森の下庵《したいほ》烏《からす》鳴く
今日も浮世の人の数かも

大殿の林のもとに庵《いほ》占めぬ
何かこの世に思ひ残さむ

大殿の森の下庵夜明くれば
鴉《からす》鳴くなり朝清めせん

大殿の林のもとをきよめつつ
昨日も今日も暮らしつるかも

山陰の荒磯《ありそ》の波のたち返り
見れども飽かぬこれのみ林

寺泊を出《い》づる時

えにしあらばまたも住みなむ大殿の
森の下庵いたく荒らすな

これらの和歌から、良寛は文政十二年密蔵院に仮住していた時、早暁に烏《からす》の鳴き声を聴くと、「今日も浮世の人の数かも」と、生ある喜びを感じていたことがわかる。

この頃かなり老いており、いつ命が絶えるかわからないという思いもあったのであろう。しかし、観音堂の神々しい林のもとに住庵しているので、いつ亡くなっても思い残すことはないとまで言っている。「何かこの世に思ひ残さむ」の表現は、本心であったであろう。それほどまでに、寺泊の観音堂での生活は、良寛の心を満たす充実したものであったのである。

夜が明けると、良寛は密蔵院の清掃をはじめ、その後観音堂の林を掃き清めていたようである。良寛はこの林がよほど好きだったらしく「見れども飽かぬこれのみ林」と詠んでいる。良寛がいくたびもくり返し見た「み林」は、ケヤキの林であったと思われる。観音堂の側には、二本の大きなケヤキの木が現在も葉を繁らせている。良寛は、密蔵院を出る時「えにしあらばまたも住みなむ」と詠んだが、文政十二年夏の滞在が最後のものとなったようである（文政十三年の冬にも立ち寄った形跡がある）。この一年半後に、良寛は示寂《じじゃく》している。

この一連の和歌は、実に流麗で、変化に満ちた仮名で書かれている。良寛の書でも最高傑作と言えるものである。良寛の仮名は、文政十二年頃に美の極地とも言える世界を現出させているが、密蔵院で詠んだ和歌の筆蹟はその代表作であろう。

密蔵院の本尊　阿弥陀如来像

ところで、天保十二年の火災で密蔵院は焼失したが、本尊の阿弥陀如来立像は持ち出され、現在も密蔵院に安置されている。寺伝によると、良寛は、いつも阿弥陀如来を拝んでいたという。この安らぎに満ちた阿弥陀仏が安置されていたことも、良寛が密蔵院に何回か仮住したこととかかわりがあったかもしれない。

# 第十八章

# 剽軽《ひょうきん》な「およしさ」

与板・山田屋を訪れた良寛（布施一喜雄作）

与板の山田家のあった所

　良寛の父・以南のふるさと与板は、江戸時代回船問屋や豪商の屋敷が立ち並ぶ町であった。文化も高いものがあり、俳諧が盛んであった。良寛は、与板でも有数の豪商で酒造業をやっていた和泉屋・山田家をよく訪ねた。主人は、又従兄弟《またいとこ》で俳諧をよくする山田杜皐《とこう》である。良寛の祖父新木富竹は、山田家から新木家に婿に入った。杜皐の妻は、「およせ」といったが、良寛は親しみをこめて「およしさ」と呼んでいた。およしさは、剽軽な人で、あだ名をつけるなど良寛をからかってばかりいた。

　杜皐も剽軽な人であったので良寛は、その楽しい雰囲気を気に入って、よく訪ねては、冗談を言い合っていた。まず、杜皐の和歌から紹介してみよう。

**初とれの鰯《いわし》のやうな良法師**
**やれ来たといふ子らが声々**

「良法師」は、良寛法師の略である。「初とれの鰯のやうな」という比喩がおもしろい。良寛は、やせていてスラーッと背が高かったので、細長い鰯に喩えたのだろう。「初とれ」は、長らく来なかったが、珍しく訪れたことを喩えたものか。子どもたちがうれしそうに「良寛さんが来た」と口々に言っている賑やかな雰囲気が伝わってくる歌である。

山田杜皐の歌に対して、良寛は、

**大めしを食ふて眠りし報いにや**
**鰯《いわし》の身とぞなりにけるかも**

と応じている。大飯《め》しを食べて眠ってばかりいた報いであろうか、鰯のように背が高く細身の姿になったのだろうよと、杜皐の歌を受けて、長身になった理由まで述べている。二人は、又従兄弟だけに、当意即妙のユーモアあふれる応酬がここには見られる。

良寛は、不思議と与板の人々とは、剽軽な一面を見せることが多い。又従兄弟との和歌のやりとりを見ていると、そのような感を強くする。父以南の実家与板に幼少期よく訪れていたからか、はたまた与板の人々がユーモアにあふれる人が多かったからかわからないが、どこかホッとする所が与板にはあったのだろう。

ところで、杜皐の内室およしさは、夫に劣らないくらいユーモアあふれる人で、良寛とからかい合っている。およしさは、大柄な人であったらしい。良寛には、次の俳諧が伝わっている。

**この人や背中に踊りできるかな**

背中で盆踊りができそうだというのは、随分とオーバーな表現だと思われるが、良寛とおよしさがいかに打ちとけた間柄であったか、うかがえる歌である。

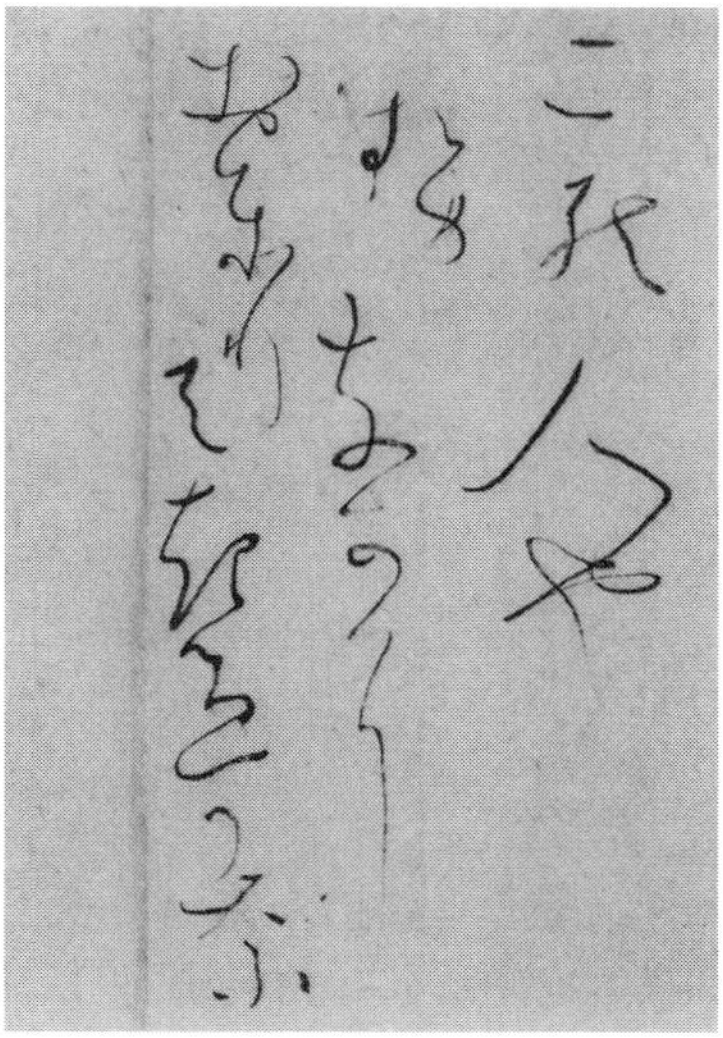

良寛俳諧「この人や」

一方、山田家の内室およしさの和歌であるが、次のものがある。

**烏《からす》めが生麩《しょうふ》の桶《おけ》へ跳びこんで**
**足の白さよ足の白さよ**

良寛に「からす」というあだ名をつけて、およしさは良寛をからかっていた。もちろん良寛が墨染めの衣を着ているからだが、手足も日に焼けてまっ黒だったこともあろう。「烏め」と表現している所がおもしろい。打ちとけた仲であったことが

「生麩《しょうふ》」は、焼いたりしていない「生麩《なまふ》」のことであるが、普段それを入れている桶に良寛が足を入れたら、足の裏が白かったので、からかってこの歌を詠んだのであろう。

この歌の返歌として、良寛はおよしさを「雀」にたとえて歌を詠んでいる。

**雀子が人の軒端《のきば》に住みなれて**
**囀《さえず》る声のそのかしましさ**

山田家に嫁入りしてきた頃は、おとなしかったのであろうが、住みなれてきてうるさくてしょうがないと応じたのである。「烏《からす》」に対して、「雀」。抜群の応酬で、よい勝負である。

しかし、言い過ぎたと思ったのか、先の歌をカバーする歌を次に詠んで贈っている。

**かしましと面伏《おもてぶせ》には言ひしかど**
**この頃見ねば恋しかりけり**

「おしゃべりなおよしさ」と人聞き悪く言ったけれど、最近会わないでいるとあのおしゃべりも恋しくてならない、とやんわりとあやまっている。心遣いを忘れない良寛であった。

山田家は、酒造業をやっていたので、良寛が托鉢で山田家に訪れると、およしさは酒を飲ませてくれ

ることが多かった。良寛は、およしさから酒を飲ませてもらうことを楽しみにしていた。夕方薄暗くなる頃に立ち寄ることが多かったので、およしさは「ほたる」という綽名《あだな》をつけたようである（一説には、夏螢が出る季節になると訪ねて来ることが原因ともいわれる）。良寛の歌には、

**くさむらの螢とならばよひ〳〵に**
**黄金《こがね》の水を妹《いも》たもふてよ**

と詠んでいる。良寛の当意即妙の対応は見事である。良寛は、山田家で酒をいただくのを、何よりも楽しみにしていた。「螢」と綽名をつけたのならば、訪ねてくる夕方ごとに「黄金の水」（酒）をお与えくださいと依頼しているのである。

およしさは、良寛が立ち寄ると、酒を出してくれたようで、次のような良寛の歌もある。

**身が焼けて夜は螢とほとれども**
**昼は何《なん》ともないとこそすれ**

螢である私は、夕方から夜になると螢のように光を出すので、ほてって水（酒）が欲しくなりますが、昼は光らないので何ともないですよと、戯歌を詠んでおよしさに贈っている。

次に紹介する「およしさ」宛書簡は、「螢」の署名がある貴重なものである。冬が近づいてくる頃、出した書簡である。

**ぬのこ一《ひとつ》　此度御**
**返申候。**
**さむくなりぬ**
**いまは螢も光なし黄金《こがね》の**
**水を誰かたまはむ**
**螢**
**閑難都起《かんなづき》**

およしさ　　ほたる
山田屋

この書簡中にある「ぬのこ」は、木綿《もめん》の綿入《わたいれ》である。およしさは、良寛に衣服を貸してくれることもあったらしい。先にも触れたが「黄金《こがね》の水」は、良寛の大好きな酒のことである。「黄金の水」とは、大仰な表現であるが、山田家の酒は、格別に上等のものであったのであろう。良寛は、冬になり寒くなって、与板の山田家を訪れることも稀になったので、もはや酒を恵んでくれる人もいなくなったと、この和歌でせつなさを訴えたのであろう。これは、一面本音であったとも思われる。戯歌であるが、風雅な趣のある和歌である。

　およしさは、貞心尼とも親しかったらしい。文政十三年の春、良寛が山田家を訪ねた時、およしさは貞心尼にそのことを知らせたようである。

　その時は、およしさが良寛に「からす」という綽名をつけて盛り上がっていたのである。山田家を訪

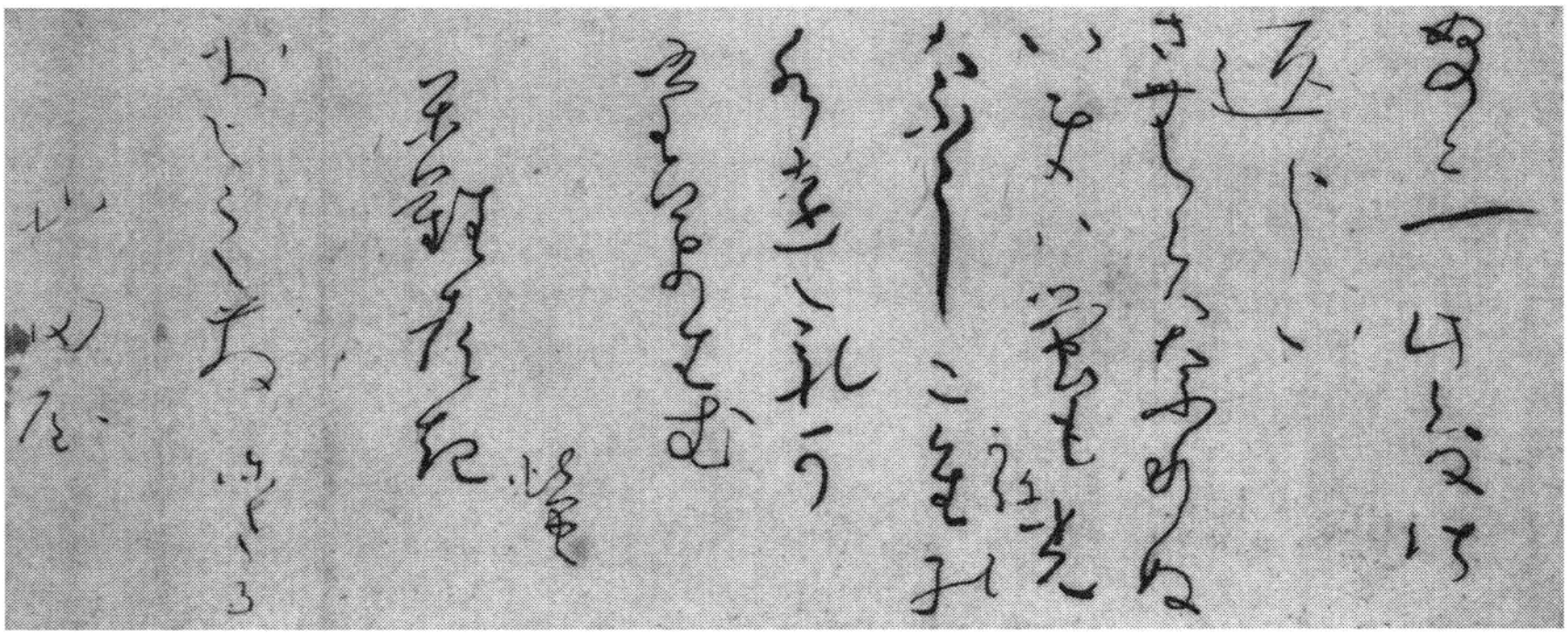

「およしさ」宛書簡

ねた貞心尼と良寛のおもしろい和歌のやりとりを後で紹介するが、これもおよしさというユーモアあふれる人が、その場にいたことから生まれた当意即妙のやりとりだったと思われる。

# 第十九章

# 貞心尼　法弟となる

貞心尼が後に得度した柏崎・洞雲寺

文政十一年二月頃、貞心尼は、再び島崎の良寛の草庵を訪ねている。半年ぶりの訪問であった。貞心尼は、良寛に相見《しょうけん》し、指導を受けている。対面した時、良寛の質問に対して貞心尼が詠んだ和歌は、

**いづこよりはるはこしぞとたづぬれど**
**こたへぬはなにうぐひすのなく**

である。「答へぬ花に鶯の鳴く」の表現には、先に良寛が和歌で「仏法を対象として認識しようとしてはいけない。自分が仏法と一つにならなければならない」とアドバイスしたことに対する答えが含まれていると思われる。そして、貞心尼は「一如《いちによ》」の世界を体得した。自然に春は訪れ花に鶯が鳴くように、迷いは晴れ見性することができたと答えたのである。

貞心尼は、続けて、

**きみなくはちたびもゝたびかぞふとも**
**とをづつとををもゝとしらじを**

と詠んで、このように悟ることができたのも、良寛様が数息観のやり方を教えてくださったお陰だと感謝の思いを伝えている。言うまでもなく、この和歌は、貞心尼が「これぞこのほとけのみちにあそびつゝ…」と最初に詠んだ和歌に対する良寛の返歌、「つきて見よひふみよいむなやこゝのとをとをとおさめて……」の和歌の意を踏まえて詠んでいるものである。貞心尼の和歌の大意は、良寛様がいなかったら坐禅をしながら百・千と無限に数えることはあっても、一・二・三・四と数えて十までいったらまた一に戻って十まで数え、それが十回重なると百になるとは知らないことでしたよ、というものである。良寛に数息観《すそくかん》の基本的なやり方を教えてもらったので集中力が増し、円通《えんづう》の世界を悟ることができ

たと伝えているのである。

これらの貞心尼の和歌に対して、良寛はたいそう満足し、半年にわたってやってきた仏道探究の指導を終了することにする。この時の良寛の返歌は、

**いざさらばわれもやみなむこゝのまり**
**十づつ十をもゝとしりなば**

というものである。高祖道元禅師は、「修証一《しゅうしょういち》如《にょ》」を唱えられたが、貞心尼も坐禅の時、数と一つになり、「一如」に徹していることを認め、一人の立派な「禅尼」として認めたのである。「いざさらばわれもやみなむ」とあっけなく仏道指導を止めてしまうところに、良寛の融通無礙《ゆうづうむげ》な人柄がうかがえる。そして、その時、一つの区切りとして儀式をやったようである。

貞心尼が、帰ろうとした時に、良寛は次の和歌を詠んでいる。

**いざさらバ立ち帰らむといふに**
**りやうぜむのしやかのみまへにちぎりてし**
**ことなわすれそよはへだつとも**

「りやうぜん」は、お釈迦様が「法華経」を説いた「霊鷲山《りょうじゅせん》」の略である。この良寛の和歌は、『拾遺集《しゅういしゅう》』「東大寺造営供養《くよう》」の、

**霊山《りょうぜん》の釈迦《しゃか》の御前《みまえ》に契《ちぎ》りてし**
**真如《しんにょ》くちせず逢ひ見つるかも**

の和歌を踏まえている。良寛の和歌の大意は、お釈迦様の御前で約束したことを絶対に忘れてはいけないよ。お釈迦様と世は隔たっていても、というものである。貞心尼がお釈迦様（仏像や仏画があったかはわからない）に約束したのは、どのようなことだったのだろうか。やはり、尼僧として守らねばならない戒律でなかったかと想像される。また、お釈迦様が「法華経」で説かれたように、大乗仏教の教えに

従って、衆生《しゅじょう》を救うことを約束したとも考えられる。いずれにしても、お釈迦様の仏弟子として真っ直な道を歩んでいくことを誓ったのであろう。この儀式によって、貞心尼は一方で良寛の法弟となった。貞心尼は、この良寛の和歌の返歌として、

**りやうぜむのしやかのみまへにちぎりてし**
**ことはわすれじよはへだつとも**

と詠んでいる。良寛の和歌「なわすれそ」（忘れるな）を「わすれじ」（忘れまい）と替えただけの同趣旨の歌であるが、かえってそこに貞心尼のひきしまった気持ちが伝わってくるように思われる。貞心尼は、この釈迦の前に約束した時のことを一生忘れまいと心の中で誓ったのであった。

その後、良寛は貞心尼が指導を懇願《こんがん》していた和歌について語ったようである。『はちすの露』には、次に「声韻《しょういん》の事を語り給ひて」と詞書《ことばかき》のついている良寛の和歌が所載されている。「声」と「韻」は、漢字の音を構成するものである。和歌における音韻、文法について教えを受けたようである。また、良寛はこの年の冬、由之や馬之助等から『古今後集』や『万葉集』などを借用しているが、これらは貞心尼に和歌を指導するためのものだと思われる。修行によって見性《けんしょう》した貞心尼を「禅尼」と認め、和歌という風雅の世界にもつき合うことにしたのである。この日、貞心尼が帰り際に詠んだ和歌は、

**いざさらばさきくてませよほとゝぎす**
**しばなくころはまたも来て見ん**

というものである。見性したせいかどことなく、和歌は自信に満ちあふれ、「さきくてませよ」（無事にいてください）と良寛にいたわりの言葉をかけるなど、余裕さえ感じられる。そして時鳥《ほととぎす》が鳴く頃にまた来ますのでお会いしましょうと告げている。「時鳥」は、初夏に日本に渡ってくる渡り鳥である。

つまり、初夏にまた訪ねて来ますと言っているのである。

これに対して良寛は、夏は寺泊の密蔵院にいることもあったからであろうか、夏ではなく秋に訪れるよう和歌に詠んで応じている。

**あきはぎのはなさくころは来て見ませ**
**いのちまたくばともにかざさむ**

良寛も仏道指導に一区切がついてホッとしたからであろうか、優れた歌人としての一面をこの歌でようやく披露している。名歌である。今まで哲学的な道歌が多かったが、この歌はそのような雰囲気が消え、一人の女流歌人を相手に素直に詠んでいる。言葉が、流れるように自然につむぎ出されている。歌意は、秋萩の花が咲く頃また訪ねてきてください。無事であったならば、一緒に萩の花を挿頭《かざ》しましょうというものである。王朝文化のような貴《あで》やかな風景が想像される。「いのちまたくば」と詠んだのは、良寛がこの世は無常であるということを深く認識していたからである。さりげなく、仏教の世界も和歌に織りこんでいるのは、さすがである。そして、五ヵ月くらい後にまた会うことを約束して、師弟は別れたのである。

ところが、貞心尼は秋萩が咲くにはまだ早い夏に、ひょっこりと島崎の草庵にいる良寛を訪ねてきたのである。

『はちすの露』には、

**されど其ほどをもまたず又とひ奉りて**
**あきはぎのはなさくころをまちとをみ《ママ》**
**なつくさわけてまたもきにけり**

とある。秋萩が咲く頃が待ち遠しいので、夏草を分けてまた来てしまいましたよと心中を吐露したのである。この貞心尼の和歌に対して良寛は「貞心尼に代てよめる」と詞書を記した和歌を詠んでいる。

**萩が花さけば遠《とほ》みとふるさとの**
**柴の庵を出《い》でて来《こ》しわが**

貞心尼が詠んだ和歌を土台としながらも、私ならこんな風に詠むよと、〝良寛調和歌〟の手ほどきをしたとも受け取ることができる。この和歌は、「はちすの露」に所載されていないが、美しい仮名で書かれている良寛の真跡が伝来している。やはり、良寛の和歌の方が、こまやかな心情が詠みこまれ、優美な世界が表現されている。結句に「来《こ》しわが」と倒置法を使っているところも、読み手に強い印象を与えている。

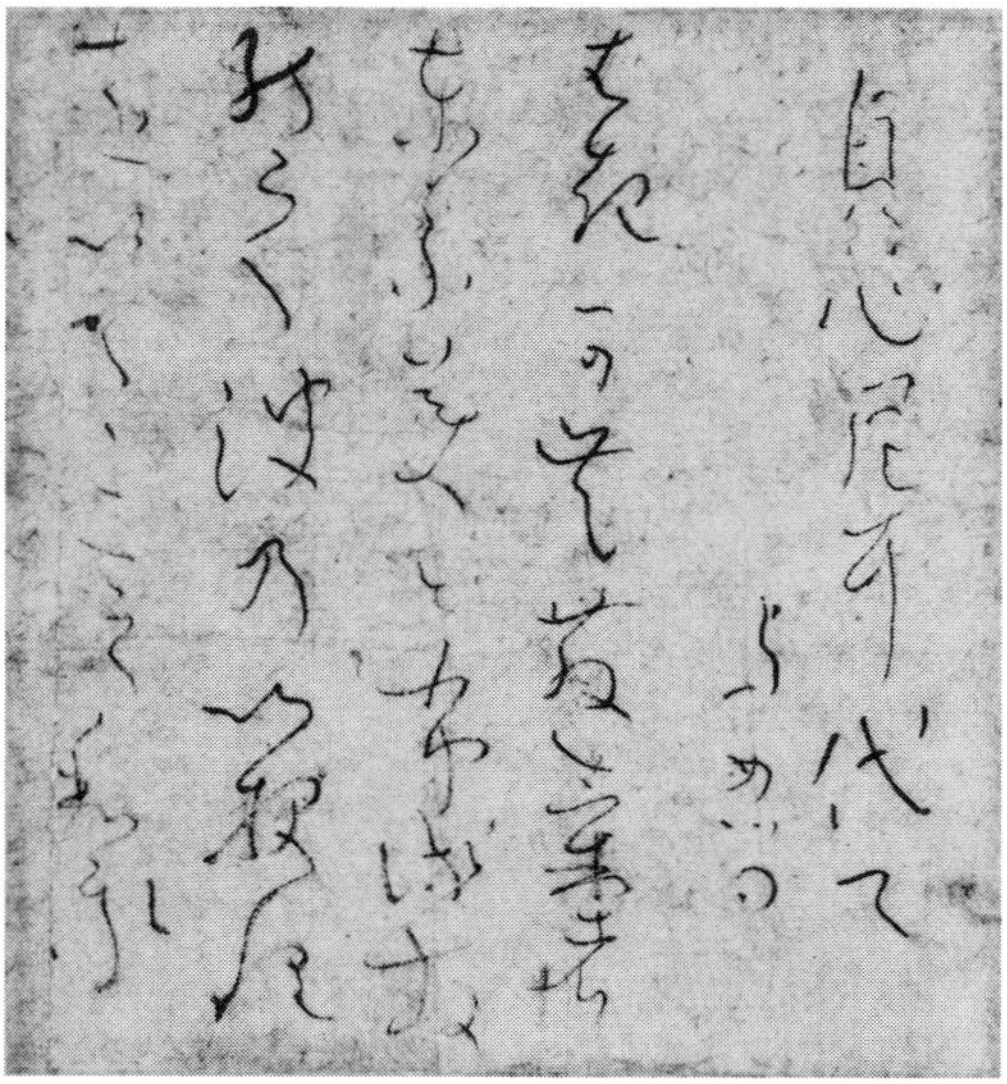
良寛書「貞心尼に代てよめる」

良寛は、貞心尼の「あきはぎの…」の和歌を受けて、次のような返歌を詠んでいる。

**あきはぎのさくをとを《ママ》みとなつくさの**
**つゆをわけ〳〵とひしきみはも**

この歌は、「貞心尼に代てよめる」と詞書のある良寛が詠んだ和歌に対応するように、「とひしきみはも」と倒置法を使って詠まれている。このことによって草いきれのする山道を苦労してたどってきた貞心尼への思いが焦点化されてくる。また、「つゆをわけ〳〵」という表現もすばらしい。繰り返しの表現をすることによって、貞心尼が訪ねてくる道中の様子が生き生きと描き出されている。やはり、良寛の名歌のひとつに数えられるものであろう。
すっかり打ち融けて、和歌の唱和をしている師弟の姿は、ほのぼのとして美しい。しかし、一方で二人の一流の歌人の「真剣勝負」という側面も見て取れる。貞心尼は、既に越後でも名を知られた歌僧でもあったのである。

貞心尼が、秋を待たず最初の言葉どおり夏に訪れたというのも、背後に理由があったようである。というのも、文政十一年の五月下旬から六月上旬にかけて、寺泊の夏戸本光寺で、住職で歌僧の義成の長寿を祝う歌会があり、貞心尼も参加しているのである。その時、良寛、山田静里、久女、良巨、千本、雅技の名も出席者として記録されている。夏戸は、島崎から一里あまりの所にある。この歌会に参加する途中、貞心尼は島崎の良寛のもとを訪ねたとも考えられるのである。この歌会で良寛が詠んだ歌が、

**よしなりぬし四十路《よそぢ》の祝とて**
**なにをもて君が齢《よわい》をねぎてまし**
**松も千年《ちとせ》の限りありせば**

だと思われる。正直な歌である。この歌会で貞心尼が詠んだ和歌が、どのような和歌であったか知りたいところである。

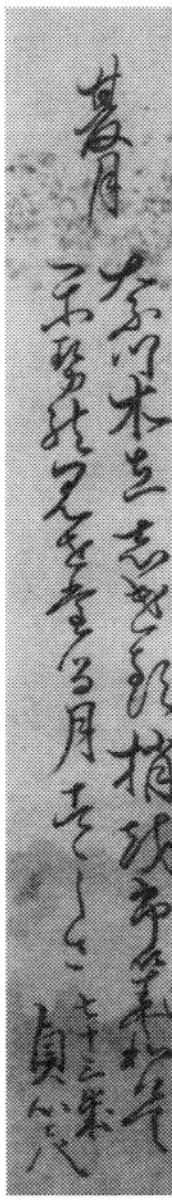
貞心尼の短冊和歌

○

文政十二年の夏、貞心尼は久しぶりに島崎の木村家草庵に住む良寛のもとを訪ねたようだが、良寛は不在であった。文政十一年秋から十二年春にかけて、貞心尼は柏崎閻王寺に行っていたのか、しばらく島崎の草庵を訪ねていなかったようである。『はちすの露』には、文政十二年夏の唱和と思われる和歌が載っている。

あるなつの比《ころ》、まうでけるに、
何《いず》ちへか出給《いで》ひけん、見え玉はず
ただ花がめに、はちすのさしたるが
いとにほひて有けれバ

貞

きてみればひとこそ見えねいほもりて
にほふはちすのはなのたふとさ

貞心尼が夏の一日島崎草庵を訪ねてみると、良寛は留守で、瓶《かめ》にさした蓮の花が美しく咲いていた。そこで、貞心尼は、訪ねてきましたところ良寛様はいらっしゃいませんでしたが、庵を守るように色の美しい蓮の花が尊く咲いていますよと、和歌を詠んで置いていった。帰庵した良寛は、その和歌を見て、

みあへするものこそなけれこがめなる
はちすのはなを見つつしのばせ

と唱和して詠んでいる。「御饗《みあえ》」は、飲食のもてなしをすることである。何もおもてなしするものもありませんでしたが、蓮の花を見ながら偲んでくださいと応じている。良寛は、泥中から美しい花を咲かせる蓮が大好きで、五合庵にいる時も、側に池を掘って、蓮の花を咲かせていた。それにしても、良寛が、庵中に花を生けていたというのは、驚きである。仏教の象徴、蓮の花を大切にしていたのである。

『はちすの露』には、続いて文政十三年の出来事が記されている。この年の三月のことと思われるが、弟の由之は、良寛の長寿を祈って「蓮の花」模様の座蒲団《ざぶとん》を贈っている。貞心尼が島崎草庵を訪れた時、この座蒲団が目に止まったのだろう。次の歌を詠んで語りかけている。

**御はらからなる由之翁のもとよりしとね奉るとて**

**ごくらくのはちすのはなのはなびらに**
**よそひてみませあさで小ぶすま**

貞心尼は座蒲団の「蓮の花」の模様があるのを見て、極楽に咲いている蓮の花の模様の麻の座蒲団に、どうか乗ってくださいと詠んでいる。極楽浄土で仏が座るという蓮華の座にたとえたのである。貞心尼の歌を見ると、いかに良寛を尊敬していたか窺えるとともに、二人の打ちとけた様子も見て取れる。

良寛は由之から座蒲団を贈られた時、

**いざさらばはちすのうへにうちのらむ**
**よしやかはづとひとは見るとも**

と詠んでいる。よほど座蒲団を贈られたのが嬉しかったのであろう。由之への礼状にもこの和歌が記されている。

これが、きっかけとなったのか、良寛は貞心尼に父以南のことも語っている。良寛は、寛政七年七月桂川に身を投げたという、父以南の俳諧「朝霧に一段低し合歓《ねむ》の花」が書かれていた掛け軸を大切に所持していた。そして、その軸の余白に賛を書き入れていた。良寛はその掛け軸を貞心尼に見せたようである。『はちすの露』には、

**たらちをの書給ひし物を御覧じて**
**みづくきのあともなみだにかすみけり**
**ありしむかしのことをおもへば**

良寛は、この俳諧を見ると、父以南のことが思い出され涙が止まらなかったのである。良寛が親族のことを貞心尼に話して聞かせていることからすると、この頃には相当心を許していたことが窺える。

文政十三年の三月か閏《うるう》三月頃だと思われるが、良寛が与板の山田家を訪ね、杜皐の妻よせ子（およし

さ）をはじめ家族と歓談しているという知らせを聞いた貞心尼は、福島を出て与板山田家を訪ねている。そして、その良寛を囲む輪に加わっている。その時、冗談好きのよせ子が、良寛に「からす」という綽名《あだな》をつけてからかっていた。足は白いのに、顔は日に焼けて黒く、また衣も黒かったのでこの綽名がつけられたらしい。その和気藹々《あいあい》とした雰囲気に、貞心尼も影響され、「からす」にからめて良寛を困惑させるような和歌を詠んでいる。

**からすてふ名をひとのつくればとのたまひければ　貞**
**やまがらすさとにいゆかば子がらすも**
**いざなひてゆけはねよはくとも**

**御かへし　師**
**いざなひてゆかばゆかめどひとの見て**
**あやしめ見らばいかにしてまし**

**御かへし　貞**
**とびハとびすゞめはすゞめさぎはさぎ**
**からすはからすなにかあやしき**

**日もくれぬれバ宿りにかへり又あすこそとはめとて　師**
**いざさらばわれハかへらむきみはこゝに**
**いやすくいねよはやあすにせむ**

**あくる日はとくとひ来給ひければ　貞**
**うたやよまむてまりやつかん野にやでむ**
**きみがまに〳〵なしてあそばむ**

**御かへし　師**
**うたもよまむてまりもつかむ野にもでむ**
**こゝろひとつをさだめかねつも**

これらの和歌のやりとりを見ていると、積極的に攻め込んでくる貞心尼に、良寛もたじたじの様子である。貞心尼は、良寛と一緒に托鉢に出たいと言い

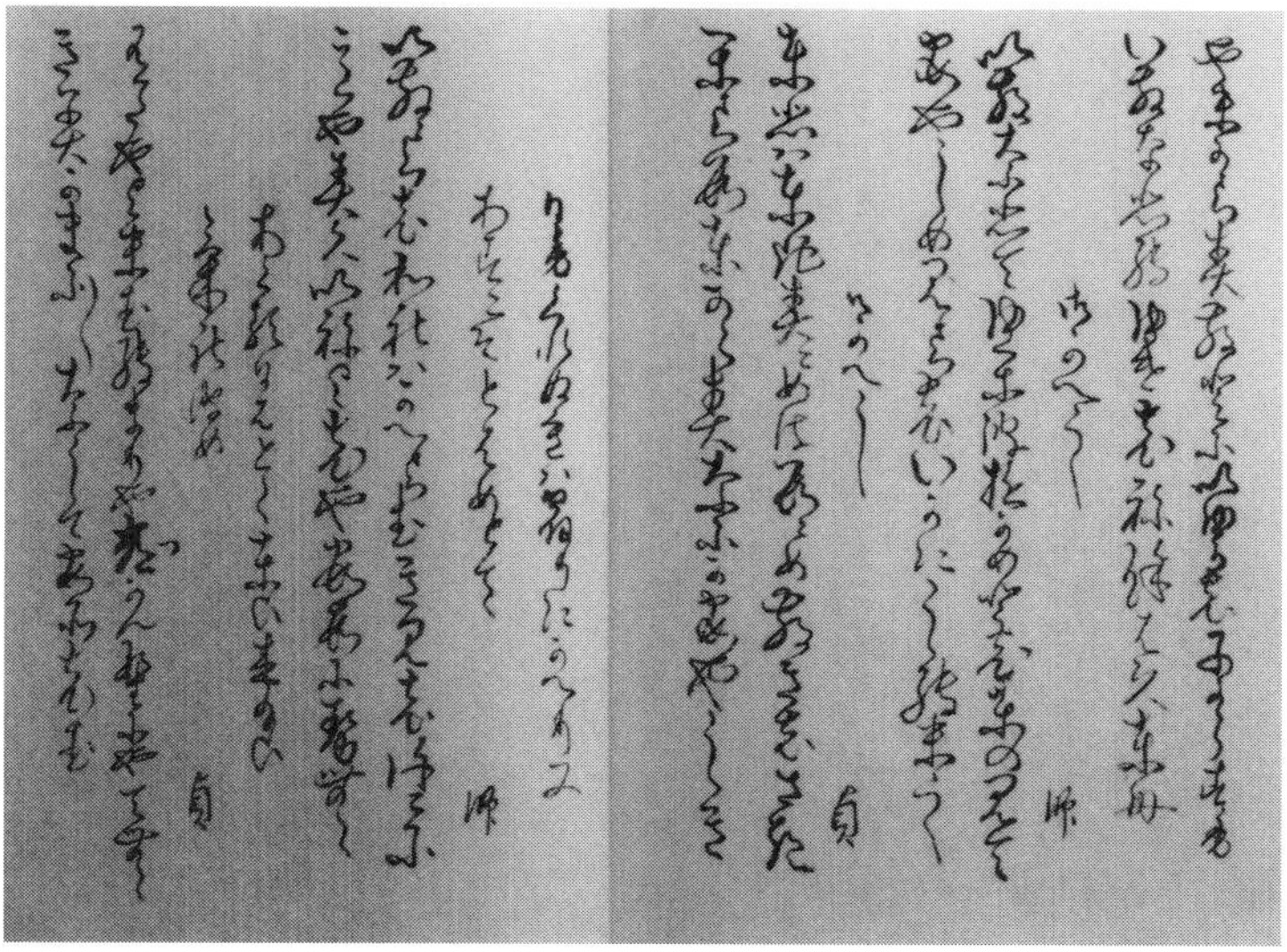

貞心尼編『はちすの露』

出したのである。良寛の返歌は押されぎみで窮している。与板の山田家の人々は、ユーモアあふれる人が多かった。そのような雰囲気の中で、戯歌とも言えるこの和歌のやりとりがなされていたと思われる。

この日の出来事は、良寛にとっても忘れることのできないものとなったと思われる。良寛は、この日山田家の向かいの蓮正寺に泊まって、翌朝再び貞心尼と和歌のやりとりをしている。そして、「ことかたへわたり給ふ」（『はちすの露』）とあるので、予定していた場所へと旅立って行った。「ことかた」（別の場所）というのは、三条であったかもしれない。良寛は、この年の四月に三条の三浦屋に立ち寄っている。

# 第二十章
# 島崎時代の書

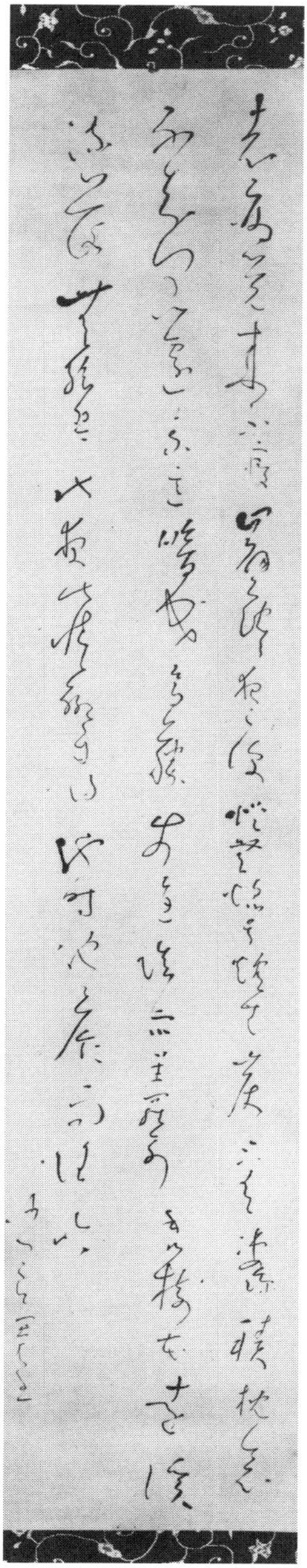

良寛、島崎時代の書「老病…」

良寛は晩年、書聖王羲之《おうぎし》の法帖を阿部定珍から借用して学んでいる。定珍宛書簡には、「王羲之法帖二巻御返申候」とある。王羲之は、中国東晋時代の書家で、隋・唐以来「書聖」と仰がれ、至高無上として斯界に臨んでいる人である。良寛がこの時、学んだ法帖は、『淳化閣帖』のエキスだけ取った『二王帖』だったと思われる。良寛の草書は、晩年になると壮年期のような奔放な書きぶりは姿を消し、内に無限の含蓄と余韻を残した平淡天真な趣になる。これには、王羲之や孫過庭の正統派の書を学んだことも影響していると思われる。

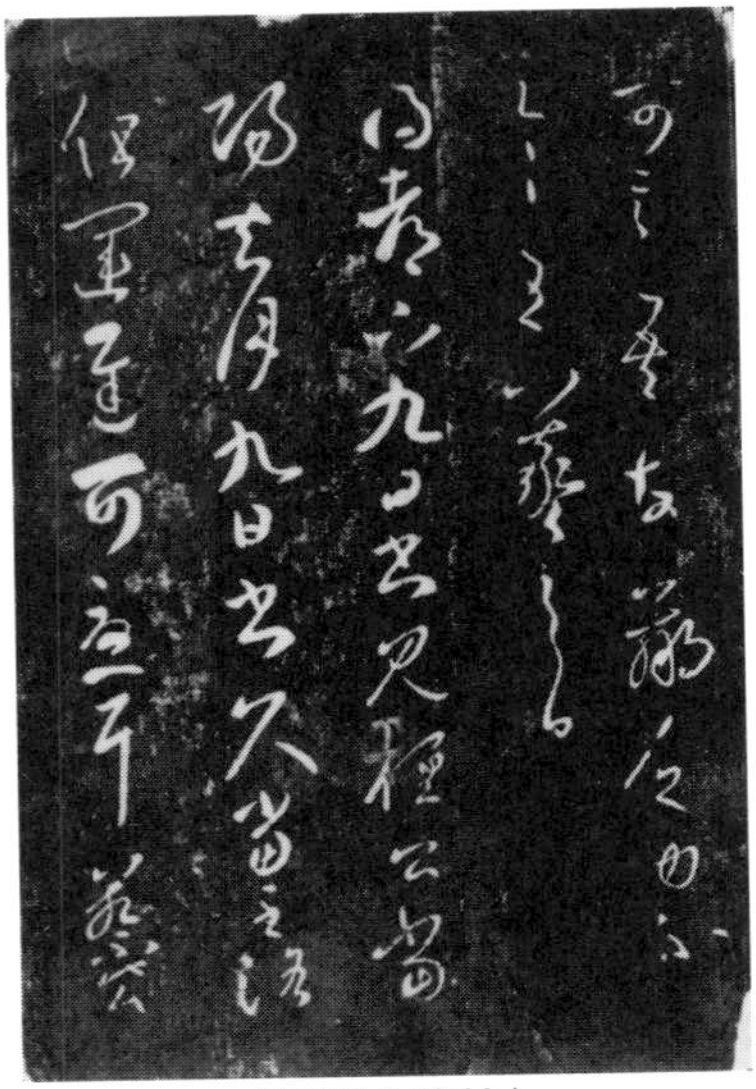
「王羲之法帖」

良寛は、「孫過庭の書」を祥二という人から借用して学んでいる。祥二老宛書簡には、「孫過庭の書長々拝借有難奉存候」とある。孫過庭は、唐時代の人で『書譜』を書いたことでも知られている。孫過庭は、唐時代新書芸の台頭に対し、王羲之を正統とし、伝統的書道を遵守したという王羲之とも深いつながりを持った人である。

このように、良寛は晩年に「王羲之法帖」や、「孫過庭の書」といった正統派と呼ばれる草書を学んでいる。良寛は、古いものの中に宿る清新で純朴な趣に心ひかれたのであろう。こうして、良寛の晩年の草書は、いっそう品格の高いものになっていったのである。

良寛草書の形成過程を見ていると、その草書には多種多様な時代があったことが窺われる。良寛は五合庵時代『自叙帖』を学ぶ時は、それに全身全霊打ちこみ、あたかも公案に参ずる時のように無心に学んでいる。そして、その時は『自叙帖』そっくりな書を残した。しかし、良寛はそれに甘んずることなく乙子神社時代、懐素の『千字文』を学び、その書境を変化に富む深いものにしていった。『千字文』を学ぶことによって得た、点を散りばめ、右に左にとバランスをとりながらの草書の手法は、良寛が数百年ぶりに復活させたといってもよい新鮮なものである。これも、良寛自身の持っていた古典を見る審美眼と、美に対する飽くなき追求がもたらしたものであろう。

また、島崎時代行きついた余韻ある神品とも称される世界も、心洗われるようで本当に美しい。王羲之の影響も見て取れる。良寛の草書は、長い時間にわたる習練と美しい古典との出会いによって、結実した芸術だということができよう。

しかし、手習いを二十年やったからといって、立派な書が生まれるとは限らない。良寛は手習いを重視したが、けっして芸術におぼれたり擦《す》れ枯らしになったりしていない。良寛の書は、常に人間から離れていない。良寛は古典を学ぶ時は一生懸命学び、そっくりな書を残した時期もあったが、それにとらわれることなく、いつの間にか自らのリズムに同化させ、完全に自己のものとしていっている。主人公は、良寛であった。ここが、同時代の唐様書家の書と大きく違うところのように思われる。

良寛の草書は、純粋で自由な精神と、手習いによる品格ある芸術、また良寛天性の空間の生かし方や、自然なリズムが噛みあってはじめて生まれた至高の芸術ということができよう。

解良栄重の記した『良寛禅師奇話』には、

**国上《くがみ》の菴（庵）に在《あ》りし（ママ）筆硯《ひっけん》、紙墨《しぼく》もありしやらん。手《て》習《ならい》の反古《ほご》などもみし。嶋崎《しまざき》に徙《うつ》りて後《のち》は紙筆《しひつ》も不貯《たくわえず》。**

とあるので、もはや七十歳頃を過ぎると、草書もかなも、ほとんど臨書はやっていないらしい。しかし、その書境はいよいよ完成の域に達し、神品とも称される名品を数多く生んでいる。そして、その線

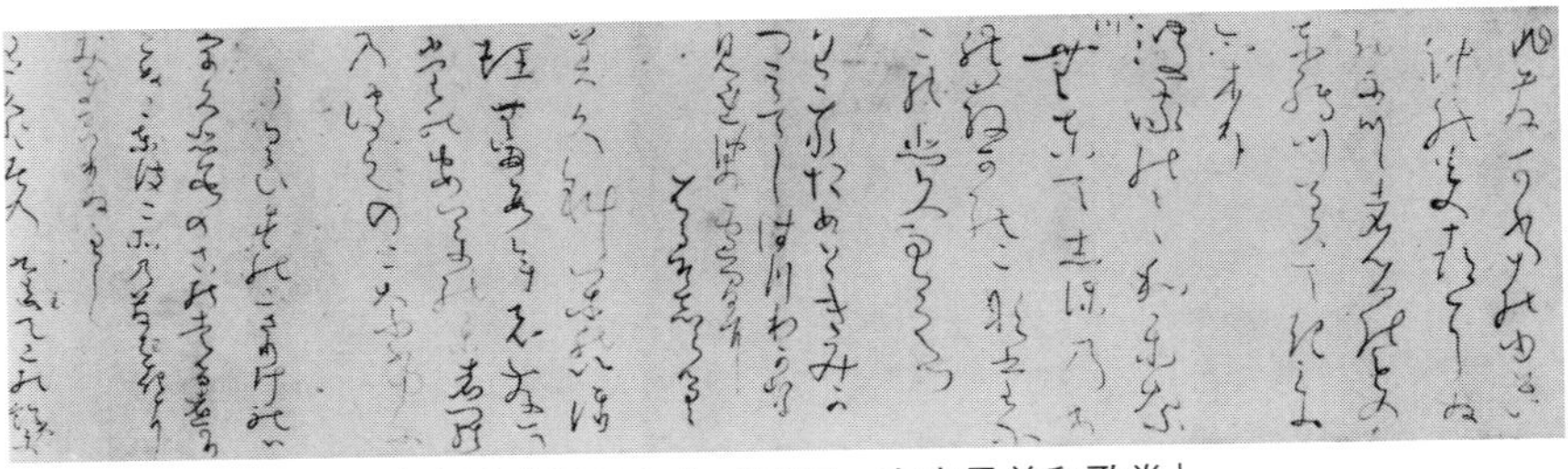

良寛最晩年のかな「良寛・由之兄弟和歌巻」

は一層細くなり、しみとおるような気韻を帯びてくる。

島崎時代のかなの運筆法をみると、乙子神社時代のかなと違い、起筆も鋭利な入り方をし、染み入るような書きぶりになっている。そして、神韻縹渺《しんいんひょうびょう》ともいえる絶妙な趣が出てくる。筆づかいは、再び本来のかなの線である柳葉線《りゅうようせん》（柳の葉のように細くスッと入り、力を加えていく線）とよばれる線に戻ったわけである。しかし、五合庵時代のかなと違い、自由無礙で美的感覚にも優れた独創的世界を創りあげていったのである。

章法の面では、また新たな展開をみせ、小筆の穂先に命毛をつかって繭糸《まゆいと》がはきだされるように複雑な連綿線が多用されるようになる。しかし、その中に余白を絶妙に生かした放ち書きを交えたり潤渇の変化をつけるなど、そのかなは一層多彩な変化と絶妙な息づかいを見せるようになる。

最晩年のかなは、老衰のためか筆先が微妙にふるえているものも見られるが、それがかえって微妙な趣をかもしだして枯淡な趣を呈してる。そのかなには、幽玄というか、外へあらわれきらないで、内に無限の含蓄と余韻を蔵して、底知らぬ深さが出てくる。その動きは、良寛が書いているのではなく、良寛の「天真」が書いているような、天地に任せきった書である。あたかも、紅葉の葉がしずかに微風に舞いながら左へ右へとひらりひらりと散っているようである。もはや、五合庵時代や乙子神社時代のかなのように、意志的な力はない。良寛の辞世の句

## 裏をみせ表をみせて散る落葉

の境涯そのままの書である。長い間かかって会得した技法も技巧もみなふっきったところで、新たな世界を現出している。良寛の書は境涯のあらわれそのものであったのであろう。

良寛最晩年の名品として知られる「良寛・由之兄弟和歌巻」は、文政十二、三年頃の作品と思われるが、そのかなは書き進むほどに一層多彩な変化と、絶妙な息づかいを見せるようになり、自由自在な書境を示すようになる。ことに最後の部分は、数字を一息で連綿したかと思うと、次には一字一字余白を生かしながら、放ち書きにするなど、今までに見られない新境地を開いた作品ということができよう。

その作品は、良寛と弟由之がつどい、それぞれの和歌を交互に書きつらねたものである。また中には、父以南の句も書き添えてあるので、兄弟ともに父を偲びつつ唱和したものであろう。由之は四歳下の弟で、山本家をついで新左衛門を襲名したが、文化七年訴訟事件に敗れ、家財取上げのうえ所払いとなった。由之は兄良寛と同じく文才があり、和歌を多く詠むとともに『くらげの骨』という文法書も著している。文政八年、由之が与板の松下庵に移り住むようになって二人の交流も盛んになった。良寛晩年のうるわしい作品といえよう。

このように、良寛の晩年のかなは神韻を帯び、かつ自由無礙の妙境を見せている。ここまで、自分のものとしてかなを自由自在につかいこなせた人は、

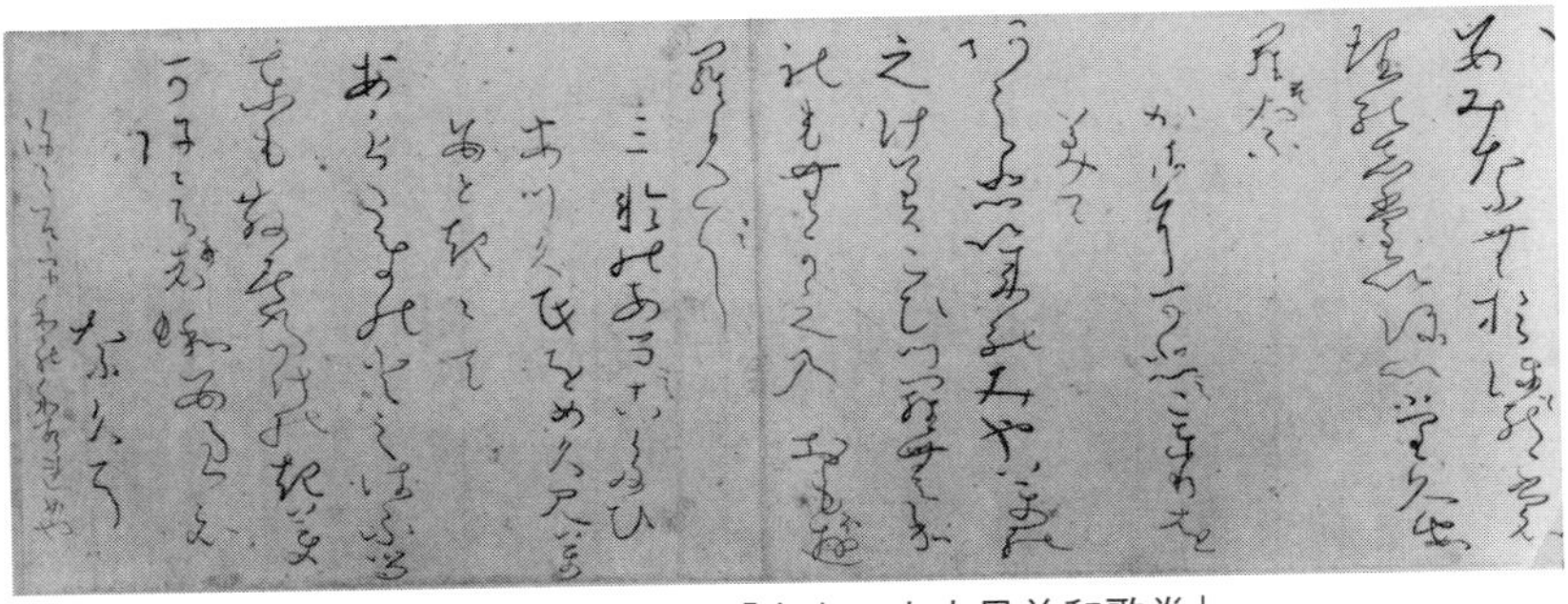

良寛最晩年のかな「良寛・由之兄弟和歌巻」

前にも後にも良寛一人だったのではないかと、私は思っている。そして、このようなすばらしいかなができたのは、『秋萩帖』との出会いも大きな要因を占めていようが、その外に良寛自身のたゆまない努力、そして独自の美意識、内面的世界の深まりなどが渾然一体となってようやく出現したものと考えられる。とにかく、そのかなには良寛の生き方がそのまま如実に反映されていると思われる。そこが、何よりも尊く、また良寛の作品が我々を魅了するのも、「生き方、即書」の典型的な表れが見られるからなのであろう。

# 第二十一章

# 塩之入《しおのり》峠　改修を喜ぶ

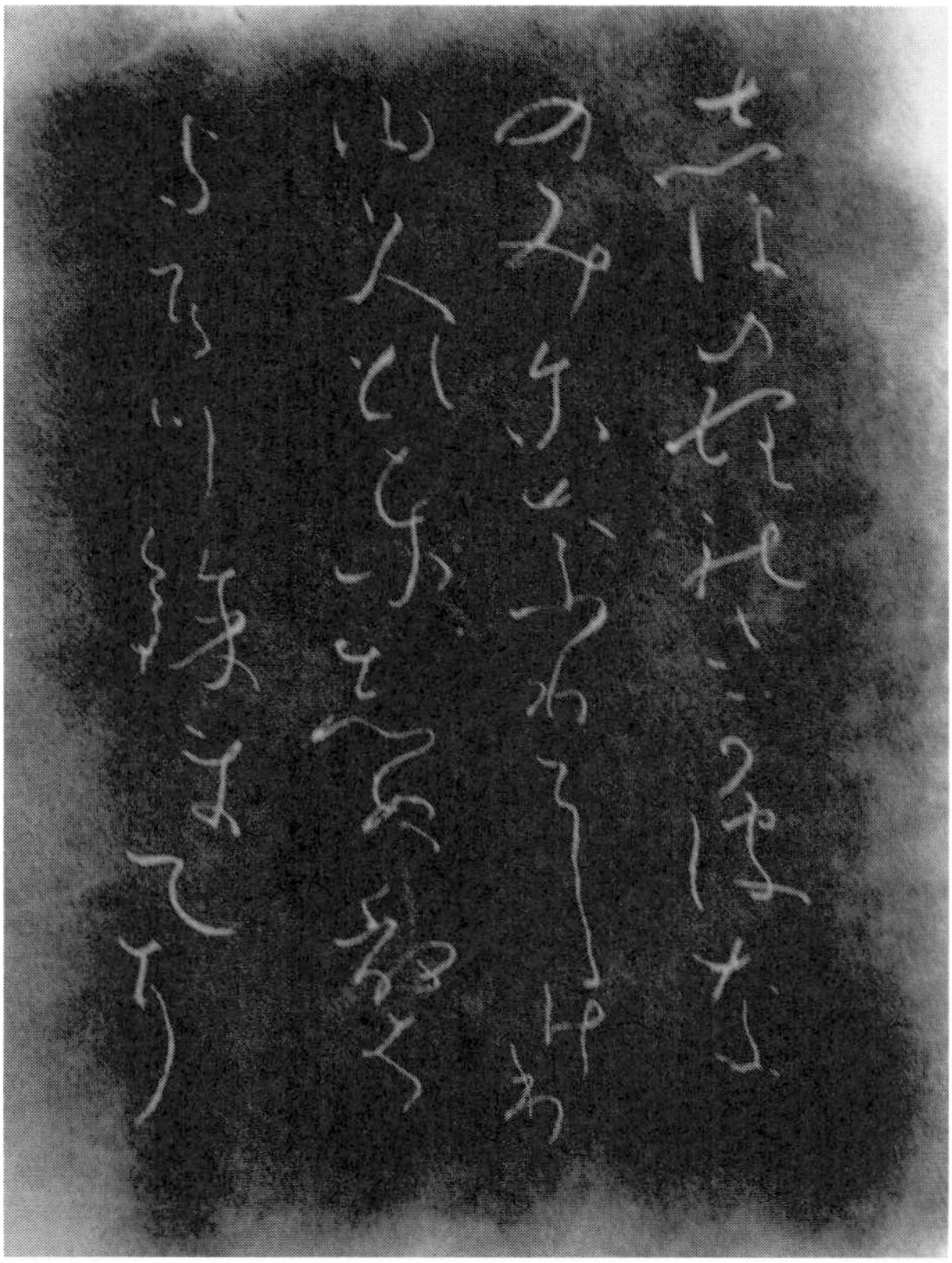

塩之入峠歌碑「しほのりの」

文政十一年の秋頃、与板藩によって塩之入《しおのり》峠の改修工事が行われた。与板と島崎の間にある標高百十メートルほどの峠道は、険しい坂が続き、往来の人々は大変難儀をしていた。その苦しい状況を知った与板藩主井伊直経《いいなおつね》が与板側の本《もと》与板の庄屋覚兵衛と島崎側の荒巻村の庄屋善平に命じ、村人達の努力によって、峠の道は改修され、与板と島崎の往来は格段に楽になった。

険しい塩之入峠の改修を心から喜んだのが良寛であった。良寛が島崎に移住した文政九年九月の末であったと思われるが、弟由之も文政九年十二月に与板町に滞在し、文政十年春頃に与板の中川家の屋敷内の松下庵に移り住んでいる。しかし、島崎と与板の間に険しい塩之入峠があったので、良寛は由之のもとを訪ねることもままならず、せつない思いをしていた。

**塩のりの山のあなたに君おきて**
**独《ひと》りしぬれば生《い》けりともなし**

良寛は、この和歌で塩之入峠のむこうに弟由之を置いて寝ていると、生きた心地がしないと詠んでいる。また、由之が近くに居ても会えないくやしさを次の和歌で詠んでいる。

**君が家《や》と我が家《や》とわかつ塩之入《しおのり》の**
**坂を鍬《くわ》もてこぼたましもの**

「こぼつ」は、取りくずすことである。あなたの家と私の家を隔てている塩之入峠の坂を鍬で取りくずしたらよかったのになあ、と詠んでいる。険しい塩之入峠の坂がよほど癪《しゃく》に障ったのであろう。良寛はどうしても与板に行かねばならない時は、遠回りして信濃川沿いの道を通っている。良寛は老いもあり、この頃、塩之入峠を越えて行くのは困難であったようである。

**塩のりの坂をかしこみこのたびは**
**大川の辺《べ》を回《た》みて来にけり**

「かしこみ」は、恐ろしいのでという意である。「大川の辺」は、信濃川の川べりを指す。塩之入峠の坂が険しくて恐ろしいので、今回は信濃川の川べりを遠回りして来たことだよと詠んでいるのである。良寛は、この時与板に行くにあたって、島崎村から黒坂村、入軽井村と信濃川添いを通っていったのであろう。

しかし、文政十一年の末には塩之入峠が改修され、通りやすくなったのである。良寛はこれで由之との交流ができるようになると手ばなしで喜んでいる。そして、長歌と反歌一首を詠んでいる。

**越《こし》の国　角田《かくだ》の浦の　乙女らが　朝凪《あさなぎ》に　相呼びて汲《く》み　ゆふ凪《なぎ》に　こりて焼くちう《(ふ)》　塩之入の坂はかしこし　上見れば　目にも及ばず　下見ればば　魂《たま》も消《け》ぬべし　千里《ちさと》行く　駒《こま》も進まず　み空行く　雲も憚《はば》かる　その坂を　よけく安けく　平らけく　墾《は》りけむ主《ぬし》は　いかなるや　人にませかも　ちはやぶる　神の詔《のり》かも　み仏の　遣《つか》はせるかも　ぬばたまの　夜の夢かも　お《(を)》つつかも　かにもかくにも　言はむすべ　せむすべ知らに　塩之入の　坂に向かひて　千度《ちたび》お《(を)》ろがむ**

**塩之入の坂は名のみになりにけり**
**行く人しぬべよろづ世までに**

良寛は、この長歌の中で険しい塩之入峠の坂を平らに直してくれたお方は、どのようなお方であろうか。この改修は神のお告げであろうか、あるいはこの方は仏がお遣《つか》しになった人であろうかなあと、峠の改修を命じた与板藩主井伊直経の善政に感嘆の声を上げている。そして、塩之入峠に向かって何度も拝んで感謝していたのである。良寛が、仏がお遣しになった人であろうかと讃えた井伊直経は、この時三十歳の若き藩主であった。先祖は、徳川四天王の一人井伊直政である。与板藩井伊家は、彦根藩主井伊直政の嫡男直継の系統で、宝永三年（一七〇六）に井伊直矩《なおのり》が与板二万石藩主となったのが始まりである。塩之入峠を改修した井伊直経は、第八代藩主であった。学問好きの君主であったという。良寛は、民衆の峠往来の難儀をよく理解し、それを解決してくれた藩侯に心から拍手をおくったのである。

良寛は、反歌では塩之入峠の坂が険しいというのは、過去の話になってしまった。この峠を通る人は、いつまでも先人の改修の苦労を思い起こしてほしいと詠んでいる。この和歌は、昭和二十五年塩之入峠のトンネルの与板側出口に歌碑として建立された。その美しい仮名は、魅力あるもので、良寛の詩歌碑の中でも白眉のものである。

良寛は、塩之入峠の坂が改修されたという話を聞き、早速与板の松下庵にいた由之のもとに誘いの和歌を贈っている。

**塩之入の坂はこのごろ墾《は》りにけりてふ**
**あづさゆみ春になりなば越えて来《こ》よ君**

この和歌は、「五七七・五七七」の形式の旋頭歌《せどうか》である。この和歌はおそらく、改修が完了した文政十一年冬のものであろう。「来年の春になったら、改修され平らになった塩之入峠を越えて訪ねてきなさい、あなた」と呼びかけている。良寛の歌は、晩年になるほど、年齢に反比例するようにみずみずしい情感が増しているように感じられる。晩年学んだ「万葉集」の影響もあると思うが、そこには、「悟了同未悟」の言葉どおり、円熟味を増し〝普通の人〟として巷間に生きた良寛の飾らない心があらわれているように思われる。

○

文政十二年の春、二人の兄弟の心の距離は更に縮まり、遠慮のない率直な交流が始まったように思われる。それが端的にあらわれている良寛の由之宛歌消息が、次のものである。

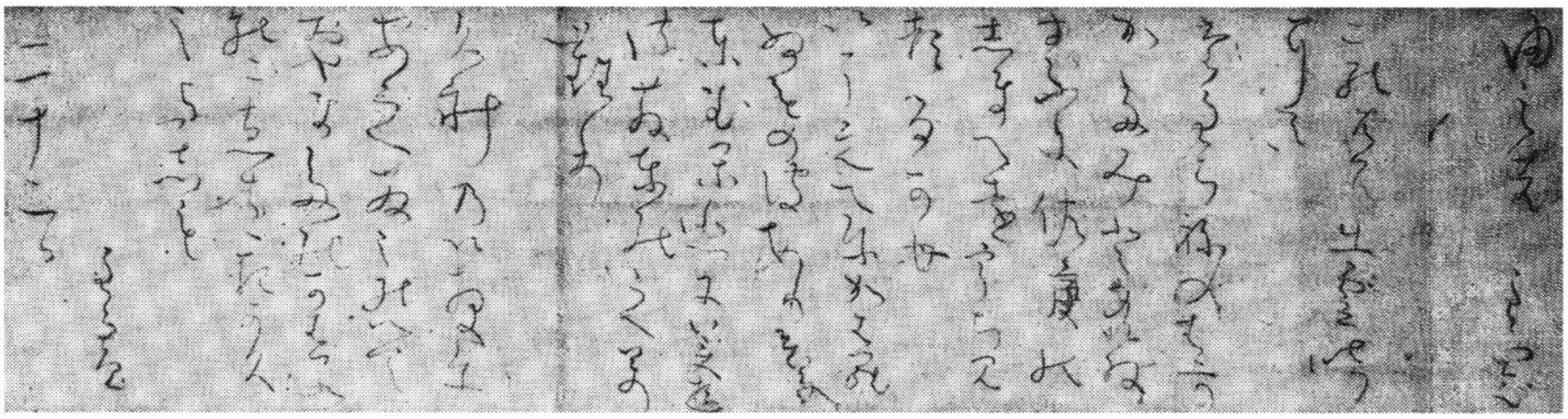

由之宛書簡
「このごろ出雲崎にて」

由之老　　良寛

このごろ出雲崎にて

たらちねの母がかたみと朝夕に
佐渡の島辺《しまべ》をうち見つるかも

いにしへに変らぬものは荒磯海《ありそみ》と
むかひに見ゆるさどの島なり

くさの庵《いほ》に足さしのべて小山田の
かはずの声を聞かくしよしも

二十二日　　良寛

この書簡は、内容と筆蹟からして文政十一・十二年春のものと思われる。何月か書かれていないのは、二月の初旬に由之と会ってまもないからで、「二十二日」とあるのは、文政十二年の春頃のものであろう。良寛は、由之と島崎で歓談した後、出雲崎を訪ねたようである。由之と話をしているうちに、出雲崎にねむる母秀子が懐かしく思い出され、久しぶりに立ち寄ったと思われる。母秀子は、佐渡相川の出身であった。良寛は母の形見と思って佐渡の島影を眺めていたのである。この書簡には、「このごろ出雲崎にて」という詞書しかないが、これだけでどのような思いで良寛が母をしのぶ歌消息をよこしたか、由之には理解できたと思うのである。

良寛が出雲崎を訪れて由之に歌消息を贈った時、良寛は同様の和歌を別の一紙に書き留めている。そこには「いにしへにかはらぬものは…」の和歌の次に、

**春の野に菫《すみれ》摘《つ》みきて雉《きじ》の声**
**聞けば昔の思ほゆらくに**

という和歌が書かれている。「雉の声」は、父母をしのばせるものと言われる。出雲崎で良寛は、少年時代をしのび懐旧の情にひたったのであろう。

○

文政十二年十二月にも、良寛と弟由之の兄弟愛が感じられる交流があった。良寛はこの時、知人から塩入《しおいれ》の小さな壺をもらったが、蓋《ふた》がなかったため由之に、蓋にふさわしい「栄螺《さざい》の殻《から》の蓋《ふた》」が欲しいと和歌に詠んで依頼している。

**世の中に恋しきものは浜辺なる**
**栄螺《さざい》の殻の蓋《ふた》にぞありける**

しかし、冬の荒れた海で栄螺の蓋は見つからなかったらしい。由之は、九日付の良寛宛返書で「此節はなき物のよしに候」と伝え、

**わたつみの神に幣《まひ》してあさりけん**
**君のほりする栄螺《さざい》の蓋は**

の和歌を添えている。海の神に「幣《まひ》」（贈り物）を

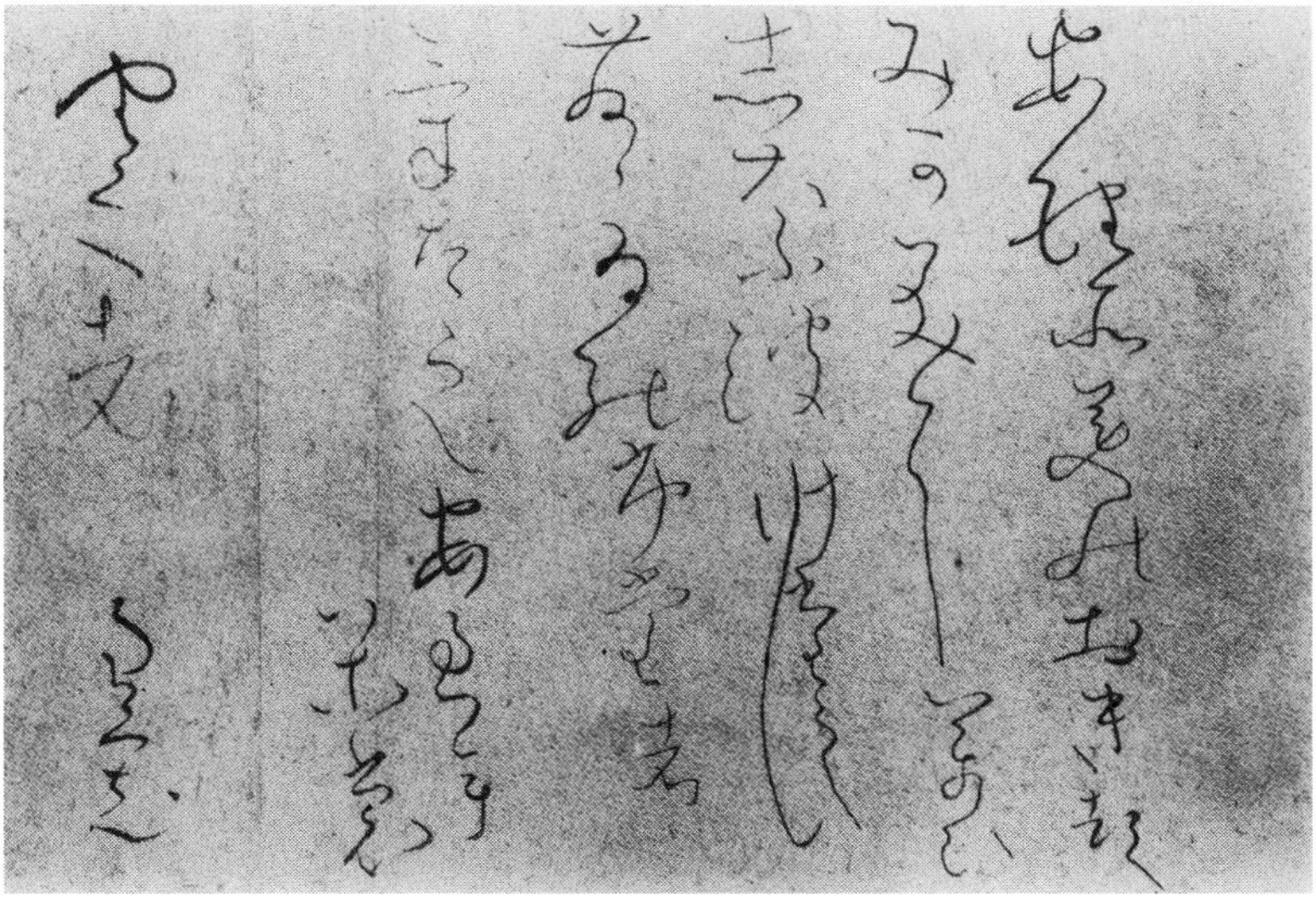

由之宛書簡「ありそみの…」

して、あなたが欲しがっている栄螺の蓋を探してみましょうという意である。それに対して、良寛は由之に歌消息を贈っている。

**荒磯海《ありそみ》の沖つみ神に幣《まひ》しなば**
**栄螺《さざい》の蓋《ふた》はけだしあらむかも**

由之の和歌と同趣旨の内容である。二人のやりとりは、戯れを交えるなど屈託がなく、ほのぼのとしたものがある。「栄螺の蓋」をめぐるささいなやりとりでも、機知をきかせて風雅な世界を現出させている。これも、やはり兄弟愛の現われであろう。

その歌消息の仮名も、秋萩調の仮名で連綿線を多く用い、蚕《かいこ》が繭《まゆ》をつくるようにどこまでも線がからみあって書かれている。良寛の文政十二年末の美しい仮名の世界がうかがえる一作品であろう。

# 第二十二章
# 三条地震に心痛める

三条地震『懲震毖鑑』

三条町には、知人が多く、良寛にとって大切な所であった。その三条が災難に見舞われた。文政十一年（一八二八）十一月十二日巳《み》の刻（午前八時三十分頃）、三条を中心に大地震があったのである。地震の規模は、マグニチュード六・九で、三条の震度は「七」であった。この地震のため被害は、死者千六百七名、傷者千四百余名、倒壊家屋一万三千余軒、焼失家屋千百七十軒、半焼九千三百余軒にも及んだという。被害を受けた地域は、新潟から長岡に及んだが、震源地に近い三条・見附が特に被害が大きかった。震源地は、三条市芹山《せりやま》付近と見られる。

三条地震が起きた時、良寛は島崎の草庵にいて無事であったが、三条の被害の大きさを知るにつけて心を痛めていた。当時、下《しも》今町の庄屋をしていた小泉其明は、早速被害地を訪れ、被害の様子を描いて『懲震《ちょうしん》毖鑑《ひかん》』という書物にまとめている。その絵図を見るといかに被害が大きかったかがわかる。家々は倒壊し、圧死している人も見受けられる。また、地震の後火災が発生し、倒壊した家の下敷きになっ

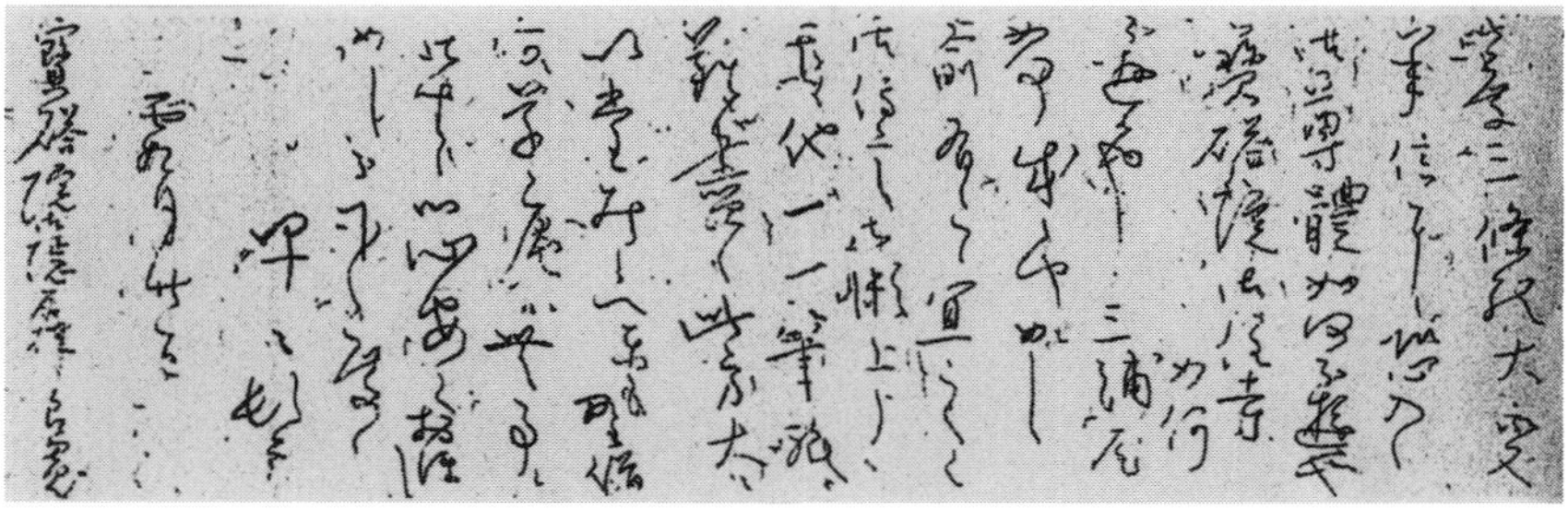
宝塔院の隆全に宛てた手紙

たまま焼死した人も描かれている。この生々しい惨状を描いた絵図を見ると、せつなくなる。

村上藩は、三条町の詳細な地震被害報告書を幕府に提出している。それを見ると、七百六十六軒の家が焼失していることがわかる。死者等については、「一、死人　二百七十八人　内男百四十六人　女三十二人」「一、怪我人　四百七十四人」とある。人的被害も大きいものがあった。良寛は地震の九日後、親交のあった宝塔院の隠居隆全に手紙をしたためている。宝塔院は、三条町の隣裏館《うらだて》村にあったが、近隣の寺院が焼失するなど同じく大きな被害を受けていた。その手紙を紹介してみよう。

**此度三条の大変　承《うけたまわり》　信に恐入候。**
**御尊体如何《いかが》被遊候や。**
**宝塔院御住寺如何被遊候也。**
**三浦屋如何成《なり》候や。**
**もし命有候ハバ　宜《よろ》しく御伝言御　懶《たのみあげ》上申候。**
**其他一一《いちいち》筆紙に難尽候《つくしがたくそうろう》。**
**此方大ニ《このほうおおい》いたみ候へども**
**野僧が草庵ハ無事に御座候。**
**御心安くおぼしめし被下度候《くだされたくそうろう》。**
**早々頓首**
**霜月廿一日**
**良寛**
**宝塔院御隠居様**

良寛は、最初に宝塔院の隆全と住職の安否を尋ねている。日頃親しく交流していただけに、気懸かりであったのであり、幸い宝塔院は、被害もなく隠居・住職ともに無事であった。次いで良寛は、三条町二之丁の菓子商三浦屋幸助の安否を尋ねている。三浦屋も宝塔院の隆全と並んで、三条においてはかけがえのない人であった。幸いなことに、三浦屋も無事であった。二之丁は、地震の少し前火災に遭い、新築した家が多かったので、三条町では比較的被害が少なかったのである。この手紙の最後に、良寛自分の方は無事であり、安心してほしいと伝えている。

良寛は、地震の直後、三条を訪れている。知人の安否を確かめるとともに、直接自分の目で被害の様子を見ておきたかったのだろう。その時詠んだ和歌が上桐の柄沢栄清《からさわよしきよ》の『良寛法師歌集』に出ている。

**三條の市にいでて**

**ながらへむことやおもひしかくばかり**
**変はり果てぬる世とは知らずて**

**かにかくにかはかぬものは涙なり**
**人の見る目を忍《しぬ》ぶばかりに**

**むらぎもの心をやらん方ぞなき**
**あふさきるさに思ひまどひて**

**もろびとのかこつ思ひを塞《せ》き止めて**
**おのれ一人に知らしめむとか**

良寛は、三条の惨状を目にし、はた目をはばから

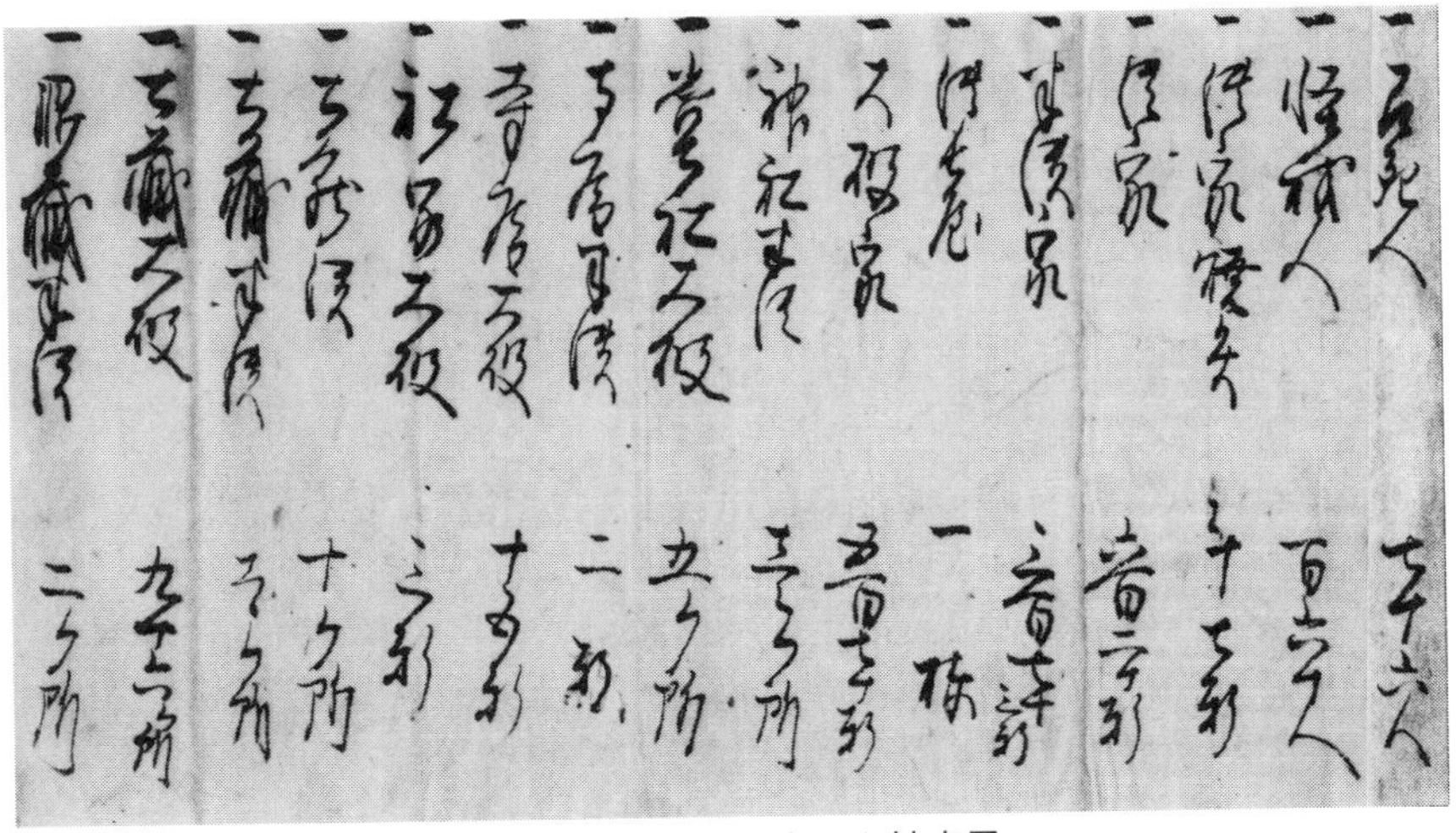
与板藩が幕府に提出した被害届

ず涙を流している。良寛の長い人生において、これほどひどい状況を目のあたりにしたのは初めてであった。それだけに、一時はかなりのショックを受けて寝こんでいたようである。

三条町を支配する村上藩は、この地震で被害を受けた人々に救済の手を支し伸べている。三条陣屋では、蔵から米俵が運び出され、救済米の支給が行われている。小泉其明の『懲震毖鑑』には、「籾倉《もみぐら》ヲヒラキ飢民ヲ賑ハシム」という題で、その時の様子が描かれている。代官と思われる武士が上座に座っている。そして、中級武士が食べる物を失った民衆が救済米を支給される様子を見ている。そして、下級武士と思われる人は、救済を訴える人々への米の支給を差配している。米を支給され背に米俵をかずいている人々の笑顔が印象に残る。村上藩としても、緊急事態に最大限の対応をしていたことがわかる。

良寛は、地震から二十六日後に与板の山田杜皐にも手紙をしたためている。与板藩が幕府に提出した被害届を見ると、「一、即死者　七十六人」「一、怪我人　百六十人」とあり、三条町に比べると被害は少なかったもののやはりかなりの被害が出ている。山田杜皐から島崎の草庵にいる良寛へ安否を問う手紙が届いたので、返事をしたためたのであろう。

三条陣屋では救済米の支給が行われた

**地しんは信《まこと》に大変に候。**
**野僧草庵ハ**
**何事なく親《しん》るい中死人もなく　めで度存候。**
**うちつけにしなばしなずてながらへて**
**か丶るうきめを見るがは(わ)びしさ**
**しかし災難に逢《あう》時節には災難に逢がよく候。**
**死ぬ時節には死ぬがよく候。**
**是ハこれ災難をのがる丶妙法にて候。**

**かしこ**
**良寛**

**臘八**
**山田杜皐老**
**良寛**

文中にある「しかし災難に逢時節には災難に逢がよく候。死ぬ時節には死ぬがよく候。これは災難をのがる丶妙法にて候」の一文は、良寛の死生観が窺える大変有名なものである。良寛は、三条地震からしばらく時間が経過すると、落ちつきを取り戻し、禅僧としてこの災難にどう向きあうべきか、自ら思索していたようである。その思いをこの書簡で、親しい友人である杜皐に吐露してたのであろう。

○

良寛は、三条地震が起きてしばらくして「地震後詩」を書いている。数種類の「地震後詩」が伝来しているが、良寛の地震に対する思いが、長詩で語られている。地震直後の取り乱れた様子は姿を消して、冷静に地震について思慮するようになっていることがわかる。この横巻「地震後詩」は、筆蹟からすると、最晩年文政十三年のものと思われ、最終的な見解が述べられていると思われる。

**地震後の詩**
**日々《にちにち》々々又日々**
**々々《にちにち》夜々寒さ肌《はだえ》を裂《さ》く。**
**漫天の黒雲日色薄く**
**匝地《そうち》の狂風雪を捲《ま》いて飛ぶ。**
**悪浪《あくろう》天を蹴《け》って魚龍漂ひ**
**墻壁《しょうへき》相打って蒼生《そうせい》哀しむ。**

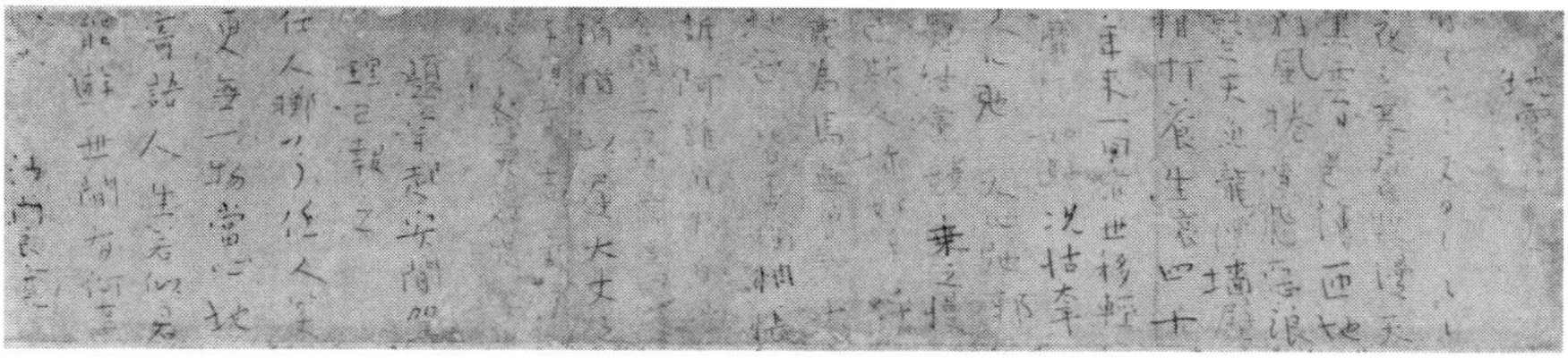

漢詩　「地震後詩」

四十年来一たび首《こうべ》を回《めぐ》らせば
世の軽靡《けいび》に移ること信《まこと》に馳《は》せるが如《ごと》し。
況《いわ》んや太平《たいへい》を怙《たの》んで人心弛《ゆる》み
邪魔《じゃま》党を結んで競ひて之に乗ず。
己《おのれ》を慢《あなど》り人を欺《あざむ》くを好手と称し
鹿を呼ぶに馬と為すや曽《かつ》て知る無し。
大地茫々《ぼうぼう》として皆斯《かく》の如《ごと》し
吾独《ひと》り惆悵《ちょうちょう》阿誰《たれ》にか訴へん。
凡《すべ》て物《もの》微《び》より顕《けん》に至るは亦尋常《じんじょう》
這回《このたび》の災禍《さいか》猶《なお》遅きに似たり。
大丈夫《だいじょうぶ》の子
須《すべから》　く志気《しいき》有るべし
人を怨《うら》み天を咎《とが》めて児女に效《なら》ふを見ず。

宇起安間駕理己報之《うきあまがりこぼし》に題す
人の擲《なげう》つに任せ人の笑ふに任す
更に一物《いちもつ》として心地《しんち》に当る無し。
語を寄す人生若《も》し君に似なば
能《よ》く世間に遊ぶに何事か有らん。

三角達磨図賛

良寛は、地震の後しばらくしてこの「地震後詩」や「土波後詩」など所感を詠んだ漢詩を作っている。いかに、悲惨な出来事であったかがわかる。良寛は、このたびの地震はもちろん天災であることは承知した上で、四十年来の人心の弛《ゆる》みや、平気で人をだますような世風がかかわっているのではないかと記している。そして、自らを律することが大切だと述べている。

この横巻には「地震後作」の次に「題宇起安間駕《うきあまが》理己報之《りこぼし》」という漢詩が書かれている。これは、越後で作られていた玩具三角達磨《だるま》（起き上がり小法師《こぼし》）を詠んだものである。倒されても、気にせずゆったりとまた起き上がる三角達磨のように、被災した人々にも、負けることなく、立ち上がってほしいとエールを送っているようである。

その書は細く雄勁《ゆうけい》な線で伸びやかに書かれ、美しい。文政十三年の作品であろう。

地震の翌年、裏館の宝塔院の住職隆観は、無縁仏の霊を弔うため、本堂横に「地震亡霊塔」を建立している。地震によって家族が全員亡くなり、その霊を弔う人がない者や旅人で災難に遭って弔う人もいない者の骨を拾って塔に収め、亡き人々の霊を慰めたのである。良寛が親交を結んだ宝塔院の住職隆観の行為に良寛も喜んだことであろう。この塔は、大きな五輪塔で、真言宗の寺らしく凡字《ぼんじ》が多く刻まれ

宝塔院「地震亡霊塔」

ている。
また、文政十二年の春、与板藩主井伊侯が与板町の香積山徳昌寺に費用を寄進し、三条地震で亡くなった無縁仏を供養する大法要を行った。与板藩主・井伊《いい》直経《なおつね》が幕府に報告した古文書によると、与板では「即死者七十六人」とある。与板でも大きな被害が出ていた。良寛は、無縁仏の法要を藩主が催したことを聞き感激して「聴於香積山有無縁法事随喜作」という漢詩を作っている。

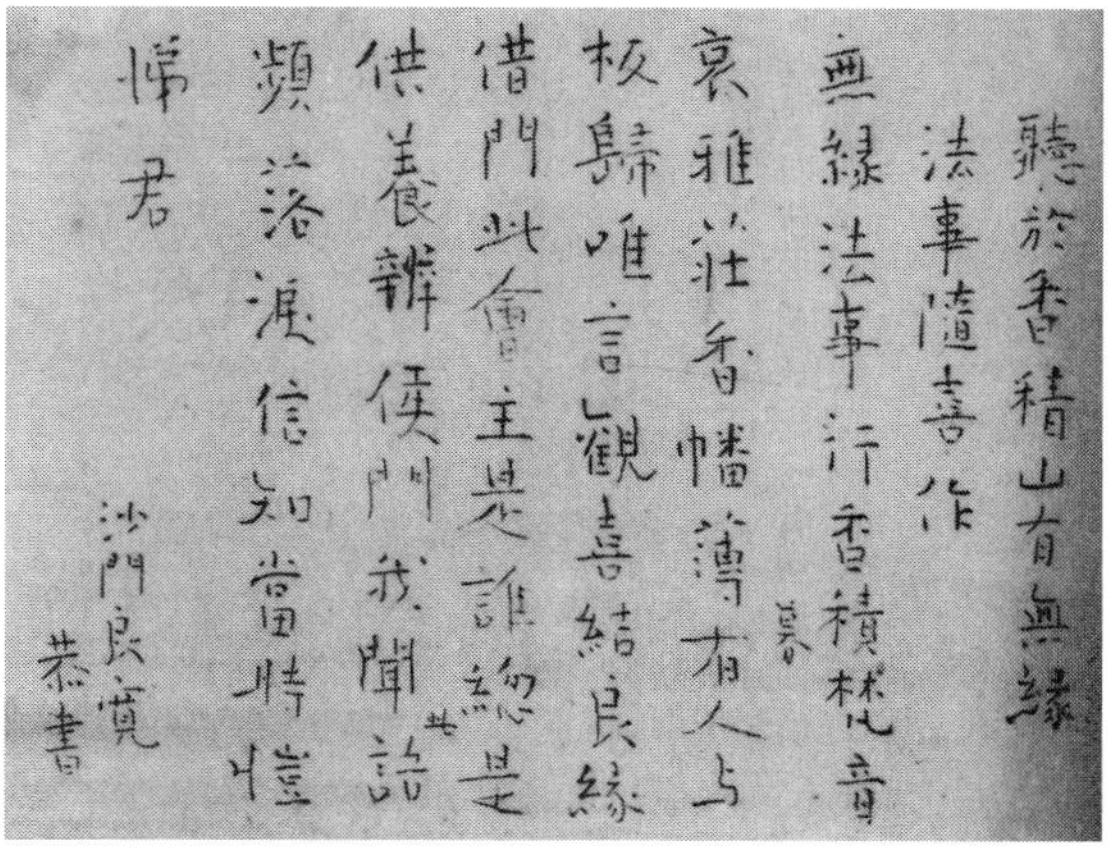
与板・徳昌寺での無縁仏の法要を称えた詩

与板町では、地震の翌年の春、廻船問屋大坂屋の当主三輪権平が地震で被災した人々のために、広く米や物資を提供している。良寛は、そのことを聞いて、次のような和歌を権平に贈り感謝の思いを伝えている。

**こたびまねく大御宝《おほみたから》を**
**恵みませりと聞きて**
**新玉《あらたま》の年は経《ふ》るともさす竹の**
**君が心を我が忘れめや**

権平は、酒を造るため保管していた米を救済米として、被災した人々に提供したという。良寛は、この権平の行為に対して、あなたの慈悲あふれる行為は、いつまでも忘れないでしょうと、歌に詠み称《たた》えたのである。

# 第二十三章

# 「蛾眉山下橋杭」の書を称賛《しょうさん》

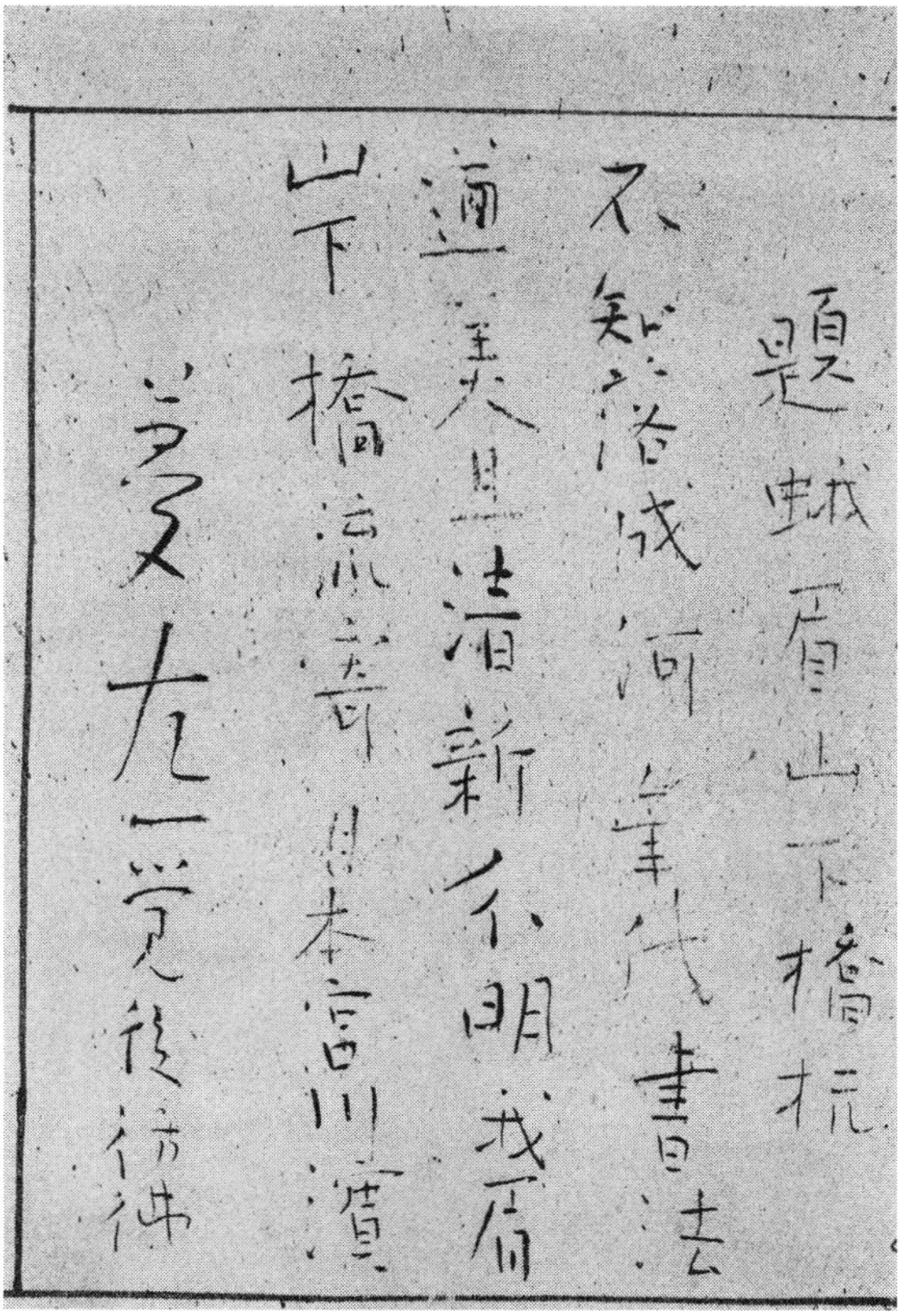


良寛筆「題蛾眉山下橋杭」

文政八年十月、越後椎谷《しいや》浜に「娥眉山下橋《がびさんかはし》」の五大字が刻まれた直径六〇センチ、長さ二・六四メートルの柱状の標木が漂着した。最近発見された小布施《おぶせ》村の奥村寸龍という人が記した記録には、この標木が椎谷浜に流れついた時の様子が詳しく記されている。漁師が夜海上に漂流するこの標木を見つけ、松明《たいまつ》をつけて舟を漕いでいったが、頭が竜のような奇怪な形をしていたので、漁師は肝を潰して引き返したという。その後、標木は波によって波打ち際に漂着したので、村人が浜に引き揚げたという。すると、近くの寺の僧が什宝《じゅうほう》にしたいと申し出たり、商人が金銭を積んで譲ってくれと願い出たりして、大変な騒ぎになった。

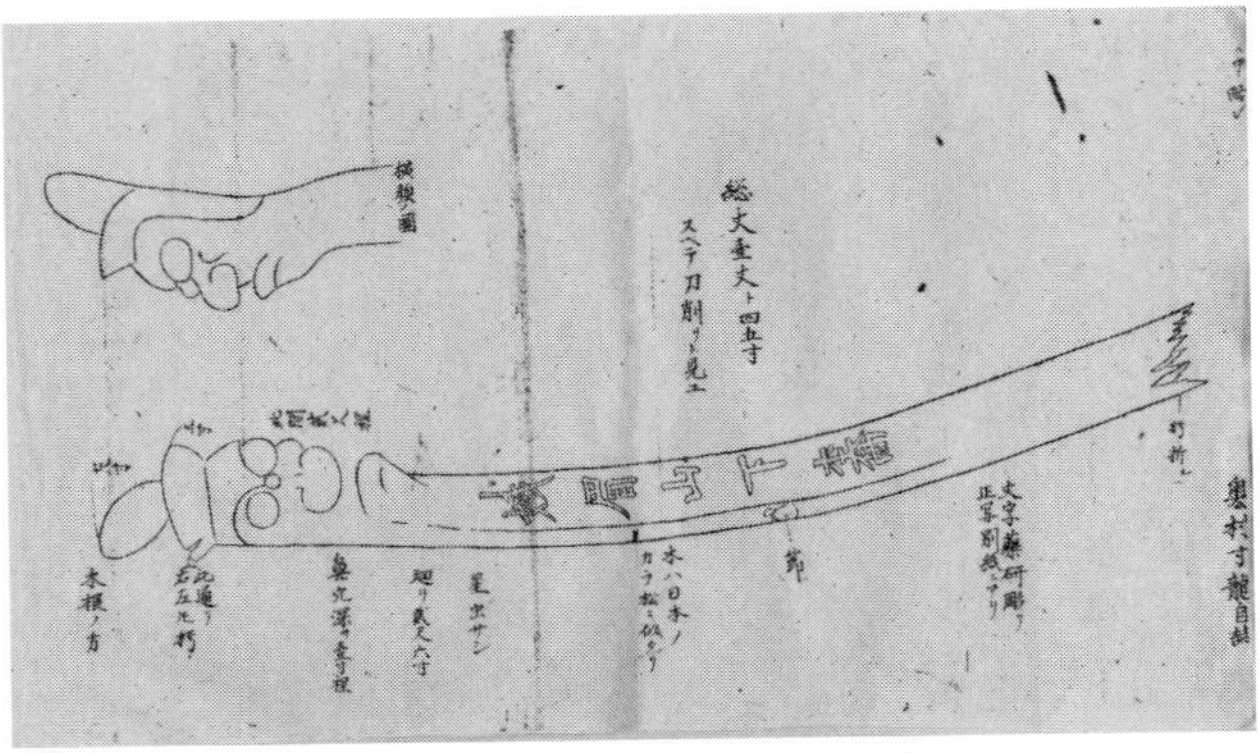

神戸子雄筆「娥眉山下橋杭」

その後、この標木は椎谷藩主堀侯に献上されてより有名になり、参勤交代の折に江戸藩邸まで運ばれ、柳営《りゅうえい》でも評判になったという。

この標柱が江戸に運ばれたのが、文政十年四月であったことが先述した奥村寸龍の記述からわかる。それによると、寸龍は四月七日に六川村陣屋で密かにこの標木を見せてもらったという。六川村陣屋は、椎谷藩の信州小布施にあった飛地にあった陣屋である。

新資料の内容をここに紹介してみよう。

寸龍は橋杭を見た印象を
「実ニ娥眉山之文字は鮮《あざや》かなり」
と記録に残している。

娥眉山下橋杭見聞記　　奥村寸龍誌

文政八酉年秋八月　北越海上椎谷侯領内の漁業の者之《これ》を求む。或漁夫松明《あるぎょふたいまつ》を掲《かか》げ、夜網に漕《こぎ》まかりて風と見る。之其様《これそのさま》竜の如《ごと》く涛《なみ》を働かし、頭の方は立居て形希(奇)怪なり。漁人肝《きも》を潰《つぶ》され、舟を矢の如《ごと》く引《ひき》返して蛇口を遁《のが》れたりと。汗を絞り恐《おそれ》に絶《たえ》たりと云々《うんぬん》。重ねて怪《あやしみ》止まず。段々乗寄《のりよせ》て、流木の慥《にわか》なるを操《あやつ》り引揚《ひきあげ》しと云《いふ》。近寺の僧来《きたり》て什宝《じゅうほう》にせん事を乞ふ。或者《あるいは》商人等金銭を積み請ふと云ふ。浜の真砂《まさご》に投て人屯《たむろ》す。此由《このよし》領主候《こう》の聴に達す。東武へ赴かしめんと欲して大切と為す。茲《ここ》に依《よ》りて、領地信高井郡六川村陣所へ文政十年四月持来《もちきたる》を密《ひそか》に聞きて、同月七日雨天吏《もの》とせず、未明に発る友は神戸子雄・横木文叟・小川三枝・我四人傘に釘《くぎ》を立て、粮と席筆を腰に付《つけ》て、赴き行く程、雨降《ふり》しきりて濫《みだ》りころ(お)ヒ、川瀬に裳《もすそ》をひたし、傘頼り合《あひ》て鼻かみなど幾《いく》ばく難儀す。小布施村高津何某の戸を敲《たた》きて、案内する者を乞ふ。六川村陣屋に着きて拝見を希《ねが》ふ。秘すると雖《いえど》も外聞《がいぶん》の唇《くちびる》を閉《と》じて免《まぬが》されたり。実《まこと》に娥眉山《がびさん》の文字は鮮《あざやか》なり。子雄は白紙を押《おさへ》て之《これ》を写し、文叟は樹の性を窺《うかが》ふ。三枝は縷《ひも》をもて寸分を覚《おぼ》ゆ。予《われ》は膝の本に、毫《ふで》を執《と》りて之を図《えが》く。斯器《このき》万里渡海し、幾千歳を経るの内、亀は捕付《とらへつき》て、初めて日を見る。鶴は下《お》りて羽《はね》を安じ、千々の春秋風雨にも恙《つつがな》無きは、詩聖李白《りはく》の半輪の秋と月を見給ふ名山の弄《ろう》ならむ。嗚呼《ああ》親我を産み、我之を見て師我に教へを為す。我之を知り、不審の幸感に無量なり。仰《あお》ぎ三拝して退く。雨日午《ひる》を過《すぎ》て晴る。黒姫満山に今日降し雪を見る。家に椿・畑には菜種咲《さき》て蜀魂は未だ詩を知らず。身は綿貫かず、衣を着て元来《きたり》し道の難所を歩き、笑ひて往来十二里、夜に入りて帰庵し畢《おわ》りぬ。

奥村寸龍自誌

峨眉山は、中国四川省の西部、峨眉県の西南にある山で、天台山・五台山と共に中国仏教の三大霊場で名勝地でもある。また、唐時代の詩人李白の「峨眉半輪秋」の詩句は、あまりも有名で、わが国の文人も、峨眉山はあこがれの地であった。この奥村寸龍の記述を見ても、「娥眉山」の文字は、詩聖李白を想起させ、夢心地になっていることがわかる。

その峨眉山の橋杭（橋のみちしるべ）が、はるばる海原を越えて越後椎谷浜に流れついたということで、越後や信州はもちろんのこと、前述したように江戸藩邸に運ばれ、幕閣の間でも評判になった。椎谷藩は、堀直政の四男・堀直之を藩祖とする一万石の小藩であるが、仙台藩主の伊達《だて》侯はじめ、多くの大名がこの橋柱を見に押しかけたという。それほど「娥眉山下橋」の橋柱は、江戸で人気を博したのである。

越後の方でも文政十年十二月、田沢村（現柏崎市）の祐光寺の勧励《ごんれい》上人が橋柱の拓本を作り、同好の人に贈っている。その拓本の解説には、「『娥眉山下

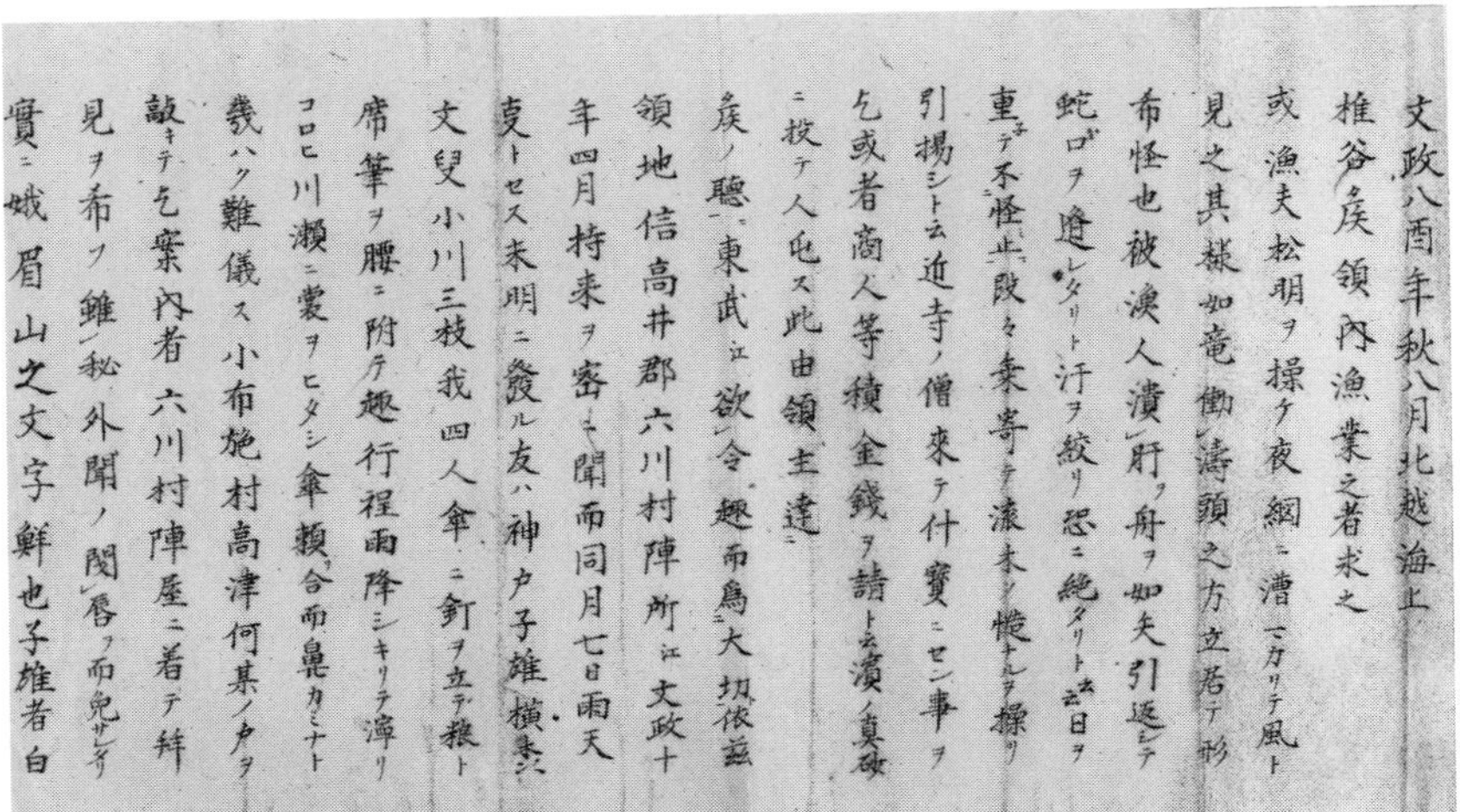
文政八酉年秋八月北越海上
椎谷侯領内漁業之者求之
或漁夫松明ヲ操ケ夜網ニ漕ツカリテ風ト
見之其様如竜働濤頭之方立居テ形
希怪也彼漁人潰レ肝ヲ舟ヲ如矢引返シテ
蛇ロヲ遁レタリト汗ヲ絞リ恐ニ絶タリト云日ヲ
重ネテ不怪此段々乗寄テ流木ノ憶ナルヲ操リ
引揚シト云近寺ノ僧来テ什宝ニセン事ヲ
乞或者商人等積金銭ヲ請トス濱ノ真砂
ニ投テ人㐂ス此由領主達
侯ノ聴ニ東武江欲レ令趣而為ニ大切依茲
領地信高井郡六川村陣所江文政十
年四月持来ヲ寄モ聞而同月七日雨天
支トセス未明ニ発ル友ハ神戸子雄横尾六
文叟小川三枝我四人傘ニ釘ヲ立テ粮ト
席筆ヲ腰ニ附テ趣行程雨降シキリテ滞リ
コロヒ川瀬ニ裳ヲヒタシ傘頬ニ合而㒵カミナト
幾ハク難儀ス小布施村高津何某ノ戸ヲ
敲キテ乞案内者六川村陣屋ニ着テ拝
見ヲ希フ雖レ秘外聞ノ閔レ唇ヲ而免サレタリ
實ニ娥眉山之文字鮮也子雄者白

奥村寸龍筆「娥眉山下橋杭見聞記」（部分）

橋』の五大字を刻む。遒勁《しゅうけい》にして愛すべし」とあり、勧励上人が橋柱の五文字を「遒勁」（筆力が強い）と評価していたことがわかる。その後、橋柱は椎谷藩陣屋に戻ったが、明治になり椎谷藩主堀之美《ゆきとも》は、高柳町（現柏崎市）の貞観園に贈った。

ところで、良寛は、勧励上人が刊行した「娥眉山下橋」の拓本を見て、有名な「題娥眉山下橋杭」と題する七言絶句を作っている。朱罫を引いた詩箋に書かれたこの詩は、三輪左一をしのんだ「二十余年一逢君」の詩と一緒に書かれているので、良寛最晩年文政十二・三年頃に作られたものであろう。

**娥眉山下の橋杭に題す**
**知らず落成何《いずれ》の年代ぞ**
**書法遒美にして且《か》つ清新。**
**分明なり我眉山下の橋**
**流れ寄る日本宮川浜。**

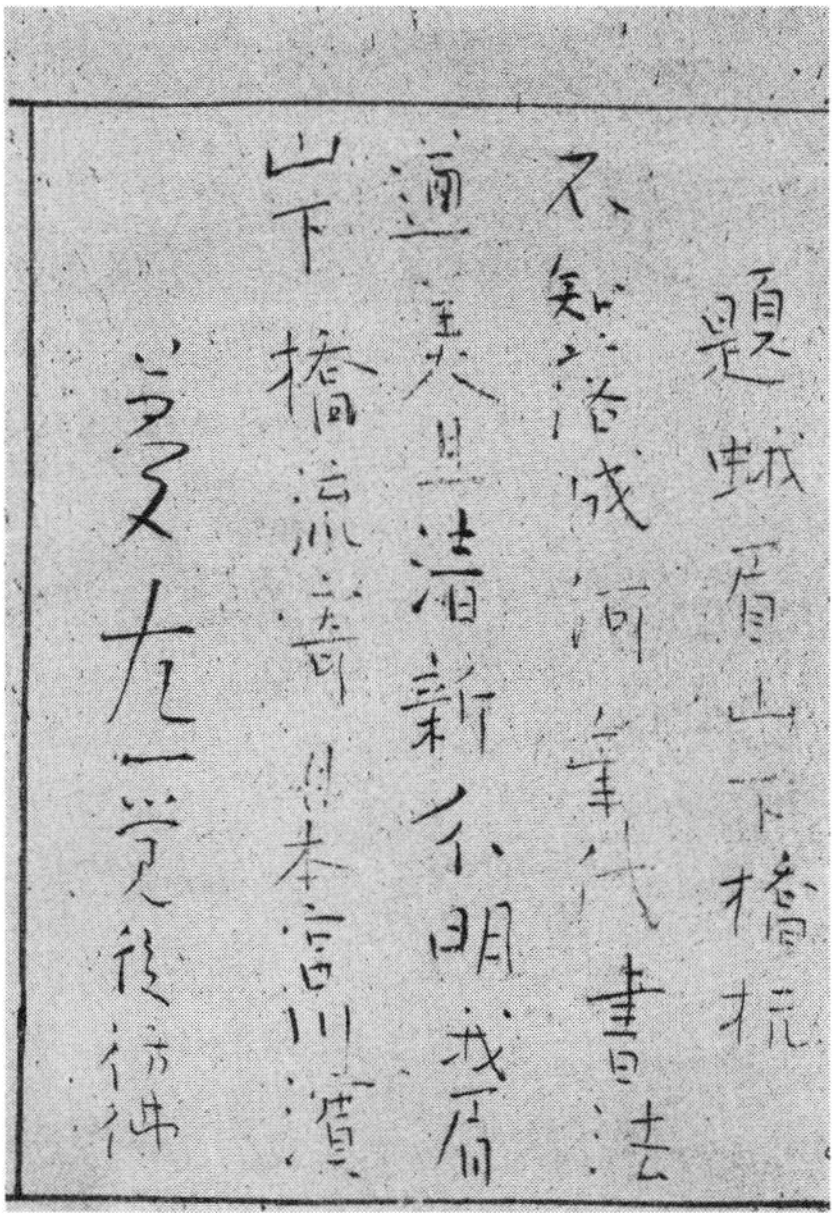


良寛筆「題蛾眉山下橋杭」

「娥眉山下橋」拓本

良寛は、橋柱にある「娥」の字を「蛾」と記している。本当は、「峨」の字が正しいのであるが、いろいろな字が当てられていたようである。良寛は、二句目で橋柱の書について触れ「書法遒美にして且つ清新」と評している。勧励上人の記した「遒勁」が良寛の詩の「遒美」につながった可能性もある。「清新」の表現に、良寛がこの楷書を見た驚きが表されている。江戸時代の我が国の楷書には、見るべきものがないといわれる。それゆえに、書道の本場中国から流れついた楷書の美しさに、新鮮な驚きを感じたのであろう。四句目に「流れ寄る日本宮川浜」とあるが、椎谷浜と宮川浜を取り違えたのだろう。宮川浜は、椎谷浜に隣接する浜で、ここも椎谷浜と同じく漂着物が多く流れつくのである。この作品は、仏教の三大霊場峨眉山に心を寄せる良寛の思いが伝わってくるものであり、その楷書も品があり魅力あるものである。

# 第二十四章

# 文政十三年、良寛　体調をくずす

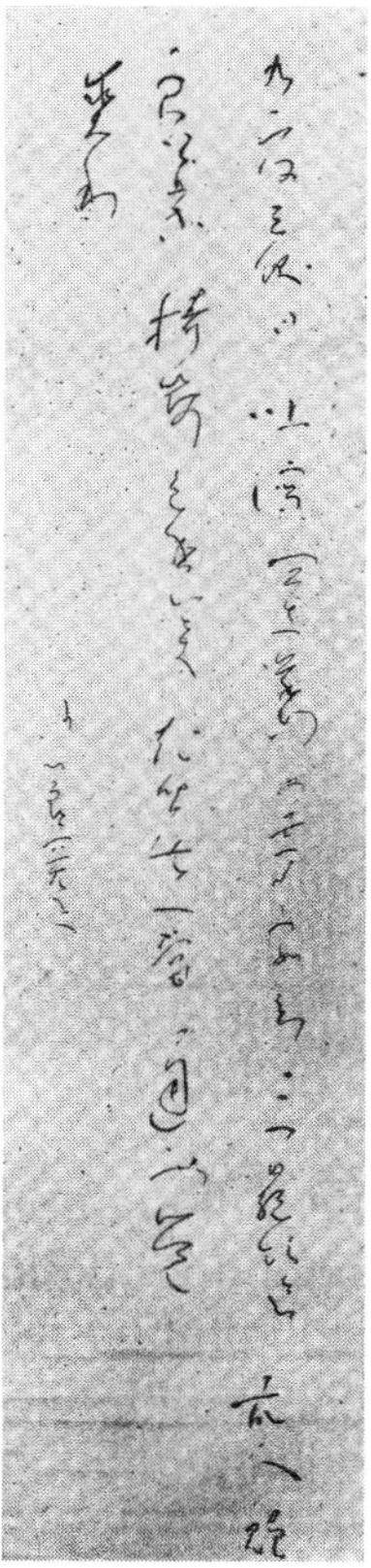

漢詩「九夏三伏」

文政十三年の正月は、おだやかに始まった。良寛からの誘いを受けた由之は、文政十三年一月か二月頃、良寛のもとを訪ねている。まだ、春も浅く雪解け水が山道を流れている頃であったので、その時良寛は由之に次の和歌を贈り、気をつけて来るように注意をうながしている。

**み坂越《ご》へして行く人に詠みて遣《つかは》す**
**雪解けにみ坂を越《こ》さば心して**
**つとに越してよその山坂を**

雪解け水で足をすべらさないように注意して早く塩之入峠を越えて来てくださいと詠んでいる。弟を思う細やかな心遣いがうかがえる和歌である。

島崎にいる良寛のもとを訪ねた由之を待っていたものは、良寛が由之のために摘んだ若菜であった。良寛は、塩之入《しおのり》峠を越えてやってきた由之を、摘んできたばかりの若菜でもてなしたのである。良寛と由之は、この若菜を題材に歌を詠み合っている。これが有名な「良寛由之兄弟歌巻」である。良寛と由之の和歌が二十八首と以南の俳諧が二句書かれている。そのかなは流麗で優美である。最初に良寛が、和歌の贈答をはじめている。

**久方の雪消《ゆきげ》の水に濡《ぬ》れにつつ**
**春のものとて摘《つ》みて来にけり**　（良寛）

**春の野の若菜摘《つ》むとて塩之入の**
**坂の此方《こなた》にこの日暮らしつ**　（良寛）

**わがためと君が摘みてしはつ若菜**
**見れば雪間に春ぞ知らるる**　（由之）

**み草刈れ庵むすばむ久方の**
**天の河原の橋のこなたに**　（良寛）

良寛が由之をもてなすために摘んできた若菜は、芹《せり》や薺《なずな》などであったろう。良寛は、雪解け水の流れ

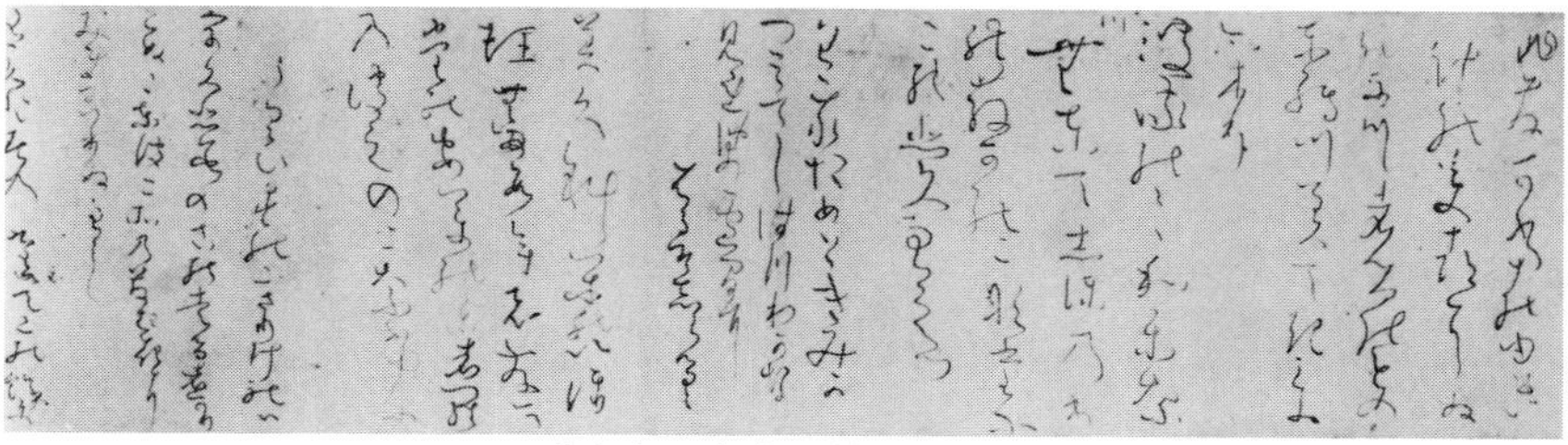

「良寛・由之兄弟和歌巻」

る小川の堤に出ている若菜を採ろうと衣を濡らして採ってきたのであろう。由之は、良寛の若菜のもてなしを受け、雪はまだあるが、雪間の若菜を見ると、春がたしかに来ていることがわかると応じている。良寛が若菜を摘んできた意図を見抜いて、由之は当意即妙に和歌を詠んでいる。これらの和歌から打てば響く二人の兄弟の、心のやりとりがうかがうことができる。

良寛の「み草刈れ…」の和歌は、由之に天の川に渡す鵲橋《かささぎばし》のこちら側の島崎に庵を結んで住んだらどうですかと勧めている。塩之入峠は改修されて、往来は楽になったものの、やはり往来は難儀なので島崎に移り住んだらどうかと詠んでいるのである。

○

文政十三年正月二十九日に由之は、良寛に書簡とともに唐筆を贈っている。書簡には、

**長さきより唐筆もらひこころミ候処　常の売物よりハよく候まゝ　一本献上仕候。**

とある。良寛は、島崎に移ってからは、紙や筆を持っていなかったようで、良寛には次のような歌もある。

**水茎《みずくき》の筆紙持たぬ身ぞつらき**
**昨日は寺へ今日は医者どの**

これは本当のことのようで、解良栄重の『良寛禅師奇話』には、「島崎にわたりて後は、紙筆を貯えず。事あれば、人の家に行きて書く」とある。このような状態であったから、由之からもらった唐筆は、良寛にとって大変貴重なものとなったことであろう。

○

この年、二月には、寺泊夏戸の医師、小越仲珉を戒める和歌を詠んでいる。

**たがやさむいろもはだへもたへなれど**
**たがやさんよりたがやさむには**

「鉄刀木《たがやさん》」は、南方産の高級木材、堅牢で床柱などに使われる。仲珉は医師の業を怠り、たがやさんの根付や笏《こつ》などを愛玩していたので、立派なたがやさんに心を奪われるよりは、田畑を耕すことが大切だと戒めたのである。

三月、由之は五泉の小山田《おやまだ》の桜を見に行っている。文政十三年三月二十日与板の松下庵を出発し、文人泉円《まどか》のいる五泉へと向かっている。目的は、小山田の桜を見ることである。良寛は、由之が小山田の桜を見にゆくのを聞き、二首の和歌を由之に贈っている。

**我はもよ祝ひて待たむ平らけく**
**山田の桜見て帰りませ**　（良寛）

**小山田の山田の桜見む日には**

### 一枝《ひとえ》を送れ風の便りに　（良寛）

良寛も、小山田の桜の美しさは、風のたよりで知っていたらしい。

由之は、閏《うるう》三月十一日、念願の小山田の桜を見ている。

由之と泉円が鑑賞した「小山田の桜」

### 小山田の桜は峰の雲に似て<br>吉野《よしの》初瀬《はつせ》もふもとなりけり　（由之）

由之は、桜で有名な奈良県の吉野山や初瀬の桜を想起しながら、小山田の桜を鑑賞している。由之は、五月三日良寛に手紙を出しているが、その中で「小山田の桜めのさめる事に候」としたためている。

このような、弟由之とのやりとりを見ていると、平穏に文政十三年の春はスタートしたように見える。先述した与板の山田家で、良寛と貞心尼がユーモアあふれる和歌のやりとりをしたのもこの年の三月か閏三月のことであった。

しかし、閏三月二十五日、片貝（現・小千谷市）の佐藤佐平次（解良叔門の四男）から粟守酒《あわもり》を贈られた時の礼状を見ると、その書は左に傾き、震えている所も見受けられる。体力的に衰えが見えるように思われる。健康酒である粟守酒を佐藤佐平次が贈っているのも、良寛の体調を心配してのことだと思われる。

四月頃、良寛は上桐（現長岡市和島）の石部《いそべ》神社に行き石段の上の方に咲いている藤の花を鑑賞し、和歌を詠んでいる。

**この宮のみ坂に見れば藤なみの**
**花のさかりになりにけるかも**

良寛は、石部神社の大きな藤の木に咲く花が好きだった。

上桐の石部神社

この一、二年前良寛は、風邪で臥してしまい、藤の花を見ることができなかった。よほど、良寛は残念だったのか、

**おぼつかなふじのさかりもすぎぬらし**
**旅の宿りにたれこめて我が**

という和歌を詠んで、由之に贈っている。よほどこの藤の花が好きだったのであろう。

○

この年の夏から秋にかけて、甥で橘屋の当主である左門（馬之助）が薄い布地の僧衣を良寛に贈っている。異常な暑さで体調を崩していることを心配してのことであろう。良寛は、次の歌を詠んで感謝の思いをあらわしている。

**天人《あまびと》の着るといふなる夏山の**
**蝉《せみ》の羽衣《はごろも》いづこより得し**

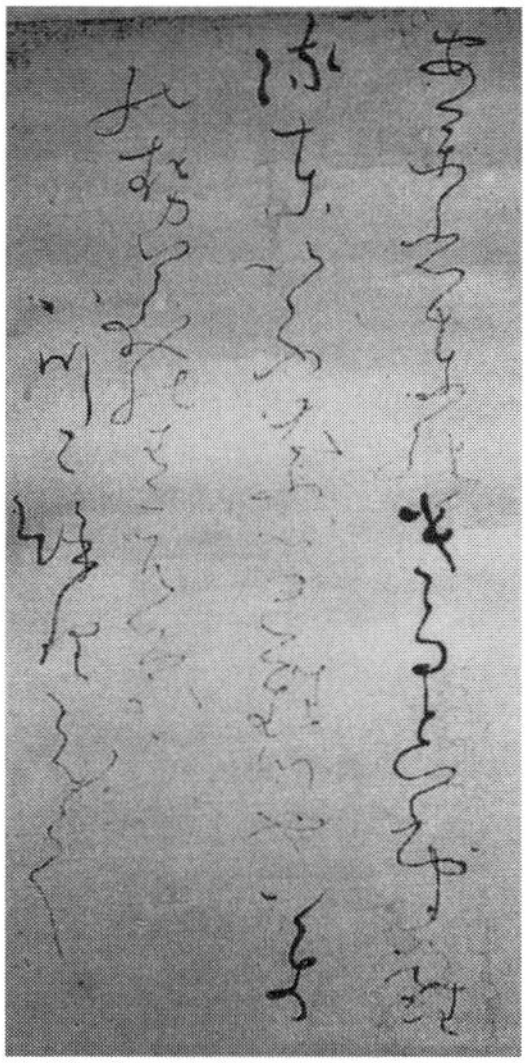

馬之助が薄衣を贈ったとき詠んだ歌

天人が着るという夏山の蝉の羽のような羽衣をどこから手に入れたのか、天女からもらったのかとユーモアを込めて詠んだのである。この時、左門は、薬を良寛に贈っている。この筆蹟を見ると、弱々しく、かなり衰弱していることがわかる。

良寛は先述したように、夏の三ヵ月暑さにあてられたのと下痢でかなり身体も弱っていた。その時、粟生津《あおうず》の医師鈴木桐軒《とうげん》（隆造）より薬を贈られ、感謝の念をこめて書いたのが、この章の中扉に紹介した「九夏三伏」の詩である。擣篩《とうし》とは漢方薬のことである。桐軒は文台の兄で、文台とともに良寛の詩集「草堂集」を世に紹介したことでも知られている人である。

この時の良寛の様態はかなり悪かったらしく、橘左門はじめ近親の者が心配して薬を贈っている。良寛の死の病となった直腸癌《がん》の徴候が既にあらわれていたのかもしれない。桐軒《とうけん》より贈られた薬によって身もすっきりしたようである。

その書は病みあがりのためか、手がふるえている。しかし、それがかえって微妙な趣をかもしだして枯淡な趣を呈している。良寛最晩年の作品は幽玄というか、外にあらわれきれないで、内に無限の含蓄を蔵した書が多くなるが、この草書などはその典型ということができよう。

文政十三年六月、越後では異常な暑さが続いた。六月二十日付の山田杜皐宛の書簡には、「このかたは事の外あつさにまかりなり　与板はいかが候や」とある。日照りが続き、田んぼの稲も枯れかけていた。良寛は、農民のことを絶えず気に掛け、空を見ては雨が降ることを祈っていた。この頃、良寛が詠んだ和歌に、

**わが心雲のうへまで通《かよ》ひなば**
**い降《ふ》らせたまへ天《あま》つ神ろぎ**

というものもある。この暑さが影響したのか、良寛は胃腸が弱り、体調を崩してしまった。六月二十八日には、良寛は出雲崎の回船問屋の主人・関川万助（満輔）から「海松《みる》」と「薬」を贈られている。万助は、左門から良寛が体調を崩していることを聞き、良寛の好物の海藻と薬を贈ったのかもしれない。万助は、良寛の敬慕者で、よく囲碁を打っていた。その書簡には、「残暑甚罷成候。野僧無事に相凌候。みる並薬たしかに落手仕候」とある。これらの書簡からこの頃、良寛の体調を心配して、山本左門だけでなく、近辺にいる人が薬を贈っていたことがわかる。この書面の筆蹟は、行が右に左に傾き、やや乱れた感じがする。これも、体調の悪さが影響しているのかもしれない。

七月に入り、良寛は更に衰弱している。弟・由之の日記『山つと』には「禅師のきみ、わづらひ給ふ

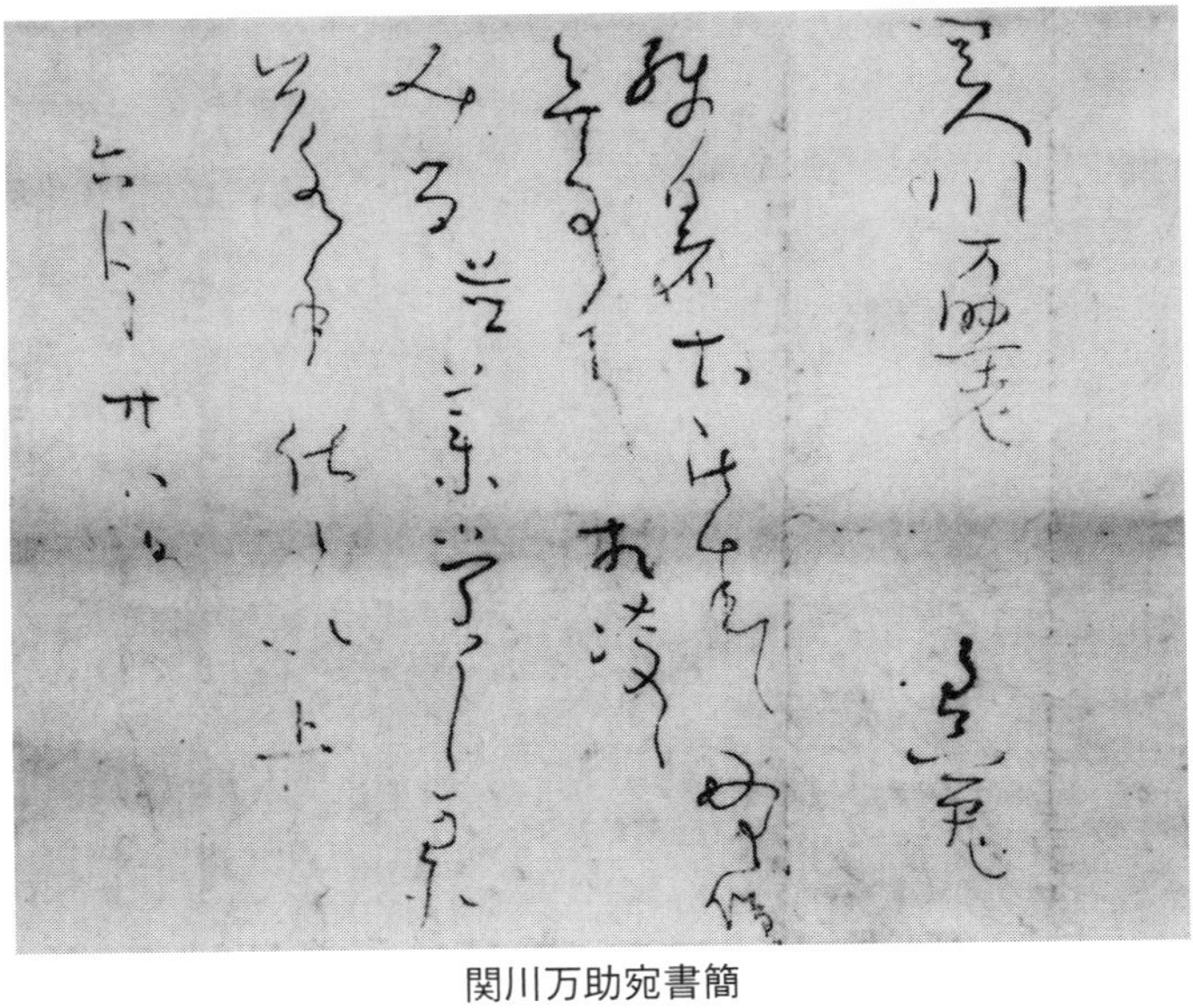

関川万助宛書簡

なりと、五日のよ人の告《つげ》しにむゆか（六日）の朝鳥とともに出て　まだたつの時にいつつきて見奉れば　させる御いたはりならねば物語などしたまふ」とある。お

そらく木村元右衛門から、由之に良寛の体調悪化の報が届けられたのであろう。そこで、翌六日の朝早くに由之は与板を出発し、島崎草庵で臥《ふ》せっている良寛を見舞ったのである。この時の唱和の歌は、

**あまのくむしほのりざかをうちこえて**
**けふのあつさにきますきみはも**　**（良寛）**

**御かへし**
**しほのりの坂のあつさも思ほへず**
**君をこひつつあさたちてこし**　**（由之）**

である。七月に入っても暑さは続き、塩之入峠《しおのり》を越えるのは大変だったと思われるが、由之は兄を心配する思いでいっぱいになり、朝一番に出てきたのであった。二人の心温まる交流の様子がしのばれる和歌である。七月十四日付の由之の木村元右衛門宛ての書簡には、

**「禅師の腫《はれもの》ハいかが御ざ候や不安心に候」**

とあるので、良寛は何か腫物ができていたようである。この頃、紫雲寺村（現・新潟県新発田市）の宮川禄斎が良寛の肖像画を描いているが、その絵を見てみると、頬はげっそりこけており、かなり衰弱していることがわかる。良寛は暑い日は、木村家近く

宮川禄斎画『良寛像』（文政13年７月）

の出《いづる》田《た》神社に行って暑さを避けていたことが「七月十六日」の日付のある漢詩によってわかる。衰弱していた良寛にとって、この暑さはよほど身体にこたえたと思われる。

○

八月になると、良寛の病状は一旦回復したと思われ、与板の医師富取北川のところに眼病の治療で出かけている。体調がよければ信濃川を渡って長岡市福島の閻魔堂を訪ねようと思っていたが、足がだるくなり、腹痛もひどいため行けなくなってしまった。そこで、良寛は、書簡をしたため貞心尼に詫《わ》びている。

『はちすの露』には、

**あきハかならずおのが庵りとふべしとちぎり**
**給ひしが**
**ここちれいならねバしばしためらひてなど御**
**せうそこ《（消息）》給ハりける中に**
**あきはぎのはなのさかりもすぎにけり**
**ちぎりしこともまだとげなくに**

とある。良寛は、与板山田家で貞心尼と会ったとき、秋になったら閻魔堂を訪ねるという約束をしていたようである。しかし、病状が急速に悪化しその約束も果たさずじまいになってしまった。そして文末にある和歌を詠んで、約束を果たせなかったことを詫びている。良寛の体調はかなり悪かったようであるが、この書簡の筆蹟は優美な趣があり、とても美しい。良寛は、苦しくても、貞心尼に対する時は、身繕いを整え、誠意をもって対応していたようである。

**先日は眼病のりやう**
**じがてらに与板へ**
**参候　そのうへ足たゆく**
**腹いたみ御草庵**
**もとむらはずなり候**
**寺泊の方へ行かんとおもひ**

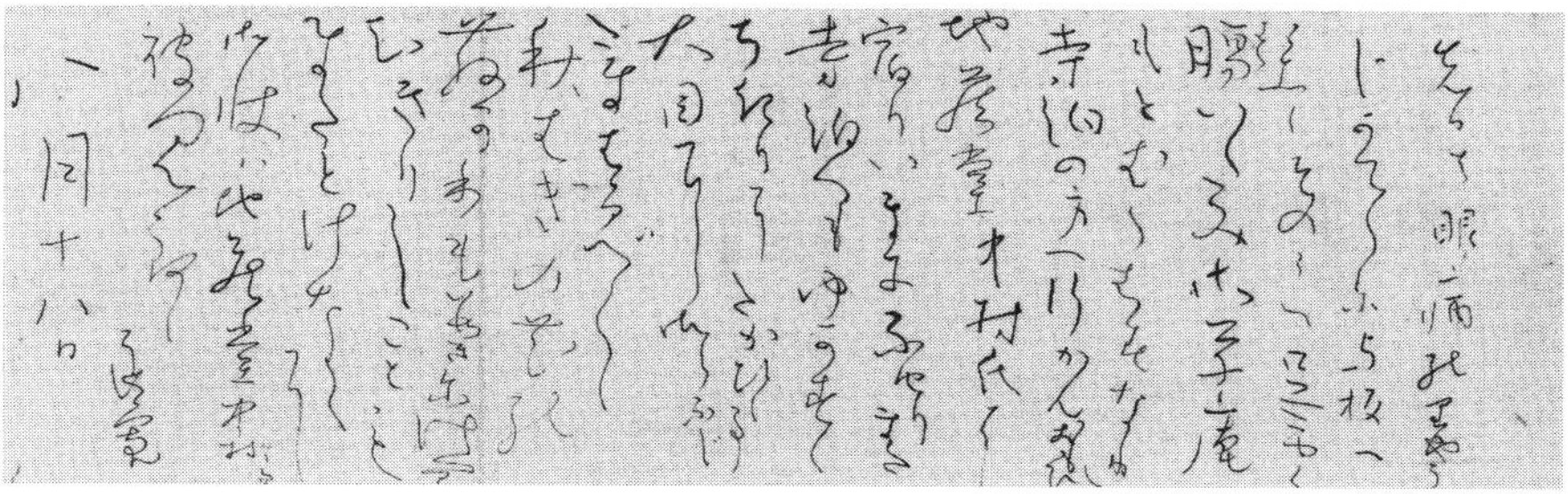

貞心尼宛書簡「先日は眼病のりやうじ」

地蔵堂中村氏に
宿りいまにふせり　まだ
寺泊へもゆかず候
ちぎりにたがひ候事
大目に御らふじ
たまはるべく候
秋はぎの花の
さかりもすぎにけり
ちぎりしことも
まだとげなくに
御状は地蔵堂中村ニて
被見致候　　良寛
八月十八日

尚、良寛は中村家で静養した後、八月下旬に寺泊へ行き、宗庵に診察してもらっている。そして、八月二十五日には寺泊の大越家で「和韻五十字」について語っている所を見ると、この頃やや体調が回復しているようである。

# 第二十五章
# 良寛の最期

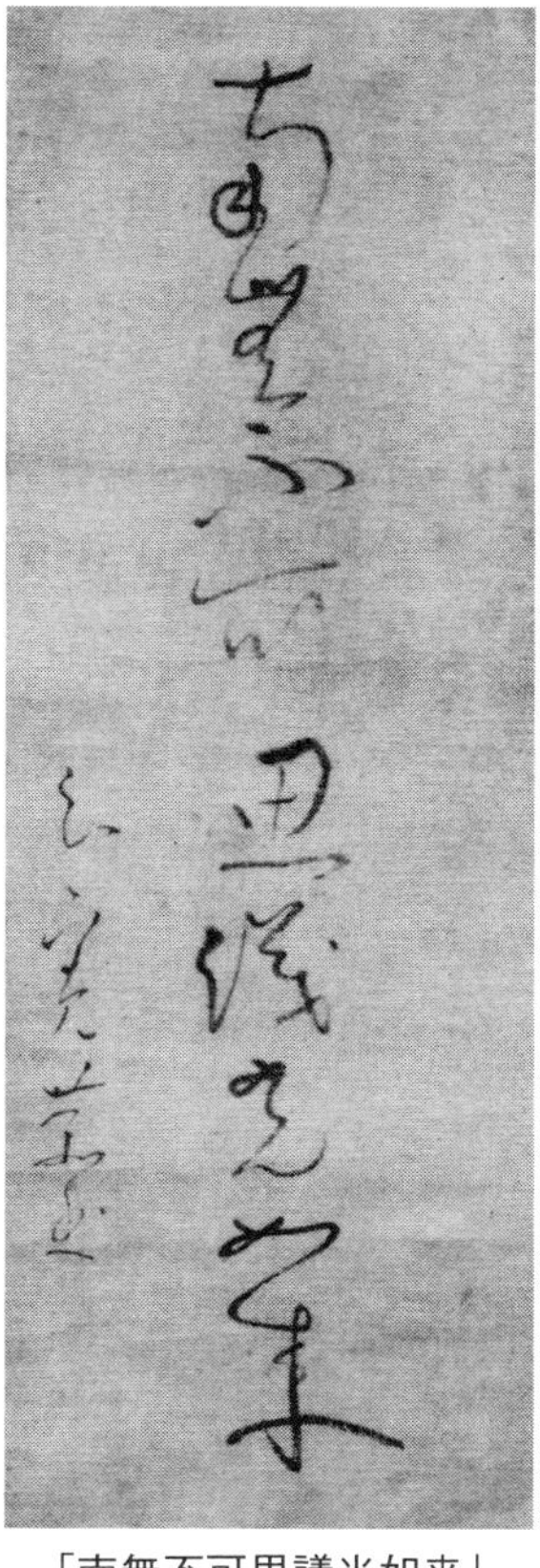

「南無不可思議光如来」

良寛の病状は、十月に入ると快方に向かい、小康状態になる。二日には、引岡村の小林一枝宅に立ち寄り、その後、石湊《いしみなと》の「夕暮れの岡」で和歌を詠んでいる。そして、十月十四日には、新津の桂時子から良寛の好物の柘榴《ざくろ》を七個もらった時の感動を和歌に詠んでいる。

**くれなゐのななのたからをもろ手もて**
**おしいただきぬ人のたまもの**

新津の桂家の柘榴の木

良寛は、両手で宝石のようなルビー色の柘榴を、うやうやしく顔の上にささげるようにして頂戴したのである。新津の桂時子は、由之の和歌の弟子で、良寛とも交流があった。良寛は、この時、酒を飲んでから、デザートに柘榴を食べているが、そのさわやかさに感動している。

しかし、十一月になると激しい下痢が続くようになった。加えて、十一月中旬頃から寒い日が続き、良寛も衰弱したようである。その知らせは、木村元右衛門から由之や左門（馬之助）のもとにも届いた。十一月二十六日付の由之の良寛宛書簡には、「此間のさむさたへがたきよふにおぼし候。殊《ことに》此冬は御心持ちよからぬよしあんじ候れどもまゐりて見奉らむ事も老足にかなひがたく」とある。由之も良寛の病状が心配であったが、脚気で足が不自由なため、塩之入《しおのり》峠を越えて見舞いに行くことは困難であった。由之は続けて、この書簡で良寛の下痢を心配するとともに、良寛に薬を煎じて飲むよう勧めている。

良寛が橘屋の当主・左門に宛てた十一月二十七日付書簡には、「一両日は食事すすみ口中うるおひを生じ候」と、少し食事を取れるようになったことを伝えている。十一月二十日過ぎには、下痢に加えて食事も取れない状況が続いていたようである。このことによって良寛の体力は、随分衰えていった。

木村元右衛門から鈴木牧之に宛てた十二月六日付の書簡には、

**乍去《さりながら》御歩行抔《など》は御自由に御座候へ共、あつかひ人も待置候程の儀に無御座候。**

とあるので、歩くことも可能で、世話をする人も必要としなかったことがわかる。しかし、十二月十五日付の花笑の書簡には、「寛師も先々月頃より病気にて老人の事ゆへ来陽頃は皆案じ候」とあり、年を越すまで命がもつか皆心配している状況になった。十五日頃は寒さも厳しく、雪も降っていたので、良寛の身に一層こたえたことと思われる。

良寛は、十二月二十五日に一時危篤状態になり、由之や貞心尼も良寛のもとに駆けつけ、見舞っている。由之は、二十五日に見舞ったようだが、この日は雪が降っていた。由之の日記『八重菊』には、

**さす竹の君を思ふと海人《あまびと》のくむ**
**汐《しお》ねり坂の雪ふみてきつ　（由之）**

**御かへし**
**心なき物にもあるかしら雪は**
**君がくる日にふるべき物か　（良寛）**

とある。良寛は、由之の見舞いを大変喜んだようである。由之が島崎の草庵を訪れた時、床には和歌を書いた紙がかなりあったので、由之はそれらの和歌をメモしている。病臥する寝床の中にあっても、良寛は胸中に浮かぶいろいろなことを和歌に詠んでいたのである。

貞心尼も知らせを聞いて、島崎の草庵にいる良寛

を見舞っている。それは、二十六日のことだったと思われる。『はちすの露』には、

**かくてしはすのすゑつかた俄《にわか》におもらせ給ふよし人のもとよりしらせたりければ**
**打おどろきていそぎまうで見奉るにさのみなやましき御気《おんけ》しきニもあらず床《とこ》のうへに座しゐたまへるが**
**おのが来《きた》りしをうれしとやおもほしけむ**
**いついつとまちにしひとはきたりけり**
**いまはあひ見てなにかおもはむ**

とある。良寛は、貞心尼の来訪を心より喜んでいる。良寛は、亡くなる前に貞心尼に一目会いたいと思い、貞心尼の来訪を待っていたのである。それは、命と時間との競争だったかもしれない。そして、貞心尼の来訪は、間に合った。良寛は、もはや思い残すことはないと思ったのであろう。貞心尼は、そのまま島崎に残り、良寛の看病にあたっている。

良寛が病気だという知らせを聞いて、島崎の良寛を訪ね見舞っていた由之であるが、実は由之自身もその頃かなり体調が悪かったことが書簡からわかる。ここに掲げた書簡は、宛名がないが、九月下旬から十月初旬にかけて中島（現・新潟県燕市）の医師・原田正貞《しょうてい》（原田鵲斎の長男）に宛てたものと思われる。そこには、

**「先日道をありき候故か　例の所いたみ候。与板にて発熱の時より也。はれ候までにはあらねども両便の下る度ごとにツン〳〵ヒリ〳〵といたし候」**

とある。由之は、この年の晩秋に茨曽根《いばらそね》や地蔵堂に行っているが、足に痛みが走ったようである。良寛と同じく足の腫物が痛み、下腹部の痛みもかなりつらいものがあった。また、文末に、

**一大事をわすれ候。**
**良寛不例《ふれい》ハいかがに候や。**
**たよりおきかせ被下たく候。**

とあることから、良寛が原田正貞の診察を受けていたことが推察される。「不例」は、病気のことである。兄弟で同時期に病気になっていたことがわかる。

由之は、脚気《かっけ》にかかっていたともいわれる。脚気は、ビタミン$B_1$不足から末梢神経を犯して下肢を麻《ま》痺《ひ》させたり、脛《すね》の下に浮腫《ふしゅ》を生じさせるという。たしかに、書簡にある症状と共通のものがある。また、良寛の病状は、腹痛や下痢が続いていることから、大腸癌《がん》にかかっていたという説もある。いずれにしても、文政十三年の秋から冬にかけて、兄弟共に体調がすぐれず、不安な日々が続いていた。

十二月も末になると、良寛の病状は更に悪化し、腹痛と下痢が続き、夜も眠れない状態になる。この頃の苦しみを詠んだ長歌に、

**この夜らの　いつか明けなむ**
**この夜らの　明け離れなば**
**をみなきて　ばりを洗はむ**
**こひまろび　あかしかねけり**
**長きこの夜を**

というものがある。「をみな」は、木村元右衛門の妻を指す。「ばり」は、便のことである。夜痛みで眠ることができず、ひたすら朝が来るのを待ちわびている良寛の苦しさが伝わってくる歌である。良寛は、もはや食事を取ることもやめ、最期の時が訪れるのを待つことにしたようである。

**うちつけに飯《いひ》絶つとにはあらねども**
**かつ休らひて時をし待たむ**

このような和歌も残している。筆蹟はかなり乱

れ、苦しさが伝わってくるようである。
良寛は亡くなる直前の十二月二十日に阿部定珍に宛てた書簡には、

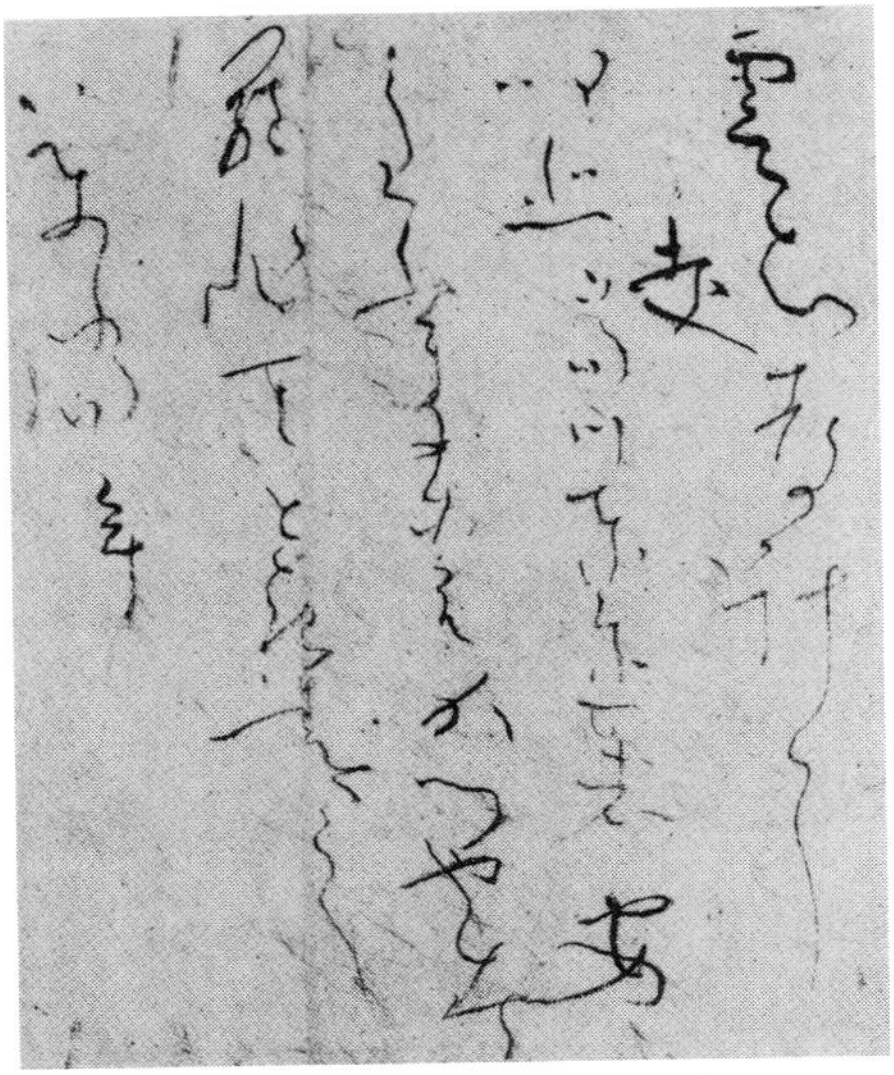
良寛和歌「うちつけに…」

**述懐の歌**
**いそのかみふるの古道《ふるみち》さながらに**
**み草踏みわけ行く人なしに**

と詠んで、別れを告げる和歌を贈っている。最後に心の中にある思いを吐露することができたのは、定珍だったのであろう。ここには、良寛の仏教者としての寂しさが詠まれている。阿部定珍は、良寛が示寂して七年後の天保九年、亡き子の冥福を祈るため、妻子を連れて四国巡礼に出たが、土佐の窪川町で客死している。

良寛は、十二月二十七日、与板の山田杜皐に書簡をしたためている。亡くなる十日前のものである。この書簡は、杜皐から炭を贈られたことに対する礼状だと思われる。この年の冬は厳しい寒さが続いており、杜皐は良寛の身体を気遣って贈ったのであろう。良寛の礼状の筆蹟を見ると、ふるえがあり、かなり弱っていることがわかる。書簡末尾には、

**火とわれとさむしすき間風**
**いづくもおなじおひらくの身は**

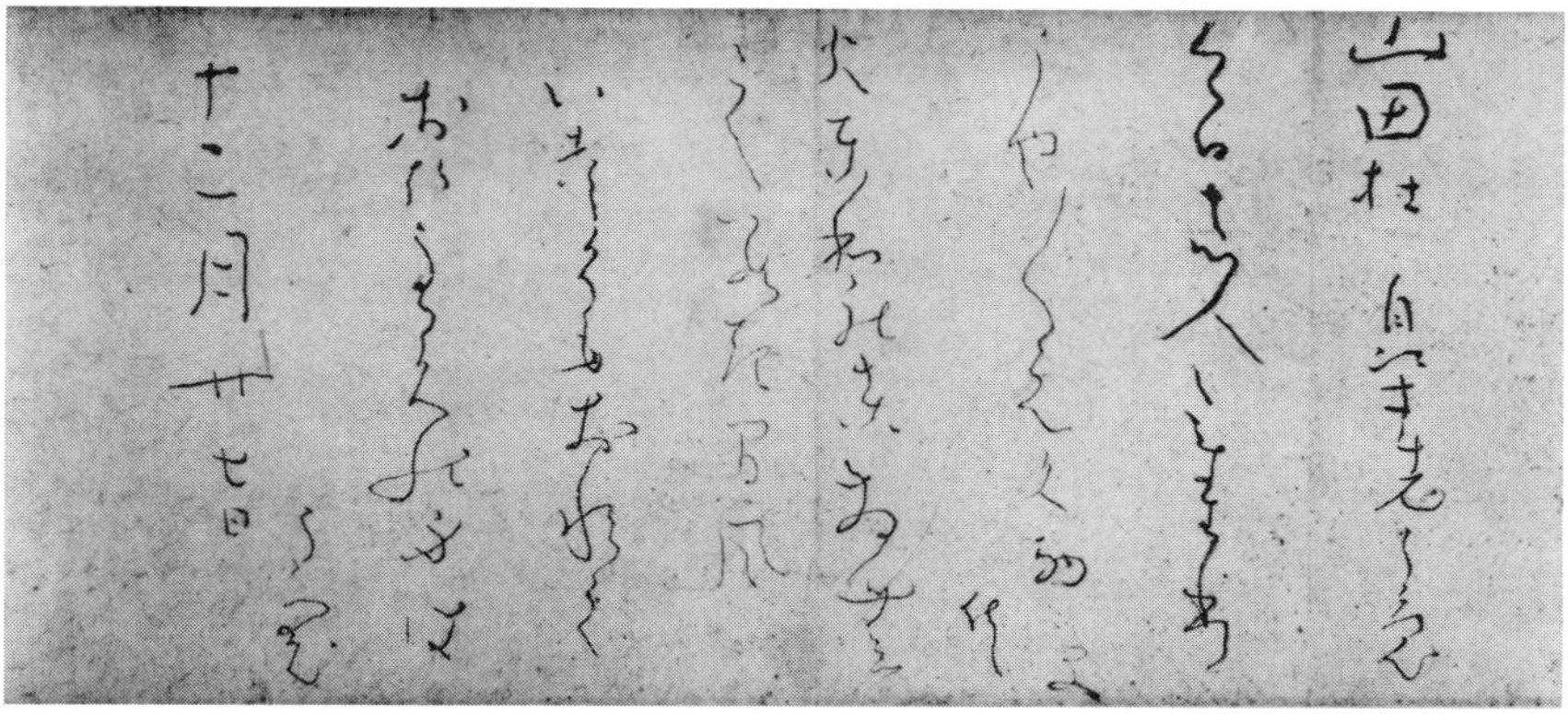

山田杜皐宛書簡

という和歌が添えられている。衰弱している中で、良寛がようやく紡《つむ》ぎ出した「今生《こんじょう》の別れの歌」ということもできよう。

最期の時を迎える前に、親しく交流した友人にお別れの挨拶をしているようである。

天保元年（一八三〇）十二月末、良寛は遺偈とも言える詩を詠んでいる。その書は、筆がふるえているところも見られるが、品位が高く、魅力のあるものである。十二月三十一日頃、折から雪が降り続いていた。

**草庵雪夜の作**
**首《こうべ》を回《めぐら》せば　七十有余年**
**人間《じんかん》の是非《ぜひ》　看破するに飽きたり。**
**往来の跡幽《かす》かなり　深夜の雪**
**一炷《いっしゅ》の線香　古窓の下。**

この詩を読むと、重篤の病の中、良寛は線香をたき、坐禅をしていたことがわかる。そして、世間の

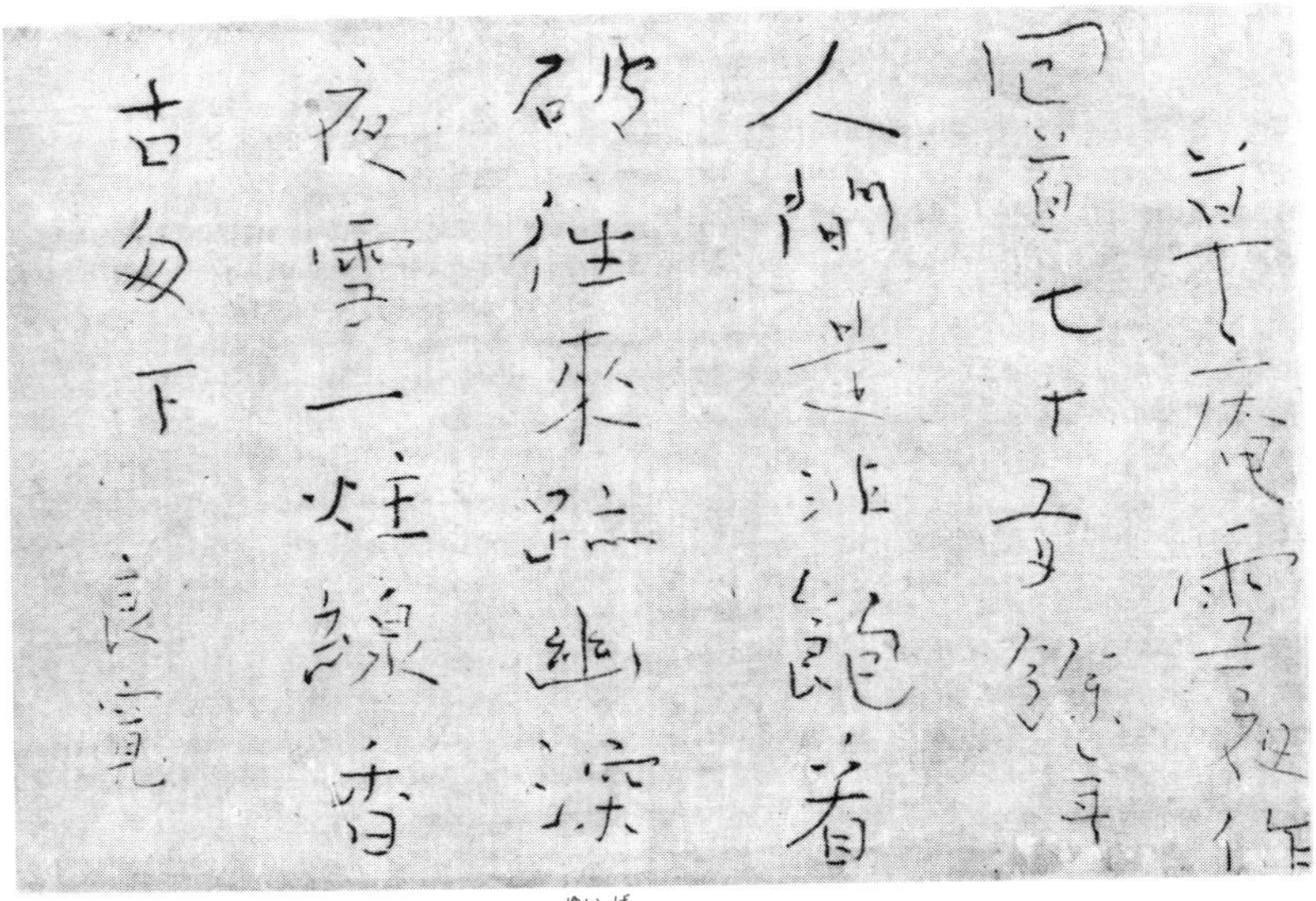

良寛の遺偈《ゆいげ》「草庵雪夜作」

是非善悪といった相対差別の世間を超越して生きてきた自らの人生を振り返っている。良寛は既に死の覚悟ができていたのであろう。良寛は、日に日に衰弱していき、新年を迎えた頃にはかなり重篤となった。そして、天保二年一月六日の夕刻、多くの人に見守られながら示寂した。七十四歳であった。

証願（聴）の「良寛禅師碑銘並序」には、良寛示寂《じじゃく》の様子を次のように記している。

**天保紀元庚寅冬、微恙《びよう》を示す。**
**終るに臨み環坐みな遺偈《ゆいげ》を乞ふ。**
**師すなわち口を開いて、阿と一声せしのみ。**
**端然として坐化す。**

この記述から、見守っていた由之や貞心尼などが「みな遺偈を乞ふ」とあるように、誰ともなくそこに居合わせた人々が遺偈の言葉を求めたことがわかる。今際《いまわ》の際《きわ》にあたって遺偈を示すことは、普通のことであった。しかし、「阿《あ》」と一声しただけで、

良寛禅師墓

息を引き取ったのであった。「阿」は、真言宗で宇宙そのものをあらわす「阿字観」の「阿」であったかもしれない。

　また、ここで注目されることは、「端然と坐化す」（証聴）、「坐化し玉ふ」（貞心尼）というように、良寛が坐ったまま亡くなったと記している。禅僧らしい結架扶坐《けっかふざ》して死に臨んだのかもしれない。

　さて、その時心配そうに見守っていた人々の様子であるが、由之の日記『八重菊』によれば、「家あるじ」（木村元右衛門）が泣きまどい、離別の悲しみに一層涙を添えていたとのことである。大方は、かねてから皆覚悟を胸中に持していたからであろうか、「あへなし（残念だ）とも悲しいとも思ひわくかたなかりし」とあるように、その死を割と平静に受け止めていたようである。

　証願《（聴）》は「良寛禅師碑石並序」の中で、良寛の人生を「苦海の慈航」と称えている。まさに至言といえよう。苦しみに満ちた婆婆世界の人々を、一人慈悲の心で救おうとしたのが良寛の人生であった。良寛が亡くなって百九十年になるが、その慈悲心は現代の日本、あるいは世界に、今こそ求められているものではないだろうか。

## 主な参考文献


『良寛墨跡』　良寛会　　良寛会
『寛師遺墨集』　原田勘平　　寛師遺墨展覧会
『良寛和尚遺墨集』　相馬御風　　春陽堂
『良寛遺墨集』　佐藤吉太郎　　第一書房
『アトリエ』臨時増刊「良寛遺墨」　北原義雄編　　アトリヱ社
『墨美』　森田子龍　原田勘平　　墨美社
『良寛』　安田靫彦　　筑摩書房
『良寛遺墨集』　小島正芳　　淡交社
『良寛の書簡』　吉野秀雄　宮　榮二　　BSN新潟放送
『文人書譜』6「良寛」　宮　榮二　　淡交社
『良寛書』　渡辺秀英　　新潟日報事業社
『良寛の書』　加藤僖一　　中央公論美術出版
『良寛記念館』　加藤僖一　　野島出版
『良寛遺墨大観』　加藤僖一　谷川敏朗　川口霽亭　　中央公論美術出版
『定本　良寛書蹟大系』　全国良寛会編　　教育書籍
『良寛名品選』　飯島太千雄編　　雄山閣
『良寛墨宝』　良寛維宝堂　　二玄社
『良寛和尚遺墨展』図録　関谷徳衛　　万葉洞
『良寛・没後百五十年記念展』図録　宮　榮二　小島正芳　　毎日新聞社
『良寛展』図録　宮　榮二　小島正芳　　山梨県立美術館
『良寛の書の世界』　小島正芳　　恒文社

『生誕二百三十年　人間良寛・その生涯と芸術展』図録　長谷川四郎　小島正芳　朝日新聞社
『没後一七〇年記念展　良寛さん』図録　加藤僖一　小島正芳　日本経済新聞社
『良寛遺墨展』図録　松矢国憲　新潟県立近代美術館
『木村家の良寛』　木村元蔵　良寛維宝堂
『あきのの帖』　池田和臣　萬羽啓吾　青簡社
『北越偉人沙門良寛全伝』　西郡久吾　目黒書店
『良寛全集』　玉木礼吉　良寛会
『大愚良寛』　相馬御風　春陽堂
『良寛全集』　大島花束　恒文社
『良寛全集』　東郷豊治　創元社
『出雲崎編年史』　佐藤吉太郎　良寛記念館
『良寛』　宮　榮二　三彩社
『良寛研究論集』　宮　榮二　象山社
『寺泊の歴史』　青柳清作　歴史図書社
『良寛禅師奇話』　解良栄重　野島出版
『良寛の生涯と逸話』　谷川敏朗　恒文社
『良寛百考』　相馬御風　厚生閣書店
『良寛の父　橘以南』　佐藤吉太郎　第一書房
『飯塚久敏と良寛』　高木　明　あさを社
『良寛出家考』　渡辺秀英　考古堂書店
『良寛雑話』　原田勘平　北洋印刷
『良寛　その全貌と原像』　石田吉貞　塙書房
『没後一九〇年記念　良寛さん―その人と書』　徳川美術館

『良寛の母おのぶ』　磯部欣三　　恒文社
『良寛』　唐木順三　　筑摩書房
『良寛の実像』　田中圭一　　刀水書房
『良寛』　井上慶隆　　研文出版社
『北越奇談』　橘　崑崙　　野島出版
『良寛争香』　岡元勝美　　恒文社
『手毬つく良寛』　高橋庄次　　春秋社
『良寛伝記考説』　高橋庄次　　春秋社
『国仙禅師伝・良寛禅師伝』　矢吹活禅　　円通寺白雲会
『良寛さんと玉島』　森脇正之　　日本文教出版
『大而宗龍禅師史料』（『良寛論集』）　宮　榮二　　象山社
『大忍国仙和尚と良寛』（『良寛論集』）　吉川彰準　　象山社
『橘以南の俳諧と最後の上洛について』（『良寛論集』）　小林安治　　象山社
『大森子陽とその周辺』（『良寛論集』）　松澤佐五重　　象山社
『良寛の弟　山本由之』　渡辺秀英　　考古堂書店
『大而宗龍伝』　大島　晃　　考古堂書店
『与板町史』　前波善学　　与板町教育委員会
『良寛と維馨尼』　吉井和子　　文芸社
『良寛堂建立の記録 佐藤耐雪の『用留』を読む』　反町タカ子　　考古堂書店
『良寛と貞心』　相馬御風　　六芸社
『はちすの露』　貞心尼　　野島出版
『良寛禅師歌集』　林　甕雄　　新潮社
『僧良寛歌集』　村山半牧　　精華堂

『良寛と万葉集』　平野秀吉　文理書院
『良寛歌集』　吉野秀雄　朝日新聞社
『良寛和尚の人と歌』　吉野秀雄　彌生選書
『良寛歌集』　東郷豊治　創元社
『校本　良寛歌集』　横山　英　考古堂書店
『校注　良寛全歌集』　谷川敏朗　春秋社
『良寛の俳句』　川口霽亭　湯川書房
『校注　良寛全句集』　谷川敏朗　春秋社
『良寛さんと玉島』　森脇正之　日本文教出版
『若き良寛の肖像』　小島正芳　考古堂書店
『暮雨巷暁台の門人』　服部徳次郎　愛知学院国語研究会
『良寛道人遺稿』　蔵雲　尚古堂
『僧良寛詩集』　小林二郎　精華堂
『訳註　良寛詩集』　大島花束　原田勘平　岩波文庫
『良寛詩　草堂集貫華』　内山知也　春秋社
『良寛と佐渡』　佐渡良寛会
『校注　良寛全詩集』　谷川敏朗　春秋社
『良寛法華讃』　竹村牧男　春秋社
『良寛と會津八一』　小島正芳　新潟日報事業社
『良寛歌影』　弓納持福夫　小島正芳　新潟日報事業社
『良寛記念館　所蔵品目録』　良寛記念館編
『越佐書画名鑑』　荒木常能　新潟県美術商組合

# あとがき

本書『良寛――人と書芸術の完成』は、先に刊行された『若き良寛の肖像』、『良寛――その人と書〈五合庵時代〉』に続くもので、いわば三部作の完結編にあたります。

二作目の『良寛――その人と書〈五合庵時代〉』は、思いがけず令和元年の第十一回新潟出版文化賞の大賞を受賞し、心から嬉しく思うとともに、ありがたく思っています。このような名誉ある賞をいただくことができたのも、若い頃ご指導をいただいた渡辺秀英先生・宮榮二先生、加藤僖一先生など諸先生方のお蔭と感謝しております。

本書は、良寛が晩年をむかえた六十歳頃、乙子神社草庵に移った頃から書き始めています。二十年にわたって住庵した五合庵が老朽化し、また薪水の労も重くなってきたため、少し麓の乙子神社草庵に移ったと思われます。良寛はこの頃から、その境涯も芸術も円熟味を増していきました。その中でも、特筆すべきは、『万葉集』を熱心に学んだことでした。本書では、大坂屋所蔵の『万葉集略解』を参考にして、良寛が阿部家所蔵の『万葉和歌集』をどのように学んでいったかを史料をもとに詳細に描きました。阿部家の皆様方はじめ多くの方々のご協力によりようやくまとめることができました。心より感謝申し上げます。

また乙子神社時代、良寛がよく訪れた三条町の友人についても、時間をかけて調査し、ようやくまとめることができました。良寛が子どもたちと手まりをした三条八幡宮、良寛が定宿とした隆全隠居のいた宝塔院、良寛の信奉者で二之丁で菓子商を営んでいた三浦屋幸助など三条には親しい人が大勢いました。この研究を通して良寛にとって三条と寺泊は、特別に大切な地であることを知りました。筆者が最後に勤務した学校が三条高等学校であったことも、不思議な縁であったかもしれません。

良寛は、六十九歳で国上山を下り、島崎の木村元右衛門宅の草庵に移ります。良寛はこの頃、体力的にはかなり衰えていたようです。しかし、良寛は弟由之や法弟となった貞心尼の支えもあり、生き生きとした晩年を送ります。特に由之との交流については、「良寛歌集」や由之の日記「八重菊」などに目を通しながら、その心の通い合いを再現しました。二人の間には若い時いろいろなことがありましたが、それらのことを乗り越え、晩年の二人の和歌のやり取りを見ると、うるわしいものがあります。このことが、良寛の晩年に息吹《いぶき》を与えた面もあったと思います。

また、貞心尼との交流も晩年の良寛に光を与えてくれているように思います。良寛と貞心尼の交流については、平成二十七年から全国良寛会の「良寛だより」に五回にわたって連載した〈『はちすの露』を深く読む〉に、手を加えまとめたものです。学生時代から『はちすの露』は読んできましたが、良寛の和歌は難解なところが多く、難渋していました。ようやくここにまとめることができましたのは、岡山市少林寺で禅の指導をいただいた原田龍門老師のお蔭と感謝しております。

本書をまとめるにあたって、関谷徳衛氏には大変お世話になりましたことをお礼申し上げます。また、寺泊調査の時、竹内登氏、本間明氏、能登洋一氏にはお世話になりました。心から感謝申し上げます。最後になりましたが、この度の出版に際して、考古堂書店会長の柳本雄司氏には大変お世話になりました。心より感謝申し上げます。

令和二年三月

著　者

〔著者紹介〕

**小島　正芳**（こじま　まさよし）

昭和26年（1951）新潟市秋葉区（旧新津市）に生まれる。
新潟大学教育学部書道科卒。
新潟県立新潟高等学校、新潟県立文書館、新潟県立新発田高等学校、新潟県立村松高等学校などに勤務。
平成24年３月　新潟県立三条高等学校校長を最後に定年退職。
著書　『良寛と會津八一』『良寛のふるさと』（新潟日報事業社）
『良寛の書の世界』（恒文社）
『若き良寛の肖像』（考古堂）
『良寛―その人と書〈五合庵時代〉』（考古堂）
『良寛遺墨集―その人と書』全三巻（淡交社）
『良寛の生涯と母の愛』（佐渡中央印刷所）
執筆　『良寛』（没後百五十年良寛展図録）
『人間良寛　その生涯と芸術』（生誕二百三十年記念展図録）
『慈愛の人良寛―その生涯と書』岡山県立美術館良寛展図録
生誕二百六十年記念『心のふるさと良寛』図録（永青文庫）
没後百九十年記念『良寛さん―その人と書』図録（徳川美術館）
など

**良寛 ―人と書芸術の完成**

発　行　令和２年５月20日

著　者　小 島 正 芳

発行者　柳 本 和 貴

発行所　㈱考古堂書店
〒951-8063
新潟市中央区古町通４番町563番地
電話（025）229-4058（出版部直通）

印刷所　㈱ウィザップ


ISBN978-4-87499-884-7